# 概説 アメリカ・スペイン語

三好準之助 著

東京 **大学書林** 発行

まえがき

　およそ今から40年ほど前の学生時代，私は卒業論文を作成しなくてはならなくなり，テーマとして南米コロンビアの19世紀中頃の作家，ホルヘ・イサアクスの作品『マリア』を選ぶことになった．それが私のアメリカ・スペイン語との出会いであった．卒業の数年後，コロンビアに留学する機会にめぐまれ，作品の舞台といわれている場所を訪れたりして，『マリア』の地理的・文化的な背景の一端を垣間見ることができた．そして日本語に全訳した．翻訳することで，そこに使われているスペイン語に関する疑問が次々に生まれてきた．疑問点のカードの山を前にして，アメリカ・スペイン語の仕組みを理解したいという望みが生まれ，いつしか関連情報の全体を網羅する形にまとめようという目標が生まれた．そしてこのたび，その夢がこのような形で実現した．

　記述にあたって心したのは以下の3点である．まず，アメリカ・スペイン語の研究資料は山ほどあるが，できるだけ新しい資料を参照して紹介することである．ラペサ先生の資料以降，およそこの20年間に出版されたものを引用するように心がけた．つぎに，この分野の概説書のほとんどはスペイン語圏の読者を相手にしてスペイン語で書かれているが，南北アメリカのスペイン語の特徴について述べるとき，それと比較する相手としてスペインの標準語が意識されていることが多いのに，それについての説明は少ない．読者には当然のこととして，後者の言語様態をすでに理解していることが期待されている．しかし今回はこの分野の研究書を日本語で出版するのである．読者のなかにはスペインの標準語にそれほどなじんでいない人もおられるであろう．そのことを考慮して，その標準語の情報をできるだけ紹介することにした．さらに，アメリカ・スペイン語の記述では，南北アメリカにおける現在の言語現象が論じられることが多い．このスペイン語は16世紀の初頭からスペイン人が新大陸に運んでいったものであるが，その時期の5世紀ほど前にイベリア半島で生まれ，発展してきていた．だから中世末期のスペイン語が運ばれていったことになる．その後，スペインのスペイン語とアメリカ・スペイン語はそれぞれの事情に即して変化してきた．その両者の流れを理解することも重要である．だから現代のアメリカ・スペイン語について，歴史的

## まえがき

な発展の道筋が分かれば理解が深まると思われる場合には，スペインのスペイン語の16世紀初頭までの歴史にも言及することにした．

この機会に何点か，お断りをしておきたい．まず，発音表記についてである．本書で利用する発音記号は，第2章の「1. はじめに」の最後に一覧表にして示しておいた．当初，国際音声字母で統一しようとも思ったが，スペイン語らしさを明示するために，スペインの伝統的な記号をいくつか採用することにした．統一性に欠けていることをお許しいただきたい．また，音声記述を添付する場合，問題にされている発音現象以外の発音についてはその地域を特定することが困難であることが多く，地域や社会層という点で混成的な記述になってしまった．その点もご留意いただきたい．

つぎに，内容のことであるが，本書には，さまざまな言語様態で構成されているアメリカ・スペイン語が記述の対象であり，ひろくその全体像を概説したいという目標があった．だからテーマは多岐にわたっている．ここに記述されるテーマについてはどれも，一応理解しているつもりであるが，そこには私の思い違いや勝手な思い込みがまぎれこんでいるのではないかと危惧している．お気づきの点があればご教示いただきたい．

本書を記述するにあたって多くの方々にお世話になった．まず，大阪外国語大学で私の話を聞いてくれた学生の諸君であるが，彼らからは思わぬ指摘を受け，説明の方法を変えたり調べなおしたりする機会を提供してもらった．スペイン語の通時的研究の方法についてはラペサ先生に多くを教えていただいた．そしてアメリカ・スペイン語であるが，コロンビアの首都ボゴタにあるカロイコエルボ研究所の先生方に詳しくお教えいただいた．とくにMontes先生には，今回の記述にあたってもEメールでご指導いただいた．学会で初めてお会いしたベネズエラのObediente先生にもEメールを使って何点かの疑問点にお答えいただいた．なお，校正の段階では東京大学の院生である青砥清一君にお世話になった．最後になったが，大学書林の佐藤政人氏には，『簡約スペイン語辞典』の出版に引き続き，今回も本書の出版をお引き受けいただいた．ここに記して感謝申し上げる．

2005年10月

著　者

# 目　　次

まえがき……………………………………………………………………… i
**序章　はじめに**……………………………………………………………… 1
　1．「アメリカ・スペイン語」という呼び名について ……………… 1
　2．スペインのスペイン語とアメリカ・スペイン語 ………………… 2
　3．標準語と俗語 ………………………………………………………… 3
　4．スペイン語の呼び名 ………………………………………………… 4
　5．参考文献 ……………………………………………………………… 5
　6．引用の表示など ……………………………………………………… 6
**第1章　アメリカ・スペイン語の理解のために** …………………… 7
　1．世界のスペイン語 …………………………………………………… 7
　　1）現代世界のスペイン語使用地域 ………………………………… 7
　　2）アメリカ合衆国のスペイン語話者 ……………………………… 9
　2．スペイン語史の時代区分と王立アカデミア …………………… 11
　　1）スペイン語史の時代区分 ……………………………………… 11
　　2）スペイン王立アカデミア ……………………………………… 12
　3．アメリカ・スペイン語の史的背景 ……………………………… 13
　　1）南北アメリカのスペイン化：統治政策 ……………………… 15
　　2）南北アメリカのスペイン化：文化政策 ……………………… 18
　　3）南北アメリカのスペイン化：言語政策 ……………………… 19
　　4）南北アメリカの人々：社会構成員 …………………………… 21
　　5）独立時代の国語意識：サルミエントの場合 ………………… 23
　4．アメリカ・スペイン語の略史 …………………………………… 26
　　1）スペイン語の登場とその平準化 ……………………………… 26
　　2）アメリカ・スペイン語の時代区分 …………………………… 28
　　3）スペイン語が南北アメリカで接触した言語 ………………… 32
　　4）アメリカ・スペイン語の方言区分 …………………………… 38
　5．現代のスペイン語 ………………………………………………… 42
　　1）現代スペインのスペイン語 …………………………………… 42
　　2）アメリカ・スペイン語の言語的特徴 ………………………… 45

# 目　次

## 第 2 章　アメリカ・スペイン語の発音 ……………………………50
### 1．はじめに ……………………………………………………50
　　1）音声と音素 …………………………………………………50
　　2）アメリカ・スペイン語の興味深い発音の様相 ……………51
　　3）発音記号について …………………………………………54
### 2．母音 …………………………………………………………57
　　1）母音音素の体系 ……………………………………………57
　　2）母音音素の数 ………………………………………………58
　　3）母音分立と母音融合 ………………………………………60
　　4）母音発音の無声化 …………………………………………61
　　5）音色の変化 …………………………………………………61
　　6）母音の鼻音化 ………………………………………………62
　　7）末部母音 /-e, -o/ の閉音化 ………………………………62
　　8）母音発音の長音化 …………………………………………62
　　9）二重母音の消失 ……………………………………………62
### 3．子音の音素 …………………………………………………63
### 4．Y 音化現象 …………………………………………………63
　　1）文字 y の発音 ………………………………………………64
　　2）Y 音化現象の広がり ………………………………………65
　　3）単一発音の種類 ……………………………………………66
　　4）文字 ll と文字 y の発音の区別 ……………………………67
　　5）通時態の情報 ………………………………………………67
### 5．文字 r にかかわる発音 ……………………………………68
　　1）発音の種類 …………………………………………………68
　　2）標準的な発音 ………………………………………………68
　　3）摩擦音の異音の [ř] と [ř̥] …………………………………69
　　4）軟口蓋音の異音 ……………………………………………70
　　5）内破音の単震音 -r の異音 ………………………………70
### 6．文字 s の発音 ………………………………………………71
　　1）文字 s の発音の問題点 ……………………………………72
　　2）S 音法での文字 s の発音：全般的な様相 ………………72
　　3）S 音法での文字 s の発音：内破の位置のとき …………73

— iv —

## 目　次

  4）S音法での文字sの発音：母音間のとき……………………74
  5）C音法……………………………………………………………74
  6）S音法とC音法…………………………………………………75
 7．文字 ch の発音………………………………………………………77
  1）スペインでの発音………………………………………………77
  2）スペイン系アメリカでの発音…………………………………77
 8．文字 f の発音…………………………………………………………78
  1）スペイン系アメリカでの発音…………………………………78
  2）唇歯音と両唇音…………………………………………………78
  3）気音発音…………………………………………………………79
  4）気音化の関連現象………………………………………………79
 9．文字 b，d，g の発音…………………………………………………81
  1）音素 /b/，/d/，/g/ の標準発音での異音……………………81
  2）アメリカ・スペイン語での発音………………………………82
  3）音素 /b/，/d/，/g/ の発音の弱化と強化……………………82
  4）歯音音素 /d/ の異音……………………………………………83
  5）両唇音音素 /b/ の異音…………………………………………83
  6）軟口蓋音音素 /g/ の異音………………………………………84
  7）無声閉鎖音音素 /p/，/t/，/k/ の異音の有声化現象…………84
  8）スペイン南部での現象…………………………………………85
10．鼻音の発音……………………………………………………………85
  1）スペインの標準発音……………………………………………85
  2）スペイン系アメリカでの発音…………………………………86
  3）原音素 /N/ の異音………………………………………………86
11．軟口蓋摩擦音の発音…………………………………………………86
  1）スペインの標準発音……………………………………………87
  2）無声軟口蓋摩擦音音素 /x/ の異音……………………………87
  3）チリの硬口蓋調音………………………………………………87
  4）通時態の情報……………………………………………………88
12．強勢など………………………………………………………………89
  1）強勢………………………………………………………………89
  2）抑揚………………………………………………………………90

　　　　　　　　　目　　次

　　3）分節 …………………………………………………………………90
第3章　アメリカ・スペイン語の形態統語法 ……………………92
　1．はじめに ……………………………………………………………92
　　1）ボス法とその他の待遇表現 ……………………………………92
　　2）代名詞の統語法 …………………………………………………93
　　3）名詞の性の揺れ …………………………………………………93
　　4）名詞の数の表示 …………………………………………………93
　　5）接尾辞 ……………………………………………………………94
　　6）名詞の語形成 ……………………………………………………94
　　7）動詞の形態統語法 ………………………………………………94
　　8）前置詞の用法 ……………………………………………………94
　　9）文の配置など ……………………………………………………95
　2．代名詞：その1 ……………………………………………………95
　　1）人称代名詞の主格 ………………………………………………95
　　2）所有詞 ……………………………………………………………98
　3．ボス法と待遇表現 ………………………………………………100
　　1）ボス法の位置づけ ……………………………………………101
　　2）ボス法の解説 …………………………………………………101
　　3）通時態の情報 …………………………………………………103
　　4）ボス法の地域 …………………………………………………104
　　5）ボス法の動詞活用形 …………………………………………105
　　6）ボス法の3種類の組み合わせ ………………………………107
　　7）待遇表現の don (doña) ………………………………………107
　　8）待遇表現の misiá ……………………………………………108
　　9）待遇表現の su merced ………………………………………108
　4．代名詞：その2 …………………………………………………109
　　1）レ代用法 ………………………………………………………109
　　2）性の中和現象 …………………………………………………111
　　3）三人称与格の代名詞 le の数の中和現象 …………………111
　　4）三人称代名詞の与格と対格の交差現象 ……………………112
　　5）直接補語の三人称代名詞 lo …………………………………112
　　6）再帰代名詞 ……………………………………………………113

　　　　　　　　　　— vi —

# 目　次

- 5．名詞の性 …………………………………………………114
  - 1）名詞の性の揺れ …………………………………114
  - 2）女性名詞の定冠詞 ………………………………115
  - 3）性別による違いの表現 …………………………116
  - 4）名詞化した過去分詞 ……………………………116
  - 5）語形の創造 ………………………………………116
  - 6）性の呼応の欠如 …………………………………118
- 6．名詞の数 …………………………………………………118
  - 1）複数形名詞の扱い ………………………………119
  - 2）文中の名詞の数 …………………………………119
  - 3）単数表示の複数形 ………………………………120
- 7．語形成と派生 ……………………………………………120
  - 1）語形成の手段 ……………………………………120
  - 2）接辞による派生 …………………………………123
  - 3）示大辞・示小辞による派生 ……………………128
- 8．動詞の形態統語法 ………………………………………130
  - 1）動詞の活用体系 …………………………………130
  - 2）接続法の用法 ……………………………………130
  - 3）直説法未来形の衰退 ……………………………132
  - 4）過去未来の時制 …………………………………134
  - 5）単純時制好み ……………………………………135
  - 6）代名動詞（再帰動詞） …………………………136
  - 7）無人称表現と受動表現 …………………………137
  - 8）無人称表現の動詞 ………………………………137
  - 9）動詞の迂言法 ……………………………………138
- 9．前置詞 ……………………………………………………139
  - 1）desde と hasta …………………………………139
  - 2）省略される前置詞 ………………………………142
  - 3）代替される前置詞 ………………………………142
  - 4）人間の直接補語につく a の省略現象 …………143
- 10．その他の品詞の用法 …………………………………144
  - 1）副詞 ………………………………………………144

目　次

　　2）副詞的な表現 diz que……………………………………………145
　　3）形容詞の副詞的用法………………………………………………145
　　4）接続詞………………………………………………………………146
　　5）間投詞………………………………………………………………146
　　6）比較級語の表現……………………………………………………147
11．文の組み立てなど……………………………………………………148
　　1）主格人称代名詞の位置……………………………………………148
　　2）焦点表示の動詞 ser…………………………………………………149
　　3）ケ用法とデケ用法…………………………………………………150
　　4）強調構文……………………………………………………………152
　　5）関係詞 que による代替の現象……………………………………154
　　6）随格の等位語扱い…………………………………………………155
　　7）英語の影響…………………………………………………………155
12．アメリカ合衆国のスペイン語文……………………………………157
　　1）語のレベルの借用…………………………………………………157
　　2）コードスイッチ……………………………………………………159
　　3）動詞の体系…………………………………………………………159
　　4）動詞 estar の使用領域の拡大………………………………………160
　　5）従属節を導く que の省略…………………………………………161
　　6）文構成要素の語順…………………………………………………161

## 第4章　アメリカ・スペイン語の語彙……………………………163
1．はじめに…………………………………………………………………163
　　1）ラテンアメリカ語…………………………………………………164
　　2）通時的な特徴………………………………………………………164
　　3）通時的特徴の生成要因……………………………………………165
　　4）共時的な特徴………………………………………………………166
2．第4章での分析資料……………………………………………………167
　　1）「ラテンアメリカ語基礎語彙」LBA………………………………167
　　2）ラテンアメリカ語の特徴…………………………………………168
　　3）LBA にもれている基礎的なラテンアメリカ語…………………169
3．単語の起源という特徴…………………………………………………171
　　1）アメリカ先住民語系語……………………………………………172

　　　　　　　　　目　　次

　　２）アフリカ語系語 …………………………………………175
　　３）ヨーロッパ語系語 ………………………………………177
　　４）ヨーロッパ以外の外国語系語…………………………179
　　５）スペインの方言系の単語 ………………………………179
　　６）婉曲表現・隠語系の単語 ………………………………181
　　７）その他の単語 ……………………………………………182
　４．スペインの標準語との対比 …………………………………183
　　１）スペインでの古語的性格という特徴 …………………183
　　２）同音異義語性という特徴 ………………………………185
　　３）同義語性という特徴 ……………………………………186
　５．アメリカ合衆国のスペイン語の語彙の特徴 ………………189
　　１）４種類の英語系要素 ……………………………………189
　　２）合衆国南西部のスペイン語の一般的な語彙 …………190

付録　ラテンアメリカ語基礎語彙（LBA）……………………194

参考文献 ……………………………………………………………205

# 序章　はじめに

　本書の題名『概説　アメリカ・スペイン語』の「アメリカ・スペイン語」という呼び名やその関連事項ついて，はじめに何点かのお断りをしておきたい．

## 1．「アメリカ・スペイン語」という呼び名について

　本書では（カリブ海域を含む）南北アメリカの両大陸で使われているスペイン語を大きくまとめて「アメリカ・スペイン語」と呼んでいる．北アメリカのアメリカ合衆国から南アメリカの最南端までで使われているスペイン語のことである．この包括的なくくり方は，その広範な地域がかつてスペインの植民地であったという歴史的な共通性，すなわちスペイン系アメリカという性格に基づいており，長いあいだスペイン語研究の分野で慣習的に使われてきた．

　このようにまとめられたスペイン語は，スペイン語を公的に使っている国々で español de América とか español americano とか español en América と呼ばれている．いずれも「アメリカのスペイン語」という意味である．そして日本ではそれを「中南米のスペイン語」とか「ラテンアメリカのスペイン語」と呼んできたが，これらの名前では実態をうまく表現することが難しい．前者の場合，3千万以上のスペイン語話者がいるアメリカ合衆国やスペイン語文化圏の大国であるメキシコが北アメリカに含められる区分法もあるので，そうすると北米を含めない中南米では，どうにも都合が悪い．後者のラテンアメリカという呼称は，アングロアメリカ（アメリカ合衆国とカナダ）に対置される地域を指し，メキシコ以南の北アメリカと南アメリカやカリブ海域を含む概念に対応している．ラテン語系言語がその特徴だとすれば，よく言われるように，北アメリカのカナダのフランス語圏もラテン語系の言語を使用しているし，南米の大国ブラジルの公用語ポルトガル語もラテン語系であるから，厳密にいえばこれらの両国も含まれてしまうし，ラテン語系

でないアメリカ合衆国の数千万のスペイン語話者がはずれてしまう．そこで直訳的に「アメリカ・スペイン語」という術語を採用することにした．「アメリカ英語」とか「オーストラリア英語」などの言い方に従ったのである．

しかしながらこの訳語にも問題は残る．日本で単純に「アメリカ」といえば，日本とアメリカ合衆国のあいだにある歴史的・文化的な事情によって，たいていアメリカ合衆国を指す．スペイン語教育にたずさわっている日本人のなかにも，「アメリカ・スペイン語」と聞いてアメリカ合衆国のスペイン語をイメージする人がいるほどだ．このような誤解を避けるために，まず，この術語について以上のようなことをお断りしておく．

## 2．スペインのスペイン語とアメリカ・スペイン語

スペイン系アメリカはかつて300年以上にわたってスペインの植民地であった．南北アメリカで使われているスペイン語は，植民地時代には本国スペインの標準スペイン語からみれば，その方言であった．「方言」という言語様態は，他方にその言語の標準的規範がなければ把握できない概念である．南北アメリカの植民地がさまざまな共和国として独立すると，国家理念としてはそれぞれの国に標準語が指定されることになる．ところがスペインの言語研究の分野では，南北アメリカの植民地が独立したあとでも１世紀以上にわたって，アメリカ・スペイン語はスペインの標準語の方言として位置づけられていた．

しかしながら今日では，スペイン系アメリカの諸国にはそれぞれの国に標準的なスペイン語が存在するし，また，それぞれの国においてその標準語とは異なった言語様態が方言として研究されている．スペイン語を公用語として使用している南北アメリカの国々の標準語は，もはやスペインの標準語の方言ではない．

それらの国々の標準語は，たがいにかなり大幅な共通性があるとはいえ，けっして一様でない．本書では当然，共通性の大きな言語現象を中心にして概説してゆく．アメリカ・スペイン語に特徴的な現象にはその使用地域が限定されていることも多いが，それらの地域限定の言語現象も紹介する．

## 3．標準語と俗語

　本書ではこの標準語ということばを，いわゆる español estándar という意味で使用する．これは特定の国で広く使われている言語様態を指すが，スペイン語圏全体の一般語 español general, español común とほぼ同義の概念で使われることもある．そして国語として学んだり教えたりする言語様態という側面でとらえれば，規範 norma という呼び名が使用される（norma は言語用法の実態に関連して「慣用」という概念で使用されることもある）．標準語に対立する概念を指す用語には，社会層的には俗語 lenguaje vulgar があるし，地理的には方言 lenguaje dialectal がある．スペイン語は広大な地理的領域を占める多数の国で使用されているから，私たちがアメリカ・スペイン語を学ぶときに常に念頭におくべきは，ひとつの言語用法が，ある国では一般的に使用されているが別の国では俗語として扱われたり方言的な用法であるとされている，という現象が少なくないことである．それゆえ，Aという国の標準スペイン語で使用されている言語様相がBの国では俗語として扱われているからといって，Bの国がAの国のスペイン語を俗語的である，と決めつけるのは，なんら学問的な価値のない独断であるということになる．この意味でラペサ教授（Lapesa, 1999, 601）が促している注意を日本語版（ラペサ，2004, 641）から引用して紹介しよう．

　「大西洋の両側のいずれか一方だけを対象にして，俗語的性質が大きいとか小さいとかと論ずるのは正しい方法ではなく，両者に共通する一般的規範のなかで，特定の規範の異同について論ずるべきである．南北アメリカでもスペインでも，会話では許容されている方言形や俗語形は，平均的な階層の人々の書きことばには入っていかないし，風俗描写主義の作品や民衆的雰囲気を描く作品以外の文学作品に現れることは，なお一層少ない．自由と放縦という規準に対して正しいことばを求める切なる願いが，力強く立ちはだかってきている．ベジョ Bello が唱えた文法教育は50年間でチリの教養階級におけるボス法の使用を減少させるのに成功したのであった」（ベジョとは Andrés Bello のこと）．

　いずれにせよ，スペイン語の言語様態として断りなしに「標準」とされるものは，実質的にスペインの標準語を指すことが多い．アメリカ合衆国のス

ペイン語研究者である Charles Kany はアメリカ・スペイン語研究史のなかで画期的な業績を残しており，その著書は現在でも基本的な参考資料として引用されているが，彼は25年以上ものあいだスペイン系アメリカで現地調査を行なったあとで出版した *American-Spanish Euphemisms* (1960b) の序文 (vii ページ) で，この「標準」という呼び方の実態に言及している．標準スペイン語とはどのような言語様態なのかについては，現在でも約半世紀前と同じように具体的な答えを出すことが難しいが，彼の指摘はとても興味深いので紹介しておこう．概略つぎのような内容である．

　　いわゆる「標準」という概念はしばしば，イベリア半島の王立アカデミアの用法と関連づけられる．しかし標準的であると指摘される語形はおそらく，スペインだけでなくスペイン系アメリカの多くの国でも一般的に使われているものであろう．ネイティブ話者たちは普通，彼らの地方ごとの規範のうえに，スペイン系アメリカ全域とスペイン全域に有効な理念的な規範があることを認めている．この規範は大部分の用法がスペインのアカデミアが示す標準にかなっており，スペイン系アメリカ人の大多数はそれを，言語統一を進める力，すなわちスペイン語話者の全員が共通して参照する手本であると認めている．とはいえ，彼らは自分たちの言語表現では，たいていの場合，自分たちの地方の規範に従っている．この理念的規範は時や場所や社会層によってその影響力が違っている．たとえば，スペイン系アメリカの作家たちは読者層を広げようとする場合，この規範を優先する．

## 4．スペイン語の呼び名

　「スペイン語」は español「スペイン語」と呼ばれたり，castellano「カスティリア語」と呼ばれたりしている．

　スペインでは，王立アカデミアの辞書 (第22版) によると，español は「スペインと南北アメリカの多くの国の共通語であり，世界のその他の地域でもその土地の言語として話されている」Lengua común de España y de muchas naciones de América, hablada también como propia en otras partes del mundo. と定義されており，castellano の語義では次の3種類の定義が特に興味深い．第4語義「スペイン語である．とくに，おなじようにスペイン

の言語として使用されているその他の諸言語との違いを示したいときに（使われる）」Lengua española, especialmente cuando se quiere introducir una distinción respecto a otras lenguas habladas también como propias en España., 第5語義「旧カスティリア地方に生まれたロマンス語方言で，スペイン語の起源はこの方言にある」Dialecto románico nacido en Castilla la Vieja, del que tuvo su origen la lengua española., 第6語義「近現代に旧カスティリア地方で話されているスペイン語の1変種」Variedad de la lengua española hablada modernamente en Castilla la Vieja. である．結局，日本語の「スペイン語」は，スペイン語では，多少の通時的ニュアンスが異なるとはいえ，ほとんど同義語である español と castellano の両方で表現されていることになる．

　そして公的な呼び名としては，スペインはその憲法で「カスティリア語はスペイン国の公用語である」El castellano es la lengua española oficial del Estado.（第3条）として上記の微妙なニュアンスと歩調を合わせている．

　スペイン語を公用語としている南北アメリカの諸国では，国によって，この呼び名のどちらかを採用している．Lodares の第 XXIX 節によれば，憲法の条項で公用語を español と呼んでいる国にはニカラグァ，ホンジュラス，グァテマラ，キューバ，プエルトリコなどがあり，castellano と呼んでいるところにはコロンビア，ベネズエラ，エクアドル，ペルー，パラグァイなどがあるという．また，スペイン語を公用語としている中央アフリカの赤道ギニア共和国では español が使用されている．

　私たちとしては，このような現状をふまえつつ，日本語では「スペイン語」を，スペイン語では español を使い，スペインの地方語との違いを意識するときには「カスティリア語」castellano を使うことにする．

## 5．参考文献

　本書を記述するにあたっては多くの文献を参考にした．本書の全体にわたって参照した主要な研究書はラペサ教授の『スペイン語の歴史』と Obediente 氏の *Biografía*，そして Montes 先生の *Dialectología* である．また最近出版された Frago y Franco も参考になった．オベディエンテ教授やモンテス先生にはその著書から多くの情報を得たのみならず，本書の記述のために現代ア

メリカ・スペイン語に関するさまざまな点について直接教えていただいた．同じく Guillermo Guitarte 氏，Humberto López 氏，Lope Blanch 氏などにもご本人の著書や論文のみならず書簡や口頭で教えを受けている．ここに記して謝意を表したい．

　本書は著者がこれまで大学での講義のために作成してきたノートに基づいている．そのノートの現代アメリカ・スペイン語に関する情報の土台は Vaquero 氏の2冊の教科書であった．ノートにはその内容に様々な出所の情報を加えてきた．本書を構成している情報はほとんどどれもどこからか収集したものであるが，それらを著者なりに消化して統合し，本書のような内容にした．

　なお，本文で言及されている文献は，巻末の「参考文献」にまとめておいた．また，日本におけるこれまでのアメリカ・スペイン語の研究成果については，坂東省次編『スペイン関係文献目録』(行路社，2005年，386-389頁)が詳しい．

## 6．引用の表示など

　参考にした文献の研究成果を引用する場合，まず，和文の文献ならその著者名を，和訳の文献では著者のカタカナ名を，欧文の原著なら欧文の著者名を紹介する(接続詞の y で結ばれている2種類の名前は共著者である)．そして著者名のうしろに丸カッコをつけて，必要ならば出版年を入れ，それとともにページ数を入れる．丸カッコのなかにページ数だけを入れていることが多い．また，そのような丸カッコを引用部分の最後に置くこともある．

　本文の内容に関連する参考文献のガイドなどの情報は，その段落の末部に★印をつけ，当該ページの脚部に注記しておいた．

　なお，本書の段落であるが，まず，全体を5章に分けた（序章と第1～4章）．そして各章を節に分けて1．，2．のように，節を項に分けて1），2）のように，項を点に分けて(1)，(2)のように，それぞれ指示した．その下位区分にはA．，B．を使い，それをまたa．，b．のように分けた．

# 第1章　アメリカ・スペイン語の理解のために

## 1．世界のスペイン語

　スペイン語は現在，世界で広く使われている．ヨーロッパのスペイン，南北アメリカのスペイン系地域の大部分，アフリカの一部，アジアの一部で使用されている．

### 1）現代世界のスペイン語使用地域
#### （1）世界のスペイン語話者
　世界のスペイン語話者の数については，客観的に認められた精確な資料はなく，その数え方も調査の仕方で異なるものの，世界では約4億の人々がスペイン語を話していると考えておこう．また「話す」という行為にもその度合いに何種類かがある．スペイン語を母語として使用する場合，母語以外の言語が公用語になっている国で第二言語として使用する場合，第二言語としてではなくても文化活動や政治経済の仕事でスペイン語を使用している場合，などが考えられる．単純に日常生活でスペイン語を使用している人を数えるだけで，その数はおそらく4億を越えているであろう．そしてその約11％がスペインにおり，ほぼ79％がスペイン系アメリカにおり，およそ9％がアメリカ合衆国，フィリピン，赤道ギニア，スペイン系ユダヤ人社会などにいる．

#### （2）スペイン語文化圏
　スペイン語を使用している4億人が住んでいる国々（地域，都市）は，大陸別にみると次のようになる．その公用語がスペイン語でない場合にはカッコを付けておいた．また日本語の国名のあとにスペイン語による国名や簡単な情報および人口の概数を紹介する（人口は主として2004年5月の時点での外務省の各国・地域情勢を調べたものである．1部は『世界の国一覧表』を

概説　アメリカ・スペイン語

参照した．★
　A．ヨーロッパ：
　　スペイン（王国）　Reino de España，4,272万．
　B．南北アメリカの共和国など：
　　（アメリカ合衆国　Estados Unidos de América，人口は2億9,400万で，そのうちのスペイン語使用者はおよそ3,880万）．
　　アルゼンチン共和国　República Argentina，3,600万．
　　ウルグァイ東方共和国　República Oriental del Uruguay，339万．
　　エクアドル共和国　República del Ecuador，1,209万．
　　エルサルバドル共和国　República de El Salvador，640万．
　　（オランダ領アンティル諸島　Antillas Neerlandesas，公用語はオランダ語，人口21万のうちの多くがスペイン語を使用）．
　　キューバ共和国　República de Cuba，1,121万．
　　グァテマラ共和国　República de Guatemala，1,188万．
　　コスタリカ共和国　República de Costa Rica，385万．
　　コロンビア共和国　República de Colombia，4,370万．
　　チリ共和国　República de Chile，1,505万．
　　ドミニカ共和国　República Dominicana，823万．
　　ニカラグァ共和国　República de Nicaragua，507万．
　　パナマ共和国　República de Panamá，283万．
　　パラグァイ共和国　República del Paraguay，578万．
　　プエルトリコ　Puerto Rico，独立国家ではなく，アメリカ合衆国の自由連合州　Estado Libre Asociado，389万．
　　ベネズエラ共和国　República Bolivariana de Venezuela，2,510万．
　　ペルー共和国　República del Perú，2,715万．
　　（ベリーズ　英語名State of Belize，スペイン語名Belice，公用語は英語，イギリス連邦の一員，30万）．
　　ボリビア共和国　República de Bolivia，827万．

---

★　日本の外務省の解釈では，南北アメリカ大陸は「北アメリカ23カ国」と「南アメリカ12カ国」に2分割されている．いわゆる中米の諸国もカリブ海の国々も北アメリカに含まれている．

ホンジュラス共和国　República de Honduras，727万．
メキシコ合衆国　Estados Unidos Mexicanos，1億320万．
C．アフリカ：
スペイン領のカナリア諸島　Islas Canarias．
モロッコの地中海沿岸部にあるスペインの都市のセウタ Ceuta とメリジャ Melilla．
赤道ギニア共和国　República de Guinea Ecuatorial，102万．
D．アジア：
（フィリピン共和国　公用語のピリピノでは Republika ñg Pilipinas，英語で Republic of the Philippines，公用語はピリピノ，英語，地方語．スペイン語話者は人口7,650万のうちのおよそ3％か）．
E．スペイン系ユダヤ人：約40万．
（3）スペイン語の使用形態
以上のようなスペイン語使用諸国では，スペイン語の占める位置が次のようになっている．
A．複数の土着語があるが，スペイン語が唯一の公用語になっているところ：スペイン系アメリカの大部分や赤道ギニア．
B．スペイン語がほかの言語とともに公用語になっているところ：スペイン（いくつかの地方語と共存），プエルトリコ（英語と共存），ペルー（ケチュア語などと共存），パラグァイ（グァラニー語と共存）．
C．スペイン語が少数話者の言語になっているところ：アメリカ合衆国，オランダ領アンティル諸島，フィリピン，ベリーズなど．

# 2）アメリカ合衆国のスペイン語話者

　アメリカ合衆国では，スペイン語を母語として使用する人をヒスパニック hispanic と呼んでいる（彼らは自身をラティノ latino と呼ぶ）．1990年の国勢調査では，ヒスパニックの人口は約2,300万であり，全人口のおよそ8.9％を占めていた．彼らのうちの約半分はカリフォルニア，ニューメキシコ，テキサスの諸州に住んでおり，それぞれの州の人口の25.5％，38.2％，25％を占めていた．
　一方，ワシントンポスト紙の2003年6月19日の記事が報ずるところでは，同国人口統計局がその前日に発表した2002年7月現在の統計によると，いま

概説　アメリカ・スペイン語

やヒスパニックが予想されたよりも早く，合衆国における最大の少数派集団になったそうである．彼らは国民の13%を占め，その数は3,880万人となっている．これまで同国の最大の少数者集団であった黒人系人口は3,830万であった．ヒスパニックは多数の移住者が続いていることと住民の出生率が高いことで，この20年ほどでその人数は倍になったという．彼らは5名のうちの3名が合衆国で生まれており，ここ数十年間，メキシコとの国境沿いにある共同体では多数派となっている．2000年の統計ではヒスパニックが23の州で最大の少数派集団となっていた．スペイン語は30以上の州で使用される，英語以外の主要言語になっている．★

アメリカ合衆国におけるスペイン語はきわめて複雑な方言群で構成されている．20世紀の中頃までは2種類の方言，すなわち，ニューヨークやニュージャージーといった東海岸で話されるプエルトリコ系の方言と南西部のニューメキシコ，アリゾナ，コロラド，カリフォルニア，テキサスなどで話されるメキシコ北部系の方言を念頭に置いておけばよかった．しかし20世紀の後半に入ると，政治や経済の要因によって誘発された大量の移民群が頻繁に入ってきたため，この国におけるスペイン語の使用者数が爆発的に大きくなったし，ロサンゼルス，ニューヨーク，マイアミ，シカゴ，ワシントンD.C.といった大きな都会ではスペイン語の新たな言語様態が何種類も導入されることになった．

アメリカ合衆国の憲法には公用語に関する条項が含まれていないが，歴史的・実際的に英語の国である．英語話者に囲まれたヒスパニックのスペイン語はどのような様態を見せているのだろうか．本書では第3章の第12節でその特徴的な文構造を紹介し，第4章の第5節でその独特の語彙を紹介することにしよう．

---

★　アメリカ合衆国のスペイン語については，それを母語とするヒスパニックたちの言語様態の特徴のいくつかを後述するが，彼らの2世や3世のあいだには英語との混成言語とも言えるspanglishが使われている．この混成言語の実態についてはLipski（2003）が詳しい．LodaresのXXIII節とXXIV節も参考になる．また，アジア，アフリカ，アメリカ合衆国，ユダヤ系スペイン語のスペイン語使用状況については三好（1996）が簡単に紹介している．

第1章　アメリカ・スペイン語の理解のために

# 2．スペイン語史の時代区分と王立アカデミア

## 1）スペイン語史の時代区分
　スペイン語の歴史を研究するときの時代区分には，基本的に2種類の分け方がある．ひとつはスペインにおける文献学の伝統的な方法である．それによるとスペイン語が歩んできた時代は次の6種類の時代に分けて研究される．ラペサ教授が『スペイン語の歴史』のなかで採用している分割方法でもある．
### （1）6分割法
　A．第1期：イスラム勢力が8世紀初頭に侵入する以前の，イベリア半島の言語事情を扱い，先ローマ期の諸言語と半島のローマ化の過程を研究する．
　B．第2期：イベリア半島で俗ラテン語（口語ラテン語）から生まれる原初ロマンス諸語の形成の時代．イスラム勢力の侵入のあとの，イベリア半島の諸言語を研究する．カスティリア語（スペイン語の母体）はこの時期に生まれる．
　C．第3期：中世カスティリア語の時代．12世紀から14世紀までの期間に相当する．
　D．第4期：中世スペイン語から古典スペイン語への移行期．時代的には14世紀後半から16世紀前半までを含む．
　E．第5期：古典スペイン語の時代．基本的には，スペイン文学史での慣用名称である黄金世紀のスペイン語を指す．16世紀から17世紀．
　F．第6期：近現代スペイン語の時代．18世紀以降を研究対象にする．
### （2）3分割法
　上記の伝統的な時代区分は，カスティリア語（スペイン語）自身の歴史のなかに，言語外的な史的・文化的な情報をも含むということで，批判されることがある．そこでスペイン語の内的な，すなわち言語自体の歴史を研究しようという立場から，16世紀初頭を境にして古スペイン語と近代スペイン語に大きく二分する案も出されているが，もう少し穏当な，つぎのような3分割の方法も提案されている．
　A．第1期：古語の時代．古カスティリア語がまとまった形で記録されて

いる13世紀初頭から15世紀中頃までを含む．現代スペイン語の基本的な構造ができあがり，それがアルフォンソ10世の言語改革によって書記言語としての機能も与えられ，成長する時期にあたる．
  B．第2期：中世語の時代．15世紀の中頃から17世紀の中頃まで．スペイン語は音韻体系や文法が急速に調整され，ほぼ現代語の姿になる．
  C．第3期：近現代語の時代．17世紀中頃から現在まで．スペイン語の基本的な言語構造が安定している時代．

## 2）スペイン王立アカデミア

　ブルボン朝のフランスには17世紀の中頃からアカデミー・フランセーズが存在する．国王ルイ14世が後援者になったが，その本来の目的は国語辞典の編纂と文法規則の判定である．この制度がヨーロッパの国々に模倣され，18世紀初頭のスペインにも導入された．スペインのアカデミアは1713年にマドリードでビジェナ侯爵の私的な勉強会として始まり，それが翌年に国王フェリペ5世に公式の庇護を約束され，王立として発足した．イギリスやフランスでは17世紀には啓蒙主義の考え方が生まれ，それによって社会科学が発展していたので，スペインのアカデミアも最初は，社会科学一般の発展を目論んだ．しかしその成果の発表を行うための言語の開拓と統一が優先されるようになり，すぐに国語研究がその主要目的になった．標章は火炎に囲まれて金属を溶かす坩堝（るつぼ）であり，それに「純化し，固定し，輝きを与える」limpia, fija y da esplendor という標語が添えられているが，このことから，その目指すところがスペイン語の純化と規範性の付与であることが理解される．最初の事業は規範性を帯びた内容のスペイン語辞典の編纂であったが，そのために，辞典の見出し語ごとに権威ある著述家の用例を付けた．これが1726年から1739年にわたって出版された『権威辞典』Diccionario de Autoridades である．これは1780年に『スペイン語辞典』Diccionario de la lengua española として改訂出版され，2001年にはその第22版が世に送り出された．アメリカ・スペイン語の単語も追加されてきている．他方，1741年には『正書法』Ortografía が出版され，スペイン語の書記規則の統一が目論まれた．その最新の改訂版は1999年に出版された．規範性を帯びたアカデミアの文法書は，その第1版が1771年に出版され，最新版は1931年に出されたが，その後，アカデミア自身が編集する規範性を帯びた文法書は出版されて

いない．

　スペイン王立アカデミアは創立後，同様の目的をもったアカデミアの設立を南北アメリカの国々に呼びかけたので，コロンビアを初めとして，つぎつぎに設立された．1973年には22番目の北米アカデミア（アメリカ合衆国）が生まれた．スペインの権威主義者たちは長いあいだ，世界のスペイン語はスペインの標準語を手本にするべきであるという考え（純粋主義）を持っていたが，現在では各国のアカデミアが協力してスペイン語圏共通の規範の構築を目指し，協会を設立して互いの連係を深めてきている．

　そのアカデミア協会 Asociación de Academias de la Lengua Española が2004年度に出版した『全スペイン語圏の新言語政策』La nueva política lingüística panhispánica によれば，規範性を帯びた新たな文法書の準備が2005年度の出版を目指して進められているし，アカデミアのアメリカ・スペイン語辞典 Diccionario académico de americanismos が2008年の出版を目指して編纂の最終段階に入っているという．

　なお，フランスと同様，スペインでも18世紀以降，さまざまな社会科学や自然科学のアカデミアが設立されたが，言語研究を目指すアカデミアはスペイン最古のアカデミアであることから，普通，その名称に「スペイン語の」という部分を含めない．Real Academia Española（スペイン王立アカデミア）と言えば，国語たるスペイン語の研究機関のことである．なお，Lodares の第 XVIII 節と XXIX 節に，王立アカデミア創設時の面白いエピソードが紹介されている．

# 3．アメリカ・スペイン語の史的背景

　この第3節では，アメリカ・スペイン語の歴史を一層よく理解するために必要な，スペイン系アメリカ自身の歴史の要点をまとめておこう．その歴史を「南北アメリカのスペイン化」という視点から眺めてみるのである．このスペイン化は1492年に始まり，いまでも続いているということができる．まず，15世紀と16世紀の基本的な出来事を，染田などを参照しつつ略述しよう．

　ヨーロッパ人が歴史的に記録される形で新大陸を発見した1492年という年には，スペイン語にとって記念すべき画期的な3大事件が起きた．事件のひとつはイベリア半島でカスティリア王国の主導によってキリスト教による宗

概説　アメリカ・スペイン語

教の統一が実現されたことであり，それによってカスティリア語が半島の公用語的な位置を占めることになった．スペイン語となる道を歩みはじめたとも言えよう．第2の事件はスペイン文化が海外進出を開始したことである．積極的な海外進出としては，よく知られているようにコロンブスによるアメリカ大陸への進出があり，消極的な海外進出には，イベリア半島の宗教的統一を深めるための，ユダヤ教徒の追放がある．彼らは5万人ほどであったが，スペイン系ユダヤ人として地中海沿岸にそって移動し，あちらこちらに居住地を求める．第3の事件は，ネブリハによる『カスティリア語文法』が出版されたことである．これはロマンス語に関する最初の記述文法であり，当時のカスティリア王国のイサベル女王に献呈されたが，ネブリハはこれによってスペインの植民地における国語教育の規範化の便宜をはかった．

　コロンブス Cristóbal Colón は主としてカスティリア王国の援助を得て，香料と黄金を求めるための西方ルートを発見するため（香料などはその頃，東方から地中海をへて運ばれていた），1492年の8月3日，スペイン南部の大西洋に面した港パロスから第1回目の航海に出発する．1492年10月12日にカリブ海の島に上陸した．彼はその島にサン・サルバドル San Salvador という名前をつけたが，そこは現在のバハマ諸島の島のひとつであり，先住民語のアラワクではグァナハニー Guanahaní と呼ばれていた．しかし現在 San Salvador と呼ばれている島は数十年前に命名された島であり，コロンブスの上陸地については数十箇所の仮説がある．彼はこの島に2日間滞在し，10月28日にキューバ島 Cuba に到着したが，この島では部下が奥地を探検し，タバコを発見する．1492年12月5日には現在のドミニカ島に上陸し，エスパニョラ島 La Española と命名した．そこには1496年に弟のバルトロメ Bartolomé Colón がヨーロッパ系アメリカの最古の町となるサント・ドミンゴ市 Ciudad de Santo Domingo を建設する（現在のトルヒジョ市 Ciudad Trujillo）．そしてスペイン人はこの町を中心に，発見時代と征服時代を過ごすことになる．この島は実質的に16世紀末まで新大陸の人と文化のベースキャンプになった．コロンブスは1493年の3月15日にパロスに帰港し，そのあと3度の航海を実行するが，その偉業にもかかわらず晩年は恵まれることがなく，また，自分はアジアに到着したのだと信じつつ，1506年に他界する．

　1492年から1519年までは発見の時代と呼ばれる．コロンブスが新大陸と遭遇する年から，コルテスがアステカ王国の征服に出発するまでの期間である．

第1章　アメリカ・スペイン語の理解のために

　コロンブスがアメリカ航路を発見してから2年すると，教皇のアレクサンデル6世が新大陸アメリカに関するスペインとポルトガルの境界線を，トルデシジャス条約 Tratado de Tordesillas によって決定した．教皇はキリスト教の布教を条件にして，スペイン側に有利な裁定をしたと考えられている．発見時代の司法と行政の業務はサント・ドミンゴのアウディエンシア Audiencia が担当した．

　そのあと，1519年から16世紀中頃までが征服時代になる．コルテス Hernán Cortés がメキシコの高原部に進軍し，1521年にはアステカ王国の征服を終了したが，しばらくするとその地域を担当するアウディエンシアがメキシコに設置された．メキシコ市は1535年に副王領の首都とされ，ヌエバエスパニャ副王領 Virreinato de Nueva España が設置された．本格的な植民地経営の開始である．他方，南米北部を探検していたピサロ Francisco Pizarro は，1533年にインカ帝国の征服を終えるが，その地方の中心地リマも1544年には副王の政庁所在地となり，一帯はペルー副王領 Virreinato del Perú となる．★

## 1）南北アメリカのスペイン化：統治政策

　アメリカ植民地では，スペインのどのような行政機構がどのように確立され，どのように運用されていったのか．それを概観してみよう．南北アメリカの植民地がスペインから独立するまでの期間を，発見と征服の時代，植民地の時代，独立の時代に3分割することにする．

### （1）発見・征服の時代

　この時代は1492年から16世紀の中頃まで続く．この時代の征服事業には，民間人が自らの負担で行う私的な性格があった．スペインの王室は国土回復運動の出費がかさんでいたので，みずから資本投下して新大陸の征服を推進することができなかったのである．国王は征服事業を希望する者にその許可を与え，征服によって獲得する利益の一部を提供することを約束させた．しかしこれでは投資の成果が上がらなかったので，方針を変更する．そこでエンコミエンダ Encomienda の制度が導入された．国王は征服事業者に労働力

---

★　スペイン系アメリカの歴史に関する基本的な「なまの史料」が日本語で読めるようになった．染田・篠原である．アメリカ・スペイン語の史的背景を具体的に理解することができる興味深い資料である．

として先住民 indios を与え，そのかわり，彼らへの宗教教育と文明化を義務づけたのだ．しかし現地では実質的に先住民が奴隷として扱われることになった．

(2) **植民地時代**

　16世紀中頃から19世紀初頭までが植民地時代である．16世紀の中頃には植民地の行政組織の骨組みが決まり，それが18世紀後半の改革まで続く．経営形態は18世紀初頭にスペイン王室がブルボン王家に属することで変化した．本国での権限はインディアス枢機会議 Consejo de Indias が把握する．この組織は1542年に組み立てられ，1834年まで続く．国王直属の植民地関係の最高意思決定機関であった．

　植民地での権限はアウディエンシア Audiencia と副王 Virrey が握っていた．アウディエンシアはおもに司法関係の業務を担当するが，第1号は1511年にサントドミンゴに設置され，1528年にはメキシコ市にも開設された．他方，植民地行政の最高責任者として任命される副王は，植民地時代の当初は上記のようにふたりであったが，18世紀になると南米大陸の管轄地域が広大になり，ペルー副王領の業務の分割をはかるため，さらにふたり任命された．1717年からのヌエバグラナダ副王（首都はボゴタ，副王領の名前は Virreinato de Nueva Granada）と1776年からのリオデラプラタ副王（首都はブエノスアイレス，副王領の名前は Virreinato del Río de La Plata）である．副王をはじめ，高級官吏はすべてスペイン国王の任命を得て，ほとんどスペインから派遣された．植民地時代には副王経験者が約百名いるが，そのうち現地生まれのクレオール criollos はたったの5名であり，残りはすべてスペインから派遣されるイベリア半島のスペイン人 peninsulares であった．これら副王の任命期間が終了すると同時に，新たな副王とともにイベリア半島から派遣される高級官吏たちによって，スペイン本国の同時代の流行語法が移入され，彼らとの接触が厚い地域では本国の最新の語法が浸透していった．

　スペイン本国とアメリカ植民地との通商事業は通商院 Casa de Contratación が管轄した．スペインは植民地との通商および植民地域内の交易を独占し，ヨーロッパの商品のスペイン系アメリカへの供給を一手に担い，いかなる外国や外国商人をも新大陸貿易から排除しようとした．そのため1503年，勅令で通商院をセビリア Sevilla に設置する．輸出するのは，当初は農産物，そのあとでは武器・金属・紙などの加工品（工業製品）であった．

輸入するのは，皮革や砂糖もあったが，大半は貴金属である．通商院は税関と渡航者の管理を行なっていたが，ブルボン朝スペインの王室が植民地経営を自由貿易政策に転換したことによって1790年に廃止された．

　スペインは18世紀に入ると王位継承戦争（1701-1714）を経験し，王室はハプスブルク家から離れてブルボン家の影響を受けることになる．国家再建事業を推進したのはカルロス3世 Carlos III（在位：1759-1788）であるが，彼は行政を中央集権化して大陸の活性化と貿易の促進を計る．そのため，1776年にリオデラプラタ副王領を設置した．1789年には通商の完全自由化が実施され，それによってラプラタ地方が皮革の輸出で大発展する．

　ブエノスアイレスとその周辺地域は，18世紀中頃まで経済的・社会的・文化的な価値はほとんど無に等しかった．この町が建設された1536年から1世紀半が経過した1680年にも人口は約5千人しかいなかったのである．しかし18世紀後半になると，ブルボン王朝の方針によってこの地方の経済と通商の重要性が一気に高まり，副王領にもなってこの地は急速に発展した．1778年には人口が2万5千人強となる．それゆえ，この地方の地域標準語が固まるのは18世紀後半から19世紀初頭にかけてであると思われる．

（3）独立時代

　この時期のスペインの事情で特記されるべきはスペイン独立戦争（1808-1813）である．1808年に10万人以上のフランス軍がスペインに侵入した．ナポレオンによるポルトガル制圧が口実であった．民衆の間に反フランスの暴動が起り，独立戦争が始まるが，スペイン民衆は各地でゲリラ guerrilla 戦を展開する（「ゲリラ」とは小規模の戦闘をさすが，このことばはそのような紛争形態を指す用語として現在でも使われている）．

　植民地アメリカでは18世紀末になると，ブルボン王朝の植民地活性化と貿易の自由化，およびヨーロッパ経済の高揚により，クレオールたちは経済的・政治的な地位の向上を求める．他方，ヨーロッパのロンドンやマドリードに留学していたクレオールたちが帰国するとき，合理主義に基づいて人間開放を目指す啓蒙主義思想を持ちこんできた．

　19世紀初頭にはイベリア半島に独立戦争が起こったが，植民地のアメリカは当初，国王に忠誠を誓いつつ，完全な自治権の獲得を目指していた．その動きはすぐに独立運動に結びつくことはなかった．しかしイベリア半島の臨時政府設立にならい，自分たちも臨時政府を結成して副王軍と武装対立する

ようになった．とはいえ，スペインの独立戦争が終わった1814年，フェルナンド7世は復位して副王軍を増強したので，アメリカの対立状態はその後しばらく副王軍に有利なように展開した．他方，完全独立を目指す革命運動が起りつつあったが，イギリスとアメリカ合衆国がスペイン王室にかわってスペイン系アメリカと商取引関係を樹立して自国の利益を得るべく，革命派に武器や資金を支援したこともあって，植民地アメリカは独立運動の時代に突入した．1810年にはメキシコでイダルゴ Hidalgo が蜂起して独立運動を開始し，1821年には独立を宣言する．

一方，南米ではカラカスでも独立の気運が高まり，1811年にはボリバル Simón Bolívar が独立運動を開始する．南米南部では1816年にラプラタ諸州の連合体が独立を宣言し，サンマルティン José Francisco de San Martín がブエノスアイレスで独立運動を開始した．ボリバルは独立を勝ち取って南下し，サンマルティンは副王軍を破りながら北上した．そして植民地解放運動の主役であるこのふたりは1822年に現エクアドルのグアヤキル Guayaquil で会見した．この時期以降，スペインの植民地アメリカは独立時代に入る．

## 2）南北アメリカのスペイン化：文化政策

スペインにとってアメリカ植民地の文明化とは，キリスト教を広めることであり，スペイン風の教育をほどこすことであった．そのための手段としては教育制度の確立と印刷設備の導入がある．布教と教育によって先住民にスペイン人の社会道徳を教えることで，インディオの活用が可能になった．この文明化は，同時に統治者のアメリカ化をも意味した．すなわち，双方向の影響があったのであるが，その影響は食物・建築・行政などの面にあったのみならず，当然のことながら言語にも及んだ．

### （1）教育

公的な教育の対象となったのは，最初，スペインから来た家族の子弟，つぎに現地生まれのスペイン人たち（クレオール）であったが，時間の経過とともに，裕福な混血の子供たち（メスティソ）も加わった．先住民には基本的なスペイン語が教えられたが，これも原則的には宗教関係者が担当した．

教育内容は宗教教育と読み書きが中心であった．先住民には，16世紀に入るとスペイン王室の勅令によって，後述のような各地の「現地の共通語」が教えられることになったが，18世紀の後半からはスペインの中央集権的行政

の影響から，スペイン語による統一的な教育が重視された．
　教員はおもに宣教師たちであった．のちには卒業生たちも教授陣に加わったが，18世紀末には両者の数はおよそ半々であった．
　教科書は，植民地での教育であるから，当然，本国のものが使用された．国語教育ではとくにネブリハの著書が珍重された．
　教育レベルには基礎教育（初等・中等）と専門教育（大学）があった．初等教育は修道院をはじめ，各地の宗教施設で施されることが多かった．大きな町には中学校と神学校を併設したようなコレヒオ colegio があって，中等教育はそこで行われ，生徒が各地から集まった．
　専門教育は大学で行われた．植民地アメリカには早くから大学が設置されている．1538年にサントドミンゴに最初の大学が設置され，1551年にはペルーのリマとメキシコ市に，1580年にはボゴタに，1586年にはエクアドルのキトに設置された．独立運動の時代にはスペイン系アメリカに30近い数の大学があった．本国の大学が手本になった（サラマンカには1253年に，アルカラ・デ・エナレスには1508年に大学が創設されている）．大学の基準はまちまちだが，たいてい総合大学は王室が，専門大学は教団が経営した．いずれにせよ専門教育の基本はラテン語であった．

（2）印刷
　情報の大量の流通が文明化の鍵であるが，それを可能にする印刷機械は高価であるうえに，植民地では紙が貴重な輸入品であった．さらに，文盲率が高い植民地アメリカでは印刷物の購買者が限られるし，印刷物の検閲もあったため，印刷による情報の流通はそれほど活発でなかった．印刷機は16世紀にメキシコ市とリマに設置されたし，その世紀の末にはマニラにも運ばれた．18世紀中頃には新大陸の中心都市のほとんどに印刷所があった．

## 3）南北アメリカのスペイン化：言語政策

　植民地アメリカにおけるスペインの言語政策については，スペイン語の普及問題よりも先住民諸語の扱いのほうに注目して理解する必要があるだろう．ロダレス Lodares も強調しているように，独立運動の時代のスペイン系アメリカでは，スペイン語を使う者は3人にひとりの割合であったという．残りの2名は先住民語を使って生活していた．
　発見の時代の初期にアメリカにスペイン語が登場し，時間の経過とともに，

その方言様態のひとつであるアメリカ・スペイン語が形成されてゆく．時代的には，15世紀末の新大陸発見から16世紀末頃までである．その初期はアンティル期とも呼ばれており，南米ペルーの支配が確立される時期までを含む．スペインのさまざまな方言地域から征服者や入植者がやってくるが，その共同生活を通して，多くの方言的特徴のなかから自分たちに好都合と思われるものを選択して組み合わせ，一種の共通語 koiné が形成される．その形成には16世紀いっぱいかかるが，その後この共通語が大陸部に伝播する．

　先住民との意思の疎通には，彼らとの接触の最初期にはゼスチャーやイラストなどで情報交換し，しばらくすると通訳の養成が始まる．他方，キリスト教の布教には先住民によるスペイン語習得が期待できないので，宣教師が先住民語を習得して行うようになる．

（1）スペイン語教育

　スペイン王室は植民地の行政が効率よく運営されるために，先住民が公用語たるスペイン語を使えるようになることを望んだ．スペイン語教育については，16世紀には原則的にスペイン語が尊重されたが，しかし先住民にスペイン語学習を強制することはなかった．スペイン人と接触する先住民たちが自主的に学んでいった．そして18世紀後半にはスペイン語教育が義務化される．ブルボン朝スペインのカルロス3世が絶対王政の一貫として制定したが，しかし現実問題として，全域でのスペイン語教育は不可能であった．たとえば，17世紀中頃のメキシコ市では，スペイン人が約8千人で，彼らの管轄下の先住民は200万人を越えていたからである．

（2）布教のための言語

　キリスト教の布教を何語で行うかが問題になってゆく．布教の初期には，先住民は自分たち自身の社会で生活していたので，スペイン語を習得してもその利点がなく，学習意欲は乏しかった．そこで宣教師たちが先住民語を使うことになったが，多様な言語が使われている新大陸であるから，征服が進むと布教に必要な言語の種類も多くなり，その習得も難しくなっていった．結局，広い地域に影響力のある4種類の先住民語を選んで宣教師もそれを習得し，先住民にも学習させることにして，その言語で布教や教育を行った．選ばれた4種類の先住民共通語 lenguas generales de los indios は，ナワ語 náhuatl，チブチャ語 chibcha，ケチュア語 quechua，グァラニー語 guaraní であった．しかし，これらの4言語もそれぞれに複数の方言様態が存在して

いて，どの様態を学んだり教えたりするのかが問題になったことであろう．
　16世紀中頃に即位したフェリペ2世が勅令でもって，新大陸でこの共通語の研究をするように命じ，どれかの共通語を習得していない者は宣教師として働く資格を認めないようにした．先住民共通語という考え方は16世紀後半に確立する．そのおかげで，ナワ語やケチュア語は，スペイン人と接触する以前よりも広い範囲で使用されるようになった．

## 4）南北アメリカの人々：社会構成員

　植民地時代の社会は，実質的には5種類の人たちによって構成されていた．イベリア半島から渡ってきた半島スペイン人 peninsulares，現地生まれのスペイン人であるクレオール criollos，先住民とスペイン人の混血のメスティソ mestizos，アフリカから奴隷として連れてこられた黒人 negros，それと先住民（インディオ）indios である．社会のさまざまな実権は白人が握り，彼らと接触のある先住民がその次に位置づけられる．個人の社会的地位は，基本的に人種・宗教・職業によって決まっていた．スペイン語を使用する者としては，植民地時代初期は半島スペイン人に限られたが，その後はクレオールやメスティソが加わってゆく．

（1）スペイン人

　彼らの人数は，16世紀末には30万まで，そして17世紀中頃には70万以上であったろうし，18世紀末になると約330万になった．16世紀中には密航者が正規の渡航者よりも多かったという計算もされることがある．当初，入植者は通商院による国家管理がなされており，外国人・モーロ人・ユダヤ人・異端者などは渡航許可が下りなかった．おなじく女性の渡航も禁じられていたので，スペイン系アメリカで混血が進み，早くからメスティソが出現した．渡航者の男女の比率が半々になるのは17世紀に入ってからである．出身地方をみると，16・17世紀にはイベリア半島南部の出身者が中心となっており，18世紀以降には北中部が中心になる．

　スペイン人はスペインから渡航してきた半島スペイン人とアメリカ生まれのクレオールに分けられるが，後者には，収益の大きい商業活動に従事したり高級官吏・高位聖職者になったりする道は閉ざされていたので，すでに16世紀中頃より，両者の反目が始まっていた．最終的には後者の主導による植民地の独立ということになる．

## （2）先住民

　南北アメリカの先住民はアジア系である．1万年以上前に移住してきた．3万年前の遺跡も残っている．アジアと北アメリカをつなぐベーリング海峡は水深約40メートルであるが，かつてはそれが氷河の移動でつながることがあった．そうすると海峡は，旧石器時代の狩猟民がマンモスや鹿といった大型動物を追って行き来することができた．紀元前8千年ごろから地球が温暖化してきてこの移動が不可能になり，北アメリカでは集約農耕が発生してゆく．アメリカ側に移ってきたアジア人の人数は不明である．単なる推測の数値としてだが，西暦の15世紀末には南北両アメリカの先住民は5千万人ほどだと言われている．極端な人口集中地域はメキシコ高原部とアンデスの高原地方であった．それが17世紀には1千万以下に減少し，18世紀末には7百数十万人になったと推測されている．植民地時代には先住民や奴隷は人口統計の対象にならなかったから，これらの数値はあくまで推測でしかない．

　先住民も黒人も盛んにスペイン人と混血した．この現象が目立つ背景には，スペイン人が歴史的にもともと混血民族であり，混血に拒否反応を示さなかったことがある．そして，この混血児（メスティソ）の存在が，植民地アメリカにおけるスペイン語の普及にとって重要な要因になっていた．カトリック当局が布教に先住民語を使用することにしていたから，それによってスペイン語の普及が妨げられていたが，しだいに多くなるメスティソたちがスペイン人と接触してスペイン語を習得したために，その普及が進むことになった．

## （3）黒人

　アフリカから奴隷として移住させられた黒人は，16世紀末には7万人以上であったと推定される．植民地時代末期にはおよそ80万人近くになっていたようだ．植民地時代に輸入された黒人奴隷は300万人に達するともいう．しかし混血が進行し，19世紀初頭の黒人系の人口はおよそ200万人であっただろう．

　スペインは1510年代から，ポルトガルは1520年代から新大陸への奴隷の搬入を始めた．最大の奴隷市場は現コロンビアのカリブ海に面する城塞都市カルタヘナ Cartagena de las Indias であった．18世紀初頭からはイギリスも黒人奴隷貿易に参入する．

## 5）独立時代の国語意識：サルミエントの場合

　植民地アメリカは19世紀に入ると独立してゆく．新生共和諸国はこの世紀の中頃まで政治関連の地固めに精力の大半を消耗していたが，後半に入ると文化的な面でもスペインから独立しているという意識が強くなり，そういう傾向の動きが生まれてくる．国家の独立を特徴づける資格のひとつに公用語（国語）があるが，植民地時代を通して学ばされてきたスペインの標準語とは違った，自分たちの国語としてのスペイン語を確立しようとする動きが，アルゼンチンとチリとベネズエラに起こった．違いを示すために工夫されたのは，おもに正書法の改革であったが，工夫は当然のことながら，それぞれの独立共和国を特徴づける語彙や文法の面にも及んでいる．このあたりの経緯は Lodares（XXVII 節など）に詳しい．以下では彼に従って，マルンベリ Malmberg（第 8 節）なども参考にしつつ，アルゼンチンのサルミエントの思想を紹介しよう．

　19世紀初頭になっても，南米南部のラプラタ地方はいまだ，スペイン帝国の後進地であった．カルロス 3 世の勅令によって1776年にラプラタ副王領が創設されるまで，経済的にも文化的にもスペインの影響力は弱かった．帝国とのつながりはペルー副王領の中心地リマとのあいだで維持された．ラプラタ地方は結果的にスペインの伝統と切り離され，下層住民の民衆的傾向が自由に発展することになった．スペインともスペイン系アメリカの文化的中心地とも緊密な接触を持っていなかったのである．

　サルミエント Domingo Faustino Sarmiento（1811-1888）はアルゼンチンの文化史上もっとも目立った人物となっている．アンデス地方の寒村に生まれ，1832年に最初の追放でチリに移るまで，何度かの小旅行以外は生地を離れたことがなかった．しかし後年，スペインを旅行している．幼少時から独学で広範な知識を身につけ，さらにフランス語と英語を学び，両言語の文学を勉強した．彼の存在を有名にする著書の『ファクンド』Don Facundo Quiroga o civilización y barbarie はチリのバルパライソで出版された．1868年から1874年まで共和国の大統領になっている．

　サルミエントの思想は要約すると国家主義（民族主義）・反スペイン主義・反古典主義になるが，それは 2 種類の方向に分かれていく．ひとつは一層俗っぽいタイプのロマンチック小説的な路線であり，もうひとつは大衆路線であって，そこではガウチョが称揚され，若い国家によって外国勢力（スペイン

概説　アメリカ・スペイン語

やヨーロッパ一般）と対置される典型的な存在となり，同時に，文化と文学のなかで自治と成熟を表現する存在として位置づけられた．★

　彼は，ラテンアメリカの若い独立諸国がスペインの規範から独立した書記言語を創造したり，独自のことばを形成したり，民衆的な語形や表現と同化したり，先住民諸語の借用を認めたりする権利を擁護した．アルゼンチンの書記言語の創造者であると考えられ，母国の文学や文化生活における国家（民族）主義的路線を代表している．

　アルゼンチンの19世紀前半は内外の紛争と，政治的・経済的・文化的な安定性の完全な欠如とによって特徴づけられる．スペインから受け継いだ古い規範には今や有効性がなかったし，新たな規範を作り出すには時間も能力もなかった．19世紀が全スペイン系アメリカにとって地方主義の勝利を意味するとすれば，この主義の進展が最も強く感じられたのはアルゼンチンである．この国は政治的均衡が低く，スペインから受け継いだものがペルーやメキシコよりも弱かった．内乱とロサス Juan Manuel de Rosas の独裁（おもに1840年代）が植民地支配階級の薄い層に，そしてそれとともに本国の言語規範に，決定的な打撃を与えたようである．1810年にはブエノスアイレスの教養階級の者はみな，単数の話し相手を tú で呼んでいた．ロサスの独裁時代に，呼称は，それまで田野部や都会の下層階級のみが使っていた vos（ボス法）に移った．普通，新たな階級が権力の座につき，その影響力でもって，以前は教養語から追放されていた民衆的・俗語的な言語用法が規範として受け入れられることはある．たとえばローマ帝国だが，蛮族の侵入が始まると，それによって起こる社会改革のために，古典ラテン語の慣習が決定的に途絶えることになったし，フランス革命も同じように，新たな言語特徴をもたらし，以前からの規範の変更を引き起こしたことはよく知られている．アルゼンチンのやり方は，古典的カスティリア語の規範が異常に弱かったことと，独自路線を進みたがっている新国家の成長によって決定づけられた反動の力によって可能になった．相続したものすべて，スペイン的なものすべてに対する反逆であった．というのも，スペイン語使用諸国のなかで国家としての個性を

---

★　アルゼンチンではガウチョの評価が，このような社会意識の変化とともに，かつての野蛮人という位置づけから国家の象徴的な存在にまで高められた．この評価の転換については Girona Fibla の論説が興味深い．

示す必要があったし，スペイン的なものは絶対王制，排他的なカトリック，古臭い古典主義，これらと同義語であったからである．

　19世紀後半になると，アルゼンチンではスペインのアカデミアに代表される国語の主役的権威への尊重が否定され，国家語の形成に傾く者たちが生まれたが，そのような国家語は，ガウチョの表現形式や国際都市ブエノスアイレスで話されているさまざまな言語を取り入れて形成しなくてはならなかった．しかし同時に，セルバンテスの言語で自己表現をしている広範な人たちの仲間に加わるための語法を持つほうがいいと信じる人たちもいた．

　チリについても，このような相反する2種類の傾向がみられた．一種の言語的独立と独自の発展という意味の傾向，もうひとつはイベリア半島の規範への回帰に方向づけられていてその規範にこだわる傾向であった．

　アルゼンチンでは分離主義の発展が，新たな要因が加わったことで一層進められた．この国が文化や文学や言語の面でスペイン的なものから独立しようとしていたとき，非スペイン系の諸国からの移住活動が始まったという要因である．この出来事はほかのどれにもまして，新生共和国の社会・人種・文化・言語の位置づけを決定したことだろう．このような，一般的に低社会層に属していて独自の文化を持たないイタリア人・スラブ人・アイルランド人・東洋人などの流れは数百万人に達したが，彼らの多くはこの国に，すでに放棄したスペインの言語規範にかわる規範が生まれる前に定着した．1870年から1894年までにこの移住者は125万人を越えたし，1895年から1913年までには200万人に達した．全国民が4百万人足らずであった1889年の1年間だけで，26万人を超えている．1857年から1925年までに260万人以上のイタリア人が入ってきたが，現在では国民の2割がイタリア人かその子孫であるという計算になる．このような事情は，活発な商業・工業都市になった首都では一層強くなることだろう．住人の大半がスペイン文化を継承しなかったブエノスアイレスの住民は，サルミエントの高邁な理想を十全に理解しないままであったとはいえ，彼によって吹き込まれた新民族主義に積極的なこだわりを示した．

　アルゼンチンやチリの新たな言語規範は統一されないままに20世紀を迎えたが，そのころには広大なスペイン語圏の文化遺産を共有することのできる言語を採用することの利点が自覚され，他方ではスペイン王立アカデミアも同様の言語改革を提唱していたこともあって，数十年もすると国家語へのこ

だわりは沈静していった.★

## 4．アメリカ・スペイン語の略史

### 1）スペイン語の登場とその平準化
　コロンブスとともに南北アメリカに登場したスペイン人は，まず，現地の先住民語と遭遇し，そこから新大陸の目新しい事物の名前などを採用してゆく．同時に，スペイン語を使って先住民とのコミュニケーションを図ろうとして，さまざまな対策を講じる．その後，スペイン人がつぎからつぎにやってきた．彼らはそれぞれ出身地の方言的要素を含むスペイン語を使用していたが，共同生活が進んでゆくと，そこに一種の共通語が生まれる．スペイン語の平準化である．まず，それまでの事情を略述しよう．

#### （1）スペイン語の登場
　南北アメリカの言語上のスペイン化は，いまから約5世紀前に始まった．カスティリア地方に生まれた言語が新しい広大な領土に移植され始めたのである．それゆえ当然のことながら，アメリカ・スペイン語はヨーロッパのスペイン語が領土的に伸張した結果として生まれたものである．この移植はほかならぬコロンブスから始まるが，彼は航海日誌のなかで，何人かの先住民をスペインに連れて行ってスペイン語を学ばせ，そして彼らをアメリカに連れもどしてコンキスタドール（conquistador「征服者」）のために通訳として働かせようという意図を明らかにし，2度の機会にそうしたが，結果は失敗であった．先住民がスペインで死んだり，新大陸の言語事情が錯綜していて，スペインで学習させた先住民が自分の言語しか知らないので通訳の役に立たなかったりしたからである．
　スペイン文化の浸透は，lengua「舌」と呼ばれる通訳たちが出現するに従って可能になった．彼らは先住民であったが，好むと好まざるとにかかわらず，スペイン人たちの間で生活した．通訳のなかには，先住民たちと共同生活をして土地の言語を学んだスペイン人もいた．僧侶や探検隊の生き残りであり，

---

★　Vicente Revert はこのあたりの正書法改革の流れをたどり，19世紀にも20世紀にも，正書法に関してスペインとスペイン系アメリカとのあいだに対立は存在しなかったと結論づけている．

やむなく先住民の共同体に入った者たちである．

　アメリカ大陸のスペイン化はゆっくりしたものであった．征服が進むにつれてスペイン人たちはつぎからつぎに新しい言語に出会い，絶望していった．スペイン王室はスペイン語を教えるようにすすめたが，現場の，とくに宣教師たちは，先住民がスペイン語を学ぼうという興味を持っていなかったり，どちらもあまりにも異なった構造の言語だったから教えるのが難しかったりして，とうていスペイン語を教育することなどできないと考えていた．

## （2）先住民語の採用

　他方，アメリカ大陸へのスペイン語の植付けが進むにつれて，この外来言語に対する先住民語からの明らかな影響もあった．発見者と征服者の目の前に展開される新世界の現実は彼らを呆然とさせたが，スペイン人がそれを理解するためには彼ら自身のことばによって名前をつける必要があった．そのことから，自分たちが受けついでいる古いスペインのことばに新しい語義が与えられたり，土地の者のことばが採用されたりすることになった．すでにコロンブスの航海日誌に「アンティル諸島から採用された最初のことば」が記載されている．canoa「カヌー」，hamaca「ハンモック」，ajes「(複数形)ヤマイモ」，cacique「族長」，cazabe「キャッサバ・パン」，ají「トウガラシ」，tiburón「サメ」などであった．

　しかしながら先住民諸語の一般的な導入と同化は一朝一夕に起こったことではなく，カスティリア語の音韻構造に多少合わせて形を単純に移し変えたものでもない．さまざまな段階をへて，どちらかといえばゆっくりとした複雑な過程なのであった．年代記作家たちが先住民語を採用してゆく過程には，Alvar (1992, 37-42) によると3種類の段階が見られる．第1段階では，発見者たちはアメリカの目新しい現実をカスティリア語で，不十分にも記述しようとする．それゆえ，たとえば hamaca を redes de algodón「綿糸の網」のように記述した．第2段階はヨーロッパ人が記述の不十分さに気づく段階であるが，その不備を補うために de la tierra「この土地の」や de las Indias「インディアスの」と de España「スペインの」のあいだの体系的な対比が生まれ，その違いを所有表示の補語で表現する（たとえば conejillo de Indias「モルモット」←「新大陸の子ウサギ」）．そして第3段階でようやくアメリカ先住民語が採用される．スペイン人は先住民語を自分の言語の仕組みどおりにしか聞きとらないから原音と大きく異なる場合もあった．現地の事物を指示

する単語が先住民語になるに従ってスペイン語の名称は退けられていったが，その過程には二言語併記の段階があった．ajíes o pimientos「アヒすなわちトウガラシ」などの記述方法である．(命名の第1・第2段階については第3章第7節を参照のこと．)

このようにして，先住民諸語のスペイン語化とスペイン語のアメリカ化が平行して進行した．異文化への双方向の同化とも呼ぶことができよう．★

### (3) スペイン系アメリカにおけるスペイン語の平準化

植民地アメリカでさまざまな方言形態のままで使用されはじめたスペイン語は，先住民語もある程度取り入れて，16世紀末には基本的な点で平準化されていた．そしてそのように共通語化したスペイン語が，入植活動とともに各地に運ばれていった．

16世紀には，スペインのあちらこちらの出身者が，最初はアンティル諸島に，つぎに南北アメリカの大陸部に渡っていき，新大陸の征服や入植といった事業を共同して行うことになった．スペイン各地の方言を話す人たちが共同生活をするところでは，使用言語の様態が異種混交の状態であった．彼らが共同生活を維持する段階でさまざまな使用言語が合流したが，そこでは言語コミュニケーションの効率化をはかるため，自分たちの言語特徴の一部を放棄し，他人の特徴の一部を採用しつつ，一種の地域共通口語 (koiné) の形成が進められた．そして次の世代の者はそれを自分たちの共通語として使用するようになる．なかにはバスク人のように，もともとスペイン語を生活用語として使わなかった者がその共通語をほぼ丸ごと学習しなくてはならないような場合もあった．それとは逆に，アンダルシア人の場合には，初期の渡航者のなかでは人数的に優勢であったため，スペイン語の平準化の過程で自分たちの言語特徴の多くが採用され，共通語の学習では有利な立場にたつことができた．

## 2) アメリカ・スペイン語の時代区分

15世紀末にコロンブスがアメリカ大陸に持ち込んだスペイン語は多様な歴史をたどってきたが，その歴史の時代区分にはいくつかの方法が提案されて

---

★　先住民語のスペイン語への組み込みの仕組みについては，Martinell Gifre のものがわかりやすい．

いる．スペイン系アメリカの歴史にそって，植民地時代（19世紀前半まで）と独立時代に二分したり，起源の時代（アンティル時代）・発展の時代（18世紀後半まで）・変質の時代（19世紀末まで）・現代のように4分割する考え方もある．ここではギタルテ Guitarte が言語政策的な視点から行った3期の分割を紹介する．

　言語政策的な視点からながめると，16世紀から南北アメリカの両大陸にまたがって展開するスペイン語の5世紀間の歴史は，3期に分けることができよう．第1期は南北アメリカが植民地の時代で，スペイン語が単一の言語として扱われる．第2期は19世紀で，この言語が南北アメリカとスペインで分離し，アメリカのほうも互いに分裂する．第3期は20世紀にあたり，第2期の分離時代に生じた政策的な多岐の実体が合流し，ふたたび統一の道を進むことになる．

## （1）第1期：統一体の時代

　この時代には南北アメリカの植民地はスペインの一部であることから，言語も本国の標準語が課された．一般的に，スペインの外にあるスペイン語は当然のようにスペインのスペイン語よりも純粋さや優雅さの度合いが低いと考えられていたから，スペインでは植民地からやってきた者が流暢にスペイン語を話せば，それは驚きの対象となった．他方，植民地の知識人にも自分たちのスペイン語が劣っているという自覚があった．そして自分たちの言語特徴が文学表現にかなう資格のない地方語的なまりであるということから，文学語としてはイベリア半島の標準語を使うように努力した．しかしながら，南北アメリカのスペイン語が優れていたという証言もスペイン側に残っている．実際，植民地の政治的・文化的な中心地では十分にスペインの標準語の条件にかなうスペイン語が学ばれ，使われていた．南北アメリカの植民地時代は，結果としてスペイン語がひとつの言語でありつづけるための努力がなされていた時代であると言える．

　その努力の指針の提供者となったのが，1713年に生まれた王立アカデミアであろう．この機関は単一国家としてのスペイン帝国の言語統一を目指したが，その統一的な規範のなかには南北アメリカの用法も加えられていった．ヨーロッパのスペイン語も南北アメリカのスペイン語もしかるべく考慮する姿勢を維持していたのである．

　この時代，南北アメリカの人々は自分たちのものすべてが劣っているので

本国のものを模倣する必要があると考えていた．その考え方からすれば，16世に起こったことは，スペインのスペイン語が別の舞台に移動しただけなのである．すなわち単なる地理上の伸張にすぎなかった．

## (2) 第2期：分離の時代

　16世紀に出現した植民地帝国スペインは，19世紀初頭の独立戦争のあと，植民地アメリカがつぎつぎに独立していったことで消滅した．スペイン語はほぼ自動的に，新たに生まれた独立共和諸国の国語になるが，それによって，以前に確立されていた言語使用上の原則が根本的に変わっていった．

　実際，植民地アメリカには16世紀末頃から，新大陸に定住するスペイン人から生まれた新たなタイプのスペイン人が出現していた．いわゆるクレオール(criollo)と呼ばれる現地生まれのスペイン人たちである．彼らは謙虚で副次的な社会を構成していたが，言語の面では土地の言い方を排除し，本国からやってくる官吏や教養人たちの話し方を学んでいった．そして独立とともに実権を握ることになったが，同時に，植民地時代の2種類の社会的基盤を再検討することになった．ひとつは，自分たちのスペイン語はスペインの標準語の延長線上に位置しているのではなく，自分たち独自の国家語になったこと，そしてもうひとつは，獲得された独立を確固たるものにするために自らの個性を育てなくてはならなくなったことである．当然，前代の常識であった自己否定的な評価はなくなってゆく．そして新共和国が各自の個性を開拓することによって国家としての個別化が始まり，しばらくすると言語もその歴史の流れに動かされ，各国が自身の国家語を意識するようになった．かつては劣等感の対象であった自分たちの言語特徴が国家語の位置にまで高められ，各国の教養語規範に変わっていった．しかしながら南北アメリカ的特徴が各国の国家的個性になる過程はゆるやかで，その種類や程度も限られていたし，その進展も直線的ではなく，国ごとに違っていた．

　言語の統一性に関しては，19世紀初頭の独立はスペインと南北アメリカを分離したし，また南北アメリカ自身も地方ごとに分離したが，もともとそれらの地方はそれぞれがスペインとつながってはいても，お互いのつながりはなかった．きづなとしてのスペインがそこから離れていくと，各地はばらばらになった．結果として各地は歴史的・文化的な兄弟的連帯感によってつながりあいつつも，国家として分離していった．

　独立当初から1830年代までは，各国はスペイン語についてほぼ一様な姿勢

を示す．スペインのスペイン語を維持する，という姿勢であった．この時代を代表する知識人にベジョ Andrés Bello がいる．彼にとって教養ある話し方は，植民地時代と同じくスペインの話し方であった．そして30年代の終わりころ，ヨーロッパではナショナリズムの進展と並行して国民的な意識の高揚を目ざす文芸運動としてのロマン主義が浸透し，かつては各地で否定されていた土地ごとの文化的特性が価値を帯びはじめた．とくにアルゼンチンではその評価が強く意識され，アルゼンチン人にとっては自分たちの国語もスペインのスペイン語から「独立」しなくてはならないのであった．その流れのなかにサルミエントが姿を見せ，正書法をはじめ，スペインの標準語とは異なった国語としてのスペイン語を提案する（前記第3節の第5項を参照のこと）．他方，南米北部にはコエルボ Rufino José Cuervo が現れ，アメリカのスペイン語がどのような形でスペインのスペイン語と異なっているのかを示してくれる．アメリカ・スペイン語はむしろスペイン文芸の古典期のスペイン語に近く，スペインのスペイン語のほうがそれからの逸脱が大きいことを論証した．そしてアメリカの新共和諸国は同時代のスペインの標準語に従属するのではなく，あるがままのスペイン語の不正用法を正し，それを教養語規範として使用すればいいのだと主張する．アメリカ・スペイン語を新たな規範にもとづいて再統合しようという提案であった．

　それゆえ，19世紀の終わりごろには，国家語としてのスペイン語に関して，相反するふたつの姿勢が共存していた．言語アカデミアが各国に設立されたことからわかるように，新たなスペイン語圏共通の言語規範を模索する姿勢と，南米南部のチリやアルゼンチンで盛んな独自の国語を構築しようとする姿勢であった．

### （3）第3期：合流の時代

　20世紀に入ると，国語の独立を求める動きと，スペイン語を統一的に開拓して新たな共通規範を模索する動きが合流する．一方では国語の独立を求めるクレオール的な情熱が冷めてきたし，他方では各国がすでに共和国として安定してきていた．人々は国際的に通用する共通スペイン語を文化活動と行政処理に使用することの利点を理解しはじめていたのである．

　スペインは1898年の米西戦争の敗北のあと，さまざまな歴史的変化の結果として形成された当時の南北アメリカのありのままの姿を現実として認め，アメリカの共和諸国が数世紀にわたって自己のものとして育んできたそれぞ

れの特性を是認するようになった．それまでの長期間，マドリードをスペイン語文化圏の唯一の中心地として意識してきた姿勢をさらに維持することは，否定的な企てであるのみならず，この文化圏の将来が帯びているさまざまな可能性の道をふさぐことでもあった．そして，スペインの標準語が純粋であって南北アメリカのスペイン語は不正だ，という考え方は姿を消していった．スペイン王立アカデミアもスペイン語文化圏の全体を対等のものとして位置づけ，各国の言語アカデミアと協力する体制を維持し，20世紀の中頃から定期的に総会を開いている（前記第2節の第2項を参照のこと）．

　かつては地方語的な特徴とされた言語用法も今では各国の国語を特徴づける要素である．スペイン語はいまや20ヶ国の公用語であり，従うべき規範も同じ数だけ存在するのだ．言語政策を決定する中心地は各国にある．しかしこの複数中心の状態は必ずしもスペイン語の枝分かれを意味するわけではない．言語は同一文化に所属するという意識さえ存在すれば，適度なバリエーションを帯びつつも基本的な統一性を保ちつづける．そこで求められるべき共通スペイン語は，そのようにして生まれた各国の言語規範に共通する特徴の総体として定義づけられ，教養文語として使用されることになるだろう．

## 3）スペイン語が南北アメリカで接触した言語

　15世紀末にアメリカの新世界に移植されたスペイン語は，その後，現地の先住民諸語をはじめ，さまざまな異言語と遭遇しながら変化し，現在にいたっている．それらの異言語を簡単に紹介しよう．いずれの言語も接触によってアメリカ・スペイン語に影響を与えたが，その影響は特に語彙面に見られる．第4章において語彙の借用の現象を詳しくみてゆくが，ここでは接触言語を『言語学大辞典』などのデータを参考にしながら紹介し，それらがスペイン語に与えた代表的なことばの例をいくつかあげておこう．

（1）先住民諸語 indigenismo

　スペイン語への影響は音声・文法の面でもわずかにあるようだが，はっきりとしているのは語彙においてである．しかも，それらのいくつかはスペインのスペイン語にも入り，スペインから世界の多くの言語に伝播した．ナワ語系のスペイン語 chocolate などは日本語にも「チョコレート」として入ってきている．

　A．アラワク語　el arahuaco（語群）：「アラワク」とは，かつてはアンティ

第 1 章　アメリカ・スペイン語の理解のために

ル諸島から南米中部にまでいたる広い地域で使用されていた諸部族にスペイン人が与えた総称である。彼らは似たような言語を使っていたが，その大半は現在，死語となっている。スペイン人が新大陸（カリブ海域）で初めて出会った先住民たちの言語であるから，彼らから学んだことばが使いつづけられ，原則的には，その後の征服で接した先住民たちの同義語は採用されることがなかった。アラワク語族に属していてハイチ，キューバ，サントドミンゴなどで使われていた言語はタイノ語 el taíno と呼ばれる（現在では死語）。

　タイノ語からスペイン語に入った単語に canoa「カヌー」，iguana「イグアナ」，huracán「ハリケーン」，sabana「大草原，サバンナ」，hamaca「ハンモック」，cacique「部族長」，yuca「ユカ芋」，carey「べっこう」，maíz「トウモロコシ」，ají「トウガラシ」，maní「ピーナッツ」，maguey「竜舌蘭」，batata「サツマイモ」などがある。

B．カリブ語 el caribe（語群）：また，アンティル諸島南部，ベネズエラ，ガイアナなどで使われてきた言語群はカリブ語と呼ばれている。ちょうどスペイン人たちがその地にやってきたころ，この言語を話す先住民は南米北部からカリブ海域へ進出し，タイノ語の使用地域を侵略していたが，スペイン人は先住民語で「非友好的な人」という意味の caribe ということばで侵略してきた民族集団を呼んだ（そこから現在の「カリブ海」などの名称が生まれた）。カリブ語は現在，カリブ海域では死語である。ベネズエラのカリブ語はクマナゴト語 el cumanagato と呼ばれていて，これも今日ではわずかな話し手しかいない。

　カリブ語に由来するスペイン語に piragua「丸木舟」，caimán「カイマンワニ」，butaca「安楽椅子」，loro「オウム」，mico「尾長猿」などがある。

C．ナワ語　el náhuatl（語群）：メキシコの代表的な先住民語である。ユート・アステック語族の一派であり，メキシコ中央部からエルサルバドルにかけて広く分布している。アステカ語 el azteca とも呼ばれる。1521年にコルテスが征服したアステカ王国の主要語であった。その話者は約140万人いる。

　この言語からスペイン語に入った単語は多い。よく知られているものに petaca「皮袋」，chocolate「チョコレート」，pulque「プルケ酒」，chicle

「チューインガム」, coyote「コヨーテ」, tomate「トマト」, cacao「カカオ」, cacahuete「ピーナッツ」, chile「トウガラシ」, aguacate「アボカド」などがある.

　征服時代が終わって植民地時代に入ると，スペイン王室の植民地統治の中心地が，北アメリカではメキシコに移った．その地の先住民の影響力も大きかったため，タイノ語との同義語 (cacahuete, chile) もスペイン語に入っている．

D．マヤ語　el maya：マヤ語族は現在，メキシコのユカタン半島からグァテマラにかけて分布し,人口300万を数える中米最大の言語集団である．しかしそのスペイン語への言語的影響はほとんどない．
　　cenote「深い井戸」はマヤ語系である．

E．チブチャ語　el chibcha (el muisca) (語群)：チブチャ語は，広義では中米のコスタリカ，パナマからコロンビア，そしてエクアドル，ベネズエラなどに住んでいた先住民の言語である．現在その話者は約12万人であると言われている．また，狭義には15世紀ごろコロンビアの高原地帯で繁栄していたチブチャ帝国の言語，すなわちムイスカ語 el muisca を指すが，その話者は現在いない．muisca とは，ボゴタ近在の先住民が「人間」という意味で使っていたことばである．
　　この言語から chicha「チチャ酒」がスペイン語に入っている．

F．ケチュア語　el quechua：1532年にピサロによって征服されたインカ帝国の共通語である．現在ではエクアドル，ペルー，ボリビアなどに約600万の話者がいて，国内の各地方ごとに標準化がすすめられている．ペルーには330万ほどの話者がおり，この国ではスペイン語とならんで公用語になっているが，その言語変種の様態は複雑であり，現在では6種類の大きな方言群として扱われている．ボリビアには200万人ほどの話者がいる．★

　ケチュア語からも大量のことばがスペイン語に入った．たとえば quena「(楽器の) ケーナ」, china「娘」, palla (paya)「即興詩」, soroche

---

★　ペルーの憲法によれば，先住民語のケチュア語やアイマラ語なども，それらの使用が優勢である地方では公用語である．この情報は大阪外国語大学の院生である小西咲子氏が提供してくれた．

「高山病」，pampa「(大平原の) パンパ」，cancha「遊戯場」，llama「(動物の) リャマ」，alpaca「(動物の) アルパカ」，vicuña「(動物の) ビクニャ」，puma「ピューマ」，cóndor「コンドル」，papa「ジャガイモ」(これとタイノ語系のbatataが交差して，patataになった)，coca「コカノキ，コカの種子」(これから派生したことばに麻薬のcocaína「コカイン」がある)．また，彼らはもともと自分たちの言語をケチュア語でruna simi「人間＋口」と呼んでいたが，このrunaは現在でも現地のスペイン語で「先住民」という意味で使われている．

　名称のquechuaは，スペイン語の研究者のあいだではquichuaとも呼ばれている (有名な語源学者のCorominasはquichuaのほうを使っている)．しかし言語学ではケチュア語族の下位分類のなかで，この2種類の呼称が異なった言語の名前として使われている．本書では当該の語派を一括した名前としてquechuaを採用し，その訳語を「ケチュア語」とする．

G．アイマラ語　el aimara：アイマラとは，南米のアンデス地域の中央部で話される言語の名前であるが，そもそも，この言語を話す人たちが自分たち (民族) を指すのに使っていた名前である．ケチュア語と同系の言語であると言われてきたように，それとの共通語が多く，スペイン語の研究者によっては両言語を (ケチュマラ語族のような名称を使って) ひとつにして扱うこともあった．しかし最近の研究では，語彙に共通点が多く，母音音素も3種類である点が同じであるとはいうものの，やはりこの両言語は別系統であろう，ということになっている．アイマラ語はケチュア語に隣接する地域 (ペルーの東にあるチチカカ湖の周辺からボリビアの西部高原，そしてチリの北東部あたりまで) で使用されている．現在では話者が約200万いると言われている．そのうちの140万人ほどがボリビアに住んでおり (ボリビアの人口の約6分の1)，ペルーには約33万人の話者がいる．いずれにせよ，アイマラ語の話者の6割以上がスペイン語との二言語併用者である (当然のことながら，そのほかに，アイマラ語だけの話者，ケチュア語との二言語併用者，ケチュア語・スペイン語・アイマラ語の三言語併用者もいる)．

　ケチュア語との共通語でスペイン語に入っていることばにはquena, china, pampa, llama, alpaca, puma, cocaなどがある．これらのこ

とばはどちらの言語からスペイン語に入ったのかが不明であることが多いので，語源の記述ではケチュア語・アイマラ語というように，両者を合体させて扱うこともある．

「アイマラ語」のスペイン語名にも aimara, aimará, aymara などがあるが，本書では aimara を採用する．

H．グァラニー語　el guaraní：南米大陸の東側の北から南にかけて広く使用されている先住民語の大きな言語群はトゥピ・グァラニー語 el tupí-guaraní と呼ばれている．そしてパラグァイ河とパラナ河の流域地方で使われてきた言語がその言語群のなかのグァラニー語である（別名「ワラニー語」）．現在ではパラグァイ共和国で400万人以上が使っていて，この国ではスペイン語とともに公用語になっている．人口が600万に近いこの国では，その4割強が常時グァラニー語だけを話し，スペイン語だけの話者は都会部で15％，非都会部で5％と言われている．白人と先住民の混血のメスティソが人口の大半を占めるので，グァラニー語の話者は国民の9割以上になるだろう．

この地域にスペイン人たちが入植した16世紀には，グァラニー語話者は10万人もいなかったと推定されている．それが現在では数百万人が使っている大言語になっている．理由としては，20世紀中頃からの爆発的な人口増加もあったが，なによりもパラグァイの人たちが白人もメスティソも，自分たちの存在を主張する象徴として意識的にこの先住民語を使ったことが大きいようである．

この言語からは jaguar「ジャガー」(この動物はスペイン系アメリカでは，「虎」の意味の tigre で呼ばれることが多い)，mandioca「マンジョカイモ，キャッサバ」，tapioca「(キャッサバの根からとる食用澱粉の) タピオカ」などがスペイン語に入っている．

I．アラウコ語　el araucano (el mapuche)（語群）：アラウコとは，チリの中部・南部とアルゼンチンのパンパに住んでいる先住民の語群を指す名前である．その代表的な言語はマプチェ語であるが，この名前は，その言語を使う先住民系の人たちが自分たちの言語を呼ぶときの名称である．この語群はかつて，チリ北部の広い地域に分布する遊牧民が使っていた．彼らはスペイン人の支配に組織的で手ごわい抵抗を続け，なかなかスペイン化しなかった．両者は16世紀から19世紀初頭まで対立状態に

第1章　アメリカ・スペイン語の理解のために

あったといえる．19世紀の中頃にチリの軍隊によってほぼ平定されたが，それでも政治的な自治権を維持していた．しかしその世紀の末頃に再度平定され，今度は南部の保護地に移送され，そこで農民として定住することになった．彼らの言語からスペイン語に入ったことばは限られている．現在の話者は約55万人であるが，この語群のなかの代表的な言語であるマプチェ語 el mapuche の話者は約20万いるとされている．

　一般的なスペイン語には malón「(先住民の) 襲撃」が入っている．

　この araucano と mapuche の呼び名は，まだ使い分けが定まっていないようで，同義語として使われることも多い．

(2) **アフリカ諸語 afronegrismo**

　南北アメリカには300年以上にもわたってアフリカから黒人奴隷が搬入された．さまざまな種族に属する数百万の黒人であった．そして彼らはさまざまなアフリカ語を使いながら，スペイン系アメリカで苛酷な労働に従事した．奴隷搬入の初期には，彼らはアンティル諸島やカリブ海の沿岸部で，その地で激減した先住民に代わって働いたが，ときとともに南米の内陸部にも移っていった．しかしアフリカ諸語がアメリカ・スペイン語に与えた影響はわずかであり，それも彼らが大量に住んでいた地域に限られる．

　アフリカ諸語からアメリカ・スペイン語に入ったことばに banano「(木) バナナ」, guineo「ギネオバナナ」, mambo「マンボ」, conga「コンガ」, marimba「マリンバ」などがある．

　カリブ海域とその周辺の大陸部には何種類かのクレオール語が存在する．代表的なのはキュラソー島のパピアメント papiamento であるが，アフリカ諸語はこれらの混成言語にかなりの影響を与えている．★

(3) **ヨーロッパ諸語**

　スペイン系アメリカが独立して新たに生まれたいくつかの共和国には，ヨーロッパから大量の移民がやってきた．量的に特に目立つのはアルゼンチンへのイタリア移民である．彼らがもたらしたことばに bacán「パトロン」，

---

★　クレオールとは，新大陸でスペイン人の両親から生まれた人々を指すことばであるが，また，宗主国の言語（スペイン語，英語，フランス語，ポルトガル語など）と植民地の言語との混成によって成立した言語の名称ともなっている．よく似た過程で成立した言語にピジン語があるが，ピジン語は商取引などの特別な場面で使用されるのに対して，クレオール語はそれを母語とする話者がいる．その点でピジン語と区別される．

pichicato「けちな」, fifí「きざな男」などがある．また，独立前後からの19世紀にはフランスの文化的影響を強く受け，フランス語からかなりのことばがアメリカ・スペイン語に入った．casinete「(毛織物の一種の)カシネテ」, fuete「鞭（むち）」, galantina「(鶏肉料理の) ガランティン」などである．英語圏については，最初はフランスほど強くはないにしても，イギリスから，そして20世紀に入ってからはアメリカ合衆国から全世界的な規模の影響を受けたので，英語から大量の借用語が入った．chompa「ジャンパー」, guachimán「ガードマン」, parquear「駐車する」などである．さらに，各国にはその国の歴史的な事情により，その他のヨーロッパ語が入っている．また，地域によってはヨーロッパ以外の，たとえばアジアからの移民がもたらした中国語系のことばや日系のことばも入っている．

## 4) アメリカ・スペイン語の方言区分

　南北アメリカのスペイン語を理解するために，それを方言ごとに区分して提示する方法がある．特定地域の言語様態の総体を方言と呼ぶこともあるとはいえ，一般的には，「方言」という概念が成立するには「標準語」の存在が前提になるから，方言区分という方法は，植民地アメリカのスペイン語を区分するのであれば本国スペインに標準語の存在が想定できるので問題ない．しかし多くの共和国で構成されている広大な領域を対象にするときには各国にその国独特の国語規範と方言があることになるから，適切な呼び名とは言いにくい．とはいえ，アメリカ・スペイン語にみられる発音・文法・語彙の多様性を考えれば，いわゆる方言的な複数の地域の存在が想定されうる．それゆえ，広大なスペイン系アメリカをあたかも国家並に限定されたひとつの領土的単位としてとらえ，そこを特定の言語様態を手がかりにしてその広がりごとに区分する研究が続けられてきた．その作業は dialectalización とか zonificación dialectal と呼ばれている．

　方言 dialecto という言語様態の呼び名についても注意しなくてはならない．伝統的な研究目標であった言語用法の地理上の変種 variantes diatópicas の解明というだけでなく，現在では社会学的な視点から研究される，同一地域における社会層ごとの変種 variantes diastráticas や言語レジスター（表現様式）ごとの特徴的な変種 variantes diafásicas をさぐる研究もあるからである．さらに，地理上の変種だけに限っても，発音と文法と語彙

第1章　アメリカ・スペイン語の理解のために

のそれぞれの特徴の分布が連動していない．一定の地理上の区画においてもこれらの変種が相関的な分布を示すことなく複雑に入り乱れているのであれば，方言区分がどれほど困難な仕事になるかが理解されよう．

　他方，現在の政治的な区画，すなわち国境は，植民地時代のさまざまな要因で決定されたとしても，その要因のなかには人口分布や先住民語の広がりも入っている．国境のすべてが方言区画になることはないものの，とくにメキシコやコロンビア，そしてアルゼンチンのような大国からは，大なり小なり近隣の地域を含めてひとつの方言地帯を形成しているという印象を受ける．アメリカ・スペイン語の地理的変種を研究するうえで，この政治的区分との違いも特徴のひとつとして考慮する必要があるだろう．

　現在までに発表されたアメリカ・スペイン語の方言区分に関する提案について，オルランド・アルバ Orlando Alba が検証している．彼は，客観的に是認されるような正確さでスペイン系アメリカを言語地理学的に区分する研究は，言語調査が不十分な現状であるからには，不可能で実りのない作業であるという印象を与えるし，現在までの提案のなかに満足できるものはない，と結論づけている．方言区分の研究史の詳細はアルバたち先行研究を参照してもらうとして，区分の基本的な考え方だけを以下に紹介する．

（1）**スペイン語圏全体の方言区分**
　スペイン語圏全体を方言区分するには次のような方法が考えられる．
　A．伝統的な2分法：これはイベリア半島とスペイン系アメリカをおおざっぱに地理的・歴史的理由によって区分する方法である．かつて海外植民地であった地域は後者に含まれる．厳密な方言研究には基づいていない．カナリア諸島を第3の「渡り」地帯として設定することもある．
　B．あらたな2分法：歴史的な理由のほかに方言的要素も考慮して，イベリア半島中北部と「大西洋スペイン語」に分ける方法である．後者は「半島南部・カナリア諸島・南北アメリカ」を含む．この分割案は，イベリア半島については問題なかろうが，半島南部とスペイン系アメリカをひとつにするには，二人称複数の代名詞 vosotros / ustedes が南部では共存しているのにアメリカでは後者が一般的であるというような基本的な違いが存在するので，無理がある．
　C．穏当な3分割案：おおまかに「イベリア半島中部・北部＋半島南部＋南北アメリカ」と3分割するのが穏当であろう．カナリア諸島は「渡り」

― 39 ―

として扱い，フィリピンのスペイン語やユダヤ系スペイン語は別扱いにする．アメリカ合衆国のスペイン語は南北アメリカに含めることができる．

### （2）アメリカ・スペイン語の方言学的区分に関する研究

スペイン系アメリカでは国語意識が高まった19世紀末頃から，アメリカ・スペイン語に関する方言区分の提案が出されているが，方言研究の手法も開発されていない時期なので，非科学的な論拠に基づいている．

A．初期の学説：ドミニカのエンリケス・ウレニャ Pedro Henríquez Ureña は1921年，先住民諸語の影響，地理的な近隣性，植民地時代の政治文化的な相互関係などを重視しつつ5分割する方法を提案した．ナワ語圏の北米南部から中央アメリカまで，カリブ諸語のアンティル諸島と南米北部のカリブ海沿岸部，ケチュア語圏の南米北部・中部，アラウコ語圏のチリ，グァラニー語圏のアルゼンチンとパラグァイである．問題が3点ある．先住民諸語の広がりが単なる仮定に基づいていること，論拠を提供する資料体が当時の文学作品のなかの話し言葉であったこと，方言画定の手がかりとしては普通，音声・音韻の要素が優先されるが，その手がかりとして語彙を利用したことである．この区分法は科学的な姿勢に欠けているので，現在では研究資料にならないが，考慮すべき先進的な研究のひとつではある．

B．高地・低地の二分法：ベネズエラのロセンブラー Rosenblat が提案した一種の二分法である．植民地アメリカに移住したスペイン人は，その出身地の気候・風土と似ているところを選んで定住したからであろう，現在，低地ではイベリア半島南部の方言に似て子音の発音が弛緩し，高地では半島北部・中部のカスティリア語に似て母音の発音が弱くなる，という一般的な傾向がある．それを有名な Las tierras altas se comen las vocales, las tierras bajas se comen las consonantes.「高地では母音を食べ，低地では子音を食べる」という摂食の仕方で説明している (1970, 39)．

その後，1982年にコロンビアのモンテス Montes が，同趣旨の二分法を提案した．彼はまず先行研究を検討し，史的構造的な同質性がうかがわれる諸方言の特徴を手がかりにして，スペイン語文化圏全体のスペイン語の基本体系を2種類の大きな変異群 (superdialectos) に分ける．/-s/

の発音とその関連現象を手がかりにしてまとめられる superdialecto A と superdialecto B である．A は大陸的・内陸的であり，それに対応するのはイベリア半島ではおおむね中部・北部，スペイン系アメリカでは高地・内陸部である．そして B は沿岸部的・島嶼部的であって，イベリア半島ではおおむね南部とカナリア諸島，南北アメリカではカリブ海諸島・カリブ海沿岸部・その他の河川の沿岸部が含まれる．この提案はスペイン系アメリカの方言区分の具体的提示は含んでいないものの，大局的な分析の手がかりとはなろう．

C．等語線を利用した方言区分：特定の言語特徴の地理的分布の境を示す等語線 isoglosa（英語では isogloss）という方言学の調査方法があるが，その手法を利用してアメリカ・スペイン語を方言区分する方法がいくつか提案されている．しかしいずれも，方言調査が不十分な地方も残っている状態では，客観的に認められる等語線の画定が不可能であり，等語線を利用して区分法を追及しても満足な結果を提示することは難しい．さらに，たとえば研究成果に説得力をもたせるために 8 種類の等語線を利用すれば200を越える区分になって，その結果を活用する意味がなくなってしまう．

　批判の余地はあるものの，いくつかの学説のなかで比較的簡明であるから無理なく利用しやすい提案として，サモラとギタルト Zamora y Guitart (182-3) の研究がある．彼らは 3 種類の特徴を手がかりにした．音声特徴の /-s/ の気音化・喪失と /x/ の軟口蓋発音の喉頭摩擦音（気音）化，そして統語特徴のボス法の有無である．それによって 9 種類の区分を提案している．

　いずれにせよ，方言研究の一次資料は方言地図である．スペイン系アメリカではコロンビアをはじめ，いくつかの国の方言地図がすでに完成しているが，まだまだ作成されていない地方のほうが多い．さらなる調査結果の発表が期待されている．

　Frago y Franco も同様の趣旨の指摘をしている (181)．すなわち，スペイン系アメリカ（新大陸）をひとつのものとして扱い，それを方言区分しようと試みれば，多様な方言的特徴の区画を限定するための十分で客観的な資料が不足していることがわかるし，さまざまな規範を区分していくと，当初のスペインの言語体系と離れて独自の変化を重ねていっ

たはずの珍しい特徴の多くについて，それがイベリア半島に存在している諸傾向にすぎないことを忘れてしまいがちになる，と言っている．

## 5．現代のスペイン語

### 1）現代スペインのスペイン語

この項では，現代スペインの言語事情について，その概要をObediente (375-381) などを参考にして解説しよう．

**（1）現代スペインの言語事情**

スペイン人はだれでも国家の公用語としてカスティリア語（スペイン語）を話すが，カスティリア語がスペイン国民全員の第1言語ではない．それぞれの地域語を第1言語としている．

スペインが歴史的にみて多言語使用国であることは，1978年憲法からも確かめられる．この憲法は，本書の冒頭の「はじめに」の第4節で紹介したように，「カスティリア語は国家の公用のスペイン語である」ことを肯定しているが，それとともに las demás lenguas españolas serán también oficiales en las respectivas Comunidades Autónomas de acuerdo con sus Estatutos 「スペインのそのほかの諸言語も，それぞれの自治州が自治憲章で定めるところによりその公用語となることがある」としている（第3条）．現在，以下の言語が自治州の憲章によってカスティリア語とともに公用語になっている．カタルニア語 el catalán（カタルニア自治州），バレアル語 el balear（バレアレス自治州），バレンシア語 el valenciano（バレンシア自治州），ガリシア語 el gallego（ガリシア自治州），バスク語 el euskera（パイスバスコ自治州とナバラ自治州）であるが，ただしバレアル語とバレンシア語はカタルニア語の方言である．

その話し手としては，おおまかな割合であるが，カスティリア語が67%，カタルニア語がその方言も含めると20%，ガリシア語が10%，バスク語が2%，その他が1%となる．しかしながらスペインの公用語は等しくカスティリア語であるから，7割近くの母語としてのカスティリア語使用者以外は，カスティリア語と同時にその自治州独自の公用語を使用することになり，その意味での割合である．すなわち，上記の自治州は公的な二言語併用 bilingüismo 地域である．実際の使用面では，どちらかといえばダイグロッシア

diglosia の状態になっている．★

　イベリア半島の言語的多様性は上記の諸言語についてだけではない．さまざまな方言や地方的な種類の言語が存在する．すなわち，北部にはアストゥリアス・レオン語 el astur-leonés とナバラ・アラゴン語 el navarro-aragonés があるし，南部にはアンダルシア語 el andaluz，およびエストレマドゥラ語 el extremeño，ムルシア語 el murciano，そして大西洋上のカナリア諸島のカナリア語 el canario がある．アンダルシア語は，かつて南部に移植されたカスティリア語が発展してできた方言である．また，南部とカナリア諸島のその他3言語は地理的・歴史的な事情にもとづく方言的要素をいくつか含んでいる，いわゆる「渡りのことば」であって，基盤はカスティリア語であるが，その上に，エストレマドゥラ語ならレオン語の要素が，ムルシア語の場合にはアラゴン語やカタルニア語やアンダルシア語の特徴が，カナリア語ならアンダルシア語の要素が加わっている．★★

### （2）カスティリア語から変化した諸言語

A．エストレマドゥラ語：話しことばである．半島南西部で使用される．歴史的には，半島西部は13世紀まで北からの入植がおもにレオン地方から行われたため，現在でもレオン語的要素が残っている．その後中央部からの移民が多くなる．近世に入り，植民地アメリカの経営が活発になってからは，その経営の中心地であるセビリアの影響を強く受ける．言語的特徴としては中央カスティリアとアンダルシア語の中間に位置づけ

---

★　国語辞典の『辞林21』（三省堂）では「ダイグロッシア」[diglossia] は「ある社会で，二つの言語のうち一方が公的場面で使われ，もう一方が私的場面で使われる状態．個人の2言語併用と言うバイリンガリズムに対し，社会的機能の違いに着目していう」と定義されている．

★★　スペインの地方語と方言に関する伝統的な把握の仕方を理解するには，簡便な参考書として，たとえば出版社 Arco / Libros のシリーズ Cuadernos de lengua española の1冊である Pilar García Mouton の *Lenguas y dialectos de España* がある．彼女はスペインの歴史的方言（dialectos históricos）としてアラゴン語とレオン語を紹介し，カタルニア語・ガリシア語・バスク語を地方語（lenguas regionales）として扱っている．そしてスペイン語たるカスティリア語について説明するが，そこではエストレマドゥラ語・ムルシア語・アンダルシア語・カナリア語をその内部変異（variedades internas）として位置づけている．また，これらの地方語とスペインの言語政策との関わりについては，立石ほかの『スペインの歴史』の Column Views 11「地方分権化と言語政策」が興味深い．

られる．文化や経済の中心地がないので，言語としての評価は低い．
  B．ムルシア語：これも話しことばである．この地方は13世紀に再征服された．それに伴って南下した移住者はカスティリア地方出身者が多かったが，14世紀に入るとアラゴンやカタルニアからの移民が多くなる．彼らの出身地の言語の痕跡が残っているのである．
  C．アンダルシア語：方言であるが，言語的に単一の様態はない．13世紀から15世紀にかけての入植時代，まず，西部アンダルシアにレオン・カスティリアからの移民が入り，その後，東部に半島東北部からの移民が入った．16世紀にはセビリアがアメリカ経営の一大中心地になり，半島各地から移住者が集まってきて，新大陸に渡っていった．19世紀以降，アンダルシアの地を離れる住人が増え，とくに1960年代からは過疎化がひどくなっている．中世末ごろからこの方言がカナリア諸島に移っていった．また，アメリカ・スペイン語との共通用法が多い（特徴的発音や vosotros の代わりの ustedes など）．
  D．カナリア語：アンダルシア語から変化した話しことばの言語である．方言と呼ぶ研究者も多いが，そうなると方言の方言ということになり，その歴史的社会的な位置づけが困難になる．15世紀にカスティリア王国の勢力が島に入り，ポルトガルとその支配権を競ったが，前者が勝ち取る．先住民（グァンチェ族 guanche）の言語はすぐに消えた．入植者の大半がアンダルシア人であったが，カナリア諸島が遠洋航海の補給地でもあったからポルトガルやガリシア地方の人たちも住みついた．ここからアメリカへ移住した人が多い（おもな移住先はカリブ海域）．

## （3）スペインの標準語

　スペインの標準語としては，国語の規範を提供するとされてきた王立アカデミアによっても，具体的で十全な言語様態（特定言語の全体像）は規定されていない．理念的には，首都のマドリードを含むスペインの中央部に住んでいて高等教育を受けた教養階級の人々の使うスペイン語が標準的であるとされてきた．

　このような受け取り方には歴史的な理由がある．すなわち，スペイン語文化圏で長いあいだ政治的・文化的に最も権威ある言語様態であり続け，それゆえ一番よく知られてきたからである．とはいえ，今日では現実問題として，そのような言語様態を使用する人たちはスペイン語文化圏でほんのわずかな

地域に住む少数集団になっていることも確かである.
　他方,スペインにおける公用語としてのスペイン語（カスティリア語）をながめてみると,その大きな傾向として,スペインの中央部を含む北半分で使用されるものに互いに相似点が多く,カナリア諸島を含む南半分のスペイン語にも地域内の共通性が高い.そして南半分のスペイン語は,広大な地域で使用されているアメリカ・スペイン語との共通性が高いので,世界のスペイン語をこの2種類の言語様態に分けるという考え方も存在する.

## 2）アメリカ・スペイン語の言語的特徴

　「アメリカ・スペイン語」とは,いったいどのようなスペイン語なのであろうか.スペインのスペイン語とは異なった言語で,そしてかつてスペインの植民地であった南北アメリカ大陸とカリブ海域という広大な地域に共通のスペイン語があるのだろうか.実態としての共通スペイン語は,まず,ないと言うべきであろう.なぜならば,スペインになくてスペイン系アメリカにある言語特徴はいくつかあるものの,この広大な領域の全土に見られるものはないし,全土に見られるいくつかの特徴はどれも,スペインのどこかに見られる,というのが現実だからである.「アメリカ・スペイン語」という呼称は,前述のように,特定の言語様態を共有する地理的な広がりで使用されているスペイン語を指すのではなく,歴史的・文化的な共通性のある広大な地域（スペインの旧植民地）で使われるスペイン語を指す慣用的な名前なのである.この呼称を使用するときの意識のなかには「スペインのスペイン語」という対照的な概念が存在することは確かである.こういう対照意識も,当然,歴史的な産物である.スペイン系アメリカの広大な地域は300年以上にわたってスペインの植民地であった.言語の問題に注目すれば,植民地の公用語は当然のことながら宗主国スペインの公用語（規範的スペイン語）であった.イベリア半島のスペイン語はカスティリア語として生まれ,発展（変化）し,そのさまざまな過程をへて成長しつつ現在のスペインで使用されているが,他方のスペイン系アメリカのスペイン語は,カスティリア語がその本質的な特徴を固めて成熟に近づいていた時期である15世紀末ごろ,スペイン人の入植活動を通して植民地に移植された言語である.そして入植者たちは等しく当時のスペインの標準語を使う人たちではなく,たがいに異なる方言的特徴をそなえた言語を使い,その教養度もさまざまであった.さらに,植民地で

## 概説　アメリカ・スペイン語

ある新大陸には，これもさまざまな言語を使用する先住民がいて，新来の言語に影響を与えつつそれを学んでいったが，彼らの多くは自分たちの母語を使い続けていった．スペインのスペイン語は近世以降も変化を続けていって現在の姿になっているが，スペイン系アメリカのスペイン語も多様な自然条件と社会的要因によって生みだされる環境のなかで変化していった．そしてその変化の方向は，イベリア半島での変化の方向とは大きく異なっていたはずである．スペインでは見られない特徴が生まれても当然であろう．さらに，スペイン系アメリカには，言語変化のさまざまな過程のスペイン語をたずさえたスペイン人がたえまなく渡来してきていた．スペインの公用語も時代とともに変わっていったが，彼らの運び込んだ言語的特徴のいくつかはそこに根づき，またいくつかは消えていった．根づいた特徴のなかには，その後，スペインでは衰弱して使われなくなったものもある．

　スペインのスペイン語もスペイン系アメリカのスペイン語も，そのような歴史的に異なった変化過程をへて現在にいたっている．両者の違いを認識するには，一方の言語を基準（尺度）にして，他方の言語を計り，そこに見られる違いを明らかにすればよい．スペイン人は長いあいだ，そのような姿勢で植民地アメリカのスペイン語を観察してきた．そしてそのような観察が繰り返されていき，観察対象の地理的・歴史的な共通性を手がかりにして「アメリカ・スペイン語」という十把一絡げの呼称が生まれた．しかし現在のスペイン系アメリカでは，たとえばメキシコのスペイン語にはメキシコでの公用語規範が意識され，それとの対比によってメキシコの諸方言が認識されるが，メキシコの公用スペイン語は，メキシコ人にはごく自然な言語であってそこでは「特徴」と言えそうな要素など，意識の対象にならない．他国の標準スペイン語と比べることによって，ようやくいろいろな違い（特徴）を認識することができる．多数の独立国で構成されるスペイン系アメリカでは，どの国においてもそれぞれの標準スペイン語があり，他国の公用語と比べればさまざまな特徴が浮かび上がることであろう．そしてそのような特徴のなかにはかなり多くの国に共通のものもあれば，小さな国にしか見られない特徴もあろう．

　では，そういう広大な地域で使われているスペイン語のどのような特徴がアメリカ・スペイン語の特徴，すなわち americanismo であると考えられるのであろうか．

第1章　アメリカ・スペイン語の理解のために

(1) **Gútemberg Bohórquez の定義**

　americanismo（スペイン語のアメリカ的特徴，アメリカニズム）の定義に関する研究を詳しく検討した資料として，Jesús Gútemberg Bohórquez がある．これは語彙学を念頭において展開された研究書であるが，その定義(104-107)はスペイン語全般の特徴を考えるときにも有効であろう．彼が到達した客観的な定義は以下のような3種類の基準でできている．

　Ａ．起源という基準：南北アメリカの先住民系の要素とその地で創造されたスペイン語はすべて，アメリカニズムとなる．すなわちそこに含まれる先住民語系語とアメリカで変化したスペイン語の要素のことである．

　Ｂ．スペイン系アメリカに独特の概念という基準：この基準によると，具体的な事物や行為であれ抽象的な認識であれ，南北アメリカにしかない概念を表わす語句や単語はアメリカニズムとなる．これらはスペイン系アメリカの文化発展の過程でその住民の生活に組み込まれているが，ときとともにスペインの標準語になっているとしてもアメリカニズムであることに違いはない．代表的な語彙はアメリカ大陸の動物相・植物相，その歴史と地理に関する単語で構成されている．さらに農業，牧畜業，政治活動，経済活動に関わる単語も目立っている．

　Ｃ．使用という基準：この基準を考えるときには，現代スペインのスペイン語との対比的な判定が導入される．そしてスペインでは使用されていない単語やスペインよりも使用頻度が高い単語，スペインで使われていても異なった語義で使用されている単語がアメリカニズムであるということになる．

(2) **Joaquín Montes の定義**

　José Joaquín Montes（1995, 152-5）はスペイン語の方言学において伝統的に使用されてきた術語の「アメリカニズム」americanismo について，その主要な意味概念を2種類に分けている．

　Ａ．史的・起源的な概念：たとえば，canoa「カヌー」が（コロンブスの1492年の日記や1493年付けの書簡で）スペイン語で最初に記述されたアメリカニズムである，というとき，その指定には単語の起源が根拠となっている．このように史的・起源的な概念を根拠にして指定されるアメリカニズムには，先住民語系語・アフリカ語系語・（それら以外の）外国語系語があるし，さらに，アメリカ大陸で生まれた単語も含まれる．これら

— 47 —

のアメリカニズムは起源である言語の種類からケチュア語系語，アステカ語系語のように分類することができるし，地理的な広がりの種類によって全スペイン語圏の共通語，スペイン系アメリカの共通語，特定地域の共通語，1国の共通語などのように分類することも可能である．いずれにせよ，アメリカ・スペイン語の通時的な研究にとっては重要な概念である．

B．異なった使用という概念：上記の概念が通時的なものであれば，この概念は共時的・記述的な研究に適用されるものとなる．この概念の基準に従えば，スペインでは使われていないのにスペイン系アメリカで使われている要素はすべてアメリカニズムとなる．この概念は，定義上ではこのように明確に規定することができるが，現実の研究段階では客観的に適用することがかなり難しい．スペインのスペイン語にせよアメリカ・スペイン語にせよ，その使用の実態を解明するための基本的データが十分ではないからである．

Montes はさらに，その他の定義の可能性にも言及し，いずれの定義も実際にはこの2種類の概念のどちらかに含まれるとしている．だから，Bohórquez の2番目の基準（スペイン系アメリカに独特の概念）は Montes の最初の概念に含まれることになる．しかし筆者には，この問題は定義の仕方によって意見が分かれる種類のものであるように思われる．すなわち，単語を語形と語義のセットとして見るとき，セットとして判断する立場なら Montes のような2分法が可能になる．そして語形と語義を分けて考えれば Bohórquez のような3分割の考え方，すなわち語形の特徴が彼の第1の基準，語義の特徴が第2の基準になるから，それらが使用という基準とともに3種類になるのである．

## （3）López Morales の定義

Humberto López Morales は1998年の著書で「本当のアメリカニズム」los verdaderos americanismos に関する考えを表明している(163-6)．彼はアメリカニズムを判定するために，Montes と同じように2種類の理論的基準を示している．

ひとつは「高度に歴史的な基準」である．この基準を採用するときの姿勢として，それを狭義に解釈すると，スペイン系アメリカで生まれた単語はアメリカニズムであることになる．すなわち，アメリカニズムとは一般的なス

ペイン語に入った chocolate「チョコレート」のような先住民語系語に限定されてしまうので，反対する研究者も多い．

　もうひとつは「用法の基準」である．この基準は2種類の立場で適用される．一般的性格を採用する立場と弁別的条件を設定する立場である．前者の立場では，スペインでの用法には関知せず，スペイン系アメリカで使われているスペイン語はすべてアメリカニズムになるが，後者の立場では対照性という考え方を取り入れるので，おなじ形の単語でもスペインでの語義と異なる場合にはアメリカニズムであるということになる（スペインでは「海岸」，スペイン系アメリカの広い地域で「(駐車場などの) 広場」を意味する playa など）．

## （4）厳密な定義の立場

　この第3項の最初に断ったように，アメリカ・スペイン語の使用地域の全土に存在するがスペインには存在しない，というような言語的特徴は見あたらない．そこで Rona は，「アメリカ・スペイン語」という術語の使用は控えたほうがいいのではないかと提案した（147-8）．

　しかし Montes (1991, 131-2) はこの厳密な姿勢の提案を受け入れがたいものであるとしている．なぜならば，もしこの術語を使わないのであれば，「スペインのスペイン語」という術語も使えなくなる．このスペイン語はアメリカ・スペイン語よりも統一性が低いからである．使用言語の状況を決めるのはその歴史的・地理的な外的要因であり，外的要因が決めていることから使用言語の維持や変化が起こる，ということを忘れてはならない．

　本書でもこれまで何度か断っている姿勢である．すなわち，歴史的・地理的な共通性を持った広大なスペイン系アメリカに使われているスペイン語を「アメリカ・スペイン語」という術語でくくることを支持する姿勢である．この姿勢を念頭に置いて，次章からアメリカ・スペイン語の具体的な言語的特徴のあれこれについて説明してゆくことにしよう．

# 第 2 章　アメリカ・スペイン語の発音

## 1．はじめに

　第 2 章では，アメリカ・スペイン語の音声に関する諸問題を扱う．まず，音声と音素の違いを確認しておこう．

### 1）音声と音素

　言語音を研究するときの基本的な姿勢には，音声の物理的な性格を研究対象にする音声学 fonética と音声の機能的な側面を研究する音韻論 fonología がある．前者の最小単位が音声 sonido であり，後者の最小単位が音素 fonema である．言語音がどれも音声としてとらえられることは，問題なく理解されるだろう．しかし「音素」の理解は難しい．音素になっている音声の「機能」とは，意味の違いを表現する働きのことである．音声の記述には [　] の記号が使用され，音素の記号は / / である．

　日本語の母音体系は 5 種類の音素 (/a/，/i/，/u/，/e/，/o/) で構成されているというとき，たとえば [aki]，[iki]，[uki]，[eki]，[oki] という音声の発音を共通語として聞いたとき，日本語話者はそれぞれ「秋」，「息」，「雨季」，「駅」，「隠岐」を思い浮かべることができる．これらの発音の頭部の母音に注目すると，発音にはさまざまなバリエーションがあるが，その母音のどのような発音を聞いても，日本語話者ならこの 5 種類のどれかの発音として聞き取って理解しようとする．[ɔki] という発音を聞いても [ʌki] という発音でも，私たちは「秋」だと理解するし，[ɔki] と聞いても「隠岐」を思い浮かべる．さまざまな母音発音のバリエーションを発音してみて同様に試してみると，意味の違いを表現する発音の種類ということでは，どの母音発音も，結局この 5 種類の「発音のタイプ」のどれかであるとしか意識しない．このように，意味の違いに直結する「発音のタイプ」が音素と呼ばれている．音素はこのような検証によって設定できるものなので，「発音のタイプ」としての

第 2 章　アメリカ・スペイン語の発音

一種の抽象的な概念であるということになる．そして上記の発音を音韻論的に記述すると /áki/, /íki/, /úki/, /éki/, /óki/ になる．

　音素は常にどれかひとつの音声に対応する，というわけではない．音素に対応する発音が（上記の母音音素のときのように）いくつか考えられるとき，その発音のそれぞれを異音 alófono という．日本語では [a] も [ə] も [ʌ] も母音音素 /a/ の異音である．

　fonema（英語では phoneme）は音素と訳されるが，ときには「音韻」と訳されることもある．音素は語の意味の違いを表現する機能を持っているから，それは音声の最小単位である母音や子音の単音に対応することもあれば，（日本語で発音の [hasi] を「橋」，「端」，「箸」に区別するときのように）違った意味を表現するための発音の高低や強弱のアクセントなどに対応することもある．前者は分節音素，後者は超分節音素と呼ばれている．

## 2）アメリカ・スペイン語の興味深い発音の様相

　つぎに，Montes (1995, 165-9) を参考にし，その音声現象の多様な様相を研究するときの心得と視点を紹介しよう．まず母音を扱い，そのあとで子音の代表的な発音現象を並べてみよう．最後に強勢にも言及する．

### （1）母音 vocales の発音

　母音発音の研究には以下の諸点に注目しなくてはならない．なお，基本的な現象については，本章の第 2 節で解説する．

　A．開口度 abertura bucal：開口度の大小に向かう性格，すなわち母音発音が開音的な性格か，閉音的な性格かを明らかにすることと，その性格を条件づける音声環境の姿を明確にすることが必要である．

　B．音素体系 sistema fonológico：母音発音がスペインの標準語のような 5 音素体系 (/a, e, i, o, u/) なのか，3 音素体系 (/a, i, u/) に縮小されているか，音素 /e/, /o/ が二重化して 7 音素体系 (/a, ɛ, e, i, ɔ, o, u/) に拡大されているか，の問題がある．最近の研究によると 7 音素体系は南北アメリカのスペイン語から放逐されたようである．

　C．分立と融合 hiato y diptongo：連続母音の発音で，2 種類の母音が (teatro「劇場」の ea がスペインの標準発音の [teátro] ように) 分立するのか，二重母音化 ([tjátro]) するのか，に関する様子．

　D．無声化 ensordecimiento：母音発音が (antes「前に」が [ánt's] のよう

― 51 ―

に）無声化（消失）する問題と，音色変化の様子．
　E．子音化 consonantización：母音発音が(jaula「鳥かご」が [xáu̯la] でなくて [xábla] のように) 子音化する現象の問題．

（2）子音 consonantes の発音
　子音発音の研究には以下の諸点に注目しなくてはならない．なお，子音発音の基本的な現象については，本章の第3節以下で解説する．
　A．Y音化現象 yeísmo：文字の ll の発音が y の発音と同一になる現象である．まず，両者の発音を区別している地域が残っているが，その広がりを明確にする必要がある．同一化が進んでいるところでは社会学的な視点も取りいれるべきである．
　　Y音化現象を起こしている地域については，その単一発音の種類を探らなくてはならない．それには破擦音 africada [dž]，正常な摩擦音 fricativa normal [j]，有声うなり音 rehilada [ž]，無声化うなり音 rehilada con posible ensordecimiento [š] がある．
　B．文字 r, rr, tr の発音：文字 r の発音には次のような変種がある．正常な1度のはじき音（単震音）vibrante normal [r]，有声摩擦音 fricativa sonora [ř]，その歯擦音 fricativa sonora asibilada と無声化 fricativa ensordecida，軟口蓋音 velar [ʀ]，母音化発音 vocalizada [i̯]（「私は迷った」の me perdí が [me pei̯dí] になる），気音発音 aspirada [h]（「肉」の carne が [káhne] になる），および省略発音 elidida（「働く」の trabajar が [trabahá] になる）である．
　　文字 rr の発音には次のような変種がある．正常な数度のはじき音（多震音）vibrante múltiple normal [r̄]，有声摩擦多震音 múltiple fricativa sonora [ř̄]，その歯擦音 fricativa múltiple sonora asibilada と無声化 fricativa múltiple asibilada ensordecida，歯擦歯茎破擦音 alveolar asibilada africada（ほとんど [dž]），有声軟口蓋多震音 múltiple velar sonora [ʀ]．
　　子音群 tr の発音には以下のような変種がある．二種類の音素を別々に調音する正常発音 [tr]，その r が摩擦音化した発音，歯茎硬口蓋音 t と歯擦音 r がなかば同化した発音，同化してほとんど [ĉ] のようになる無声歯茎硬口蓋破擦音である．
　C．文字 s の発音：標準的には無声であるこの歯擦音の調音の性質には，

— 52 —

## 第2章　アメリカ・スペイン語の発音

代表的な3種類として，前部舌背歯茎音 predorsoalveolar [s]，凹面舌尖歯茎音 apicoalveolar cóncava [ś]，平面舌背舌端歯音 coronodental plana [s̪] がある．そしてこの調音のそれぞれに歯音の変種や歯間音の変種がある．さらに，有声化発音や気音化発音 [h] もある（「一杯のソーダ水」の una soda の [úna hóða]）．

　内破音，すなわち閉音節の末部の s に関しては，気音化や半気音化の発音があるし（「皿」の disco の [díhko] とか [díʰko]），後続子音との同化発音（[díhᵏko] とか [díkko]），発音の省略もある．さらに，この s が後続子音を無声音にする場合もある（「皮膚の引っかき傷」の rasguño の [raxúɲo] や複数形の「牝牛」の las vacas の [lah ɸáka] など）．そして気音化の場合，その気音が咽頭音 [h] か軟口蓋音 [x] か，あるいはその混合タイプか，を識別する必要がある．

D．文字 ch の発音：まず，閉鎖音と摩擦音の発音が均等な調音がある（[ĉ]，国際音声記号なら [tʃ]）．閉鎖音が強かったり，摩擦音が強かったりする．閉鎖の発音が消失すると純粋な摩擦音の [š] になる．また，散発的に聞かれる発音に，コロンビアの大西洋沿岸部での反り舌の粘着性調音 articulación adherente retrofleja とかコロンビアの太平洋沿岸部での前進調音 articulación adelantada があるが，後者は歯茎破擦音 [ŝ] になってしまう．

E．文字 f の発音：発音の変異には標準発音の唇歯音 [f]，両唇音 [ɸ]，この両者の混合したタイプ，後退気音 aspirada posteriorizada [h, x]，両唇・軟口蓋の気音 [xw]（コロンビアやペルーの太平洋沿岸部での「コーヒー」café の [kaxwé]）がある．

F．有声子音 b, d, g の発音：まず，これらの子音の調音が閉鎖音 [b, d, g] なのか摩擦音 [β, ð, γ] なのかを，そしてそうなるときの音声環境を見きわめる必要がある．3種類ともどんな子音のあとでも閉鎖音になるのか，コロンビアのように d だけが子音のあとで正常に閉鎖音になるのか，b は大抵の場合に閉鎖音になるのか，g は n のうしろに来るときだけ閉鎖音になるのか，を調べなくてはならない．さらに，b の母音化発音（「貧乏な」pobre の [póu̯re]）や g, d の省略発音（「水」agua の [áwa]，「疲れた」cansado の [kansáo]）もある．

G．鼻音 nasales の発音：両唇鼻音音素 /m/ の異音は，まれに無声音化さ

— 53 —

概説　アメリカ・スペイン語

れたり省略されることがある（「時」tiempo の [tjémpo] とか [tjẽpo]）．硬口蓋鼻音音素 /ɲ/ は調音部位がずれて舌面での閉鎖がなくなることもある（「ヤマイモ」ñame の [jáme]）．歯茎鼻音音素 /n/ の異音は語末に現れる．正常な歯茎音の [-n]，軟口蓋音の [-ŋ]，両唇音の [-m] であるが，発音されないこともある（「心」corazón の [korasó]）．また，コロンビアの一部やメキシコの一部では r や s のうしろに弱い鼻音が付加されることもある（「歌う」が [kantárⁿ]，比較級語が [másⁿ]）．

H．軟口蓋摩擦音 velar fricativa の発音：その調音は柔らかな軟口蓋音 velar suave [x] になったり咽頭音 farínea [h] になったり咽頭軟口蓋音 farínea-velar になったりする．また，前部系列母音 (e, i) の前では硬口蓋音化することがある（「女」mujer の [muçér]）．

I．強勢など：強勢の位置がずれることもあるが，この現象は一般的にいって田舎語や俗語の特徴であり，教養語レベルではなくなりつつある（「根」raíz の [ráis] や「トランク」baúl の [bául] など）．また，カリブ海域では発音群において強勢が 1 ヶ所にしか現れないことがある（「低木の下に」の debajo de la mata が [deβahoðelamáta] に）．

## 3）発音記号について

　本書で使用する発音記号は，基本的に国際音声記号（IPA）に従う．しかし目で見てわかりやすいように，いくつかの発音で異なった記号を使う．そして以下の点をお断りしておく．

　強勢 acento（アクセント）は音節核の母音の上に付ける．

　二重母音を構成する半母音は，音声学では母音のなかに含められるが，音素論では子音に分類される．上昇の二重母音のなかの半母音（前部系列母音系のものと後部母音系列系のもの）は，スペイン語の伝統的な音声学では半子音 semiconsonante と呼ばれてきたが，本書では包括的な記述としてそれらを [j] と [w] で表示する．下降の二重母音を構成する半母音 semivocal は同様の記述として [i̯] と [u̯] で示す．半母音とか半子音の用語は音節形成の機能に注目した呼称である．本書の記述では音節構造も重要なキーワードであるからこれらの呼称を採用するが，厳密な音声学的記述にはなじまないものである．なお，この方針については，上田博人氏がホームページで公開している『スペイン語と日本語の音声』を参考にした．

## 第 2 章　アメリカ・スペイン語の発音

本書では以下の発音記号が採用されている．

## 母音
　　/a/, /e/, /i/, /o/, /u/　スペイン語の 5 種類の音素．
　　[a], [e], [i], [o], [u]　5 種類の音素の代表的な異音．
　　[ʌ]　後舌半広非円唇母音．
　　[ə]　中舌半広非円唇母音．
　　[ɛ]　/e/ の開母音の異音．
　　[ɔ]　/o/ の開母音の異音．
　　/y/　前部（前舌）母音系列の半母音音素．
　　[j]　上記音素の半子音の異音．
　　[i̯]　上記音素の半母音の異音．
　　/w/　後部（後舌）母音系列の半母音音素．
　　[w]　上記音素の半子音の異音．
　　[u̯]　上記音素の半母音の異音．
　　[˜]　母音を鼻音化する記号．
　　[ː]　母音を長音化する記号．

## 子音
　　/b/　有声両唇音の閉鎖音音素．
　　[b]　上記音素の閉鎖音の異音．
　　[β]　上記音素の摩擦音の異音．
　　/ĉ/, [ĉ]　無声前部硬口蓋音の破擦音音素とその異音．
　　[ç]　無声（前部）中部硬口蓋音の摩擦音．
　　/d/　有声歯音の閉鎖音音素．
　　[d]　上記音素の閉鎖音の異音．
　　[ð]　上記音素の摩擦音の異音．
　　[dž]　有声歯茎前部硬口蓋の破擦音．
　　/f/, [f]　無声唇歯音の摩擦音音素とその異音．
　　/g/　有声軟口蓋音の閉鎖音音素．
　　[g]　上記音素の閉鎖音の異音．
　　[γ]　上記音素の摩擦音の異音．

— 55 —

## 概説　アメリカ・スペイン語

[h]　　無声咽頭（喉頭）摩擦音の気音.
/k/, [k]　無声軟口蓋音の閉鎖音音素とその異音.
/l/, [l]　有声歯茎音の流音（側面接近音）音素とその異音.
/ʎ/, [ʎ]　有声硬口蓋音の流音（側面接近音）音素とその異音.
/m/, [m]　両唇音の鼻音音素とその異音.
[m̥]　　上記有声音素の無声化した異音.
/n/, [n]　歯茎音の鼻音音素とその異音.
/ɲ/, [ɲ]　硬口蓋音の鼻音音素とその異音.
[ŋ]　　/n/の有声軟口蓋鼻音の異音.
/N/　　/m/ と /n/ が中和した原音素.
/p/, [p]　無声両唇音の閉鎖音音素とその異音.
/r/, [r]　有声で1回はじく単震音（歯茎はじき音）の流音音素とその異音.
[ř]　　上記音素の摩擦音の異音.
[ř̥]　　上記異音の無声化した異音.
/r̄/, [r̄]　有声で数回はじく多震音（歯茎ふるえ音）の流音音素とその異音.
[ř̄]　　上記音素の摩擦音の異音.
[R]　　/r/ と /r̄/ の軟口蓋音の異音.
/s/　　S音系の無声摩擦音音素.
[s]　　上記音素の前部舌背凸面の歯音か歯茎音の異音. 文字ｓの, アメリカ・スペイン語の代表的な異音.
[ṡ]　　上記音素の舌背凹面の舌尖歯茎音の異音. 文字ｓの, カスティリア語特有の異音.
[s̄]　　上記音素の舌背平面の歯音か歯茎音の異音.
[ŝ]　　無声歯音の破擦音の発音.
[š]　　無声前部硬口蓋音の摩擦音の発音.
/t/, [t]　無声歯音の閉鎖音音素とその異音.
/x/, [x]　無声軟口蓋音の摩擦音音素とその異音.
[z]　　S音系の有声化した摩擦音の発音.
[ẑ]　　有声歯音の破擦音の発音.
[ž]　　有声前部硬口蓋音の摩擦音の発音.

/θ/, [θ] 　無声歯間音の摩擦音音素とその異音．カスティリア語独特の音素．
[φ] 　無声両唇音の摩擦音の発音．

## 2．母音

　アメリカ・スペイン語の母音発音については，たとえば子音発音のＳ音法 seseo のように南北アメリカ全体がスペインとの違いをみせるような，そういう広範囲にわたって起こる大きな特徴はないと言えよう．しかし限られた地方での現象であっても，興味深い特徴は存在する．第２章の「はじめに」において，母音の発音についての主要な様相を列記しておいた．母音音素の開口度，音素体系，母音連続，無声音化，子音化の５種類であった．これらの検討事項を念頭におきつつ，いくつかの現象について解説していこう．

### 1）母音音素の体系

　一般的なアメリカ・スペイン語の母音体系は，イベリア半島の標準的なスペイン語と同じく，/i/, /e/, /a/, /o/, /u/ という５単位の音素で構成されている．
　母音音素の分類には２種類の要因がある．口の開きの大きさ（開口度 grado de abertura bucal）と舌の一番高い点の位置（舌背の位置 posición de la lengua）である．母音音素はこの２要素に従って以下のように分類される．
　　開口度：最大の開口度（低位母音）→ /a/
　　　　　　最小の開口度（高位母音）→ /i, u/
　　　　　　中間（中位母音）→ /e, o/
　　舌背の位置：前部（硬口蓋母音，前部系列母音）→ /i, e/
　　　　　　　　後部（軟口蓋母音，後部系列母音）→ /o, u/
　　　　　　　　中間→ /a/
スペイン語の母音音素は上記のように分類できるが，第３の要素として唇の形がある．そうなると平唇母音が /e, i/，円唇母音が /o, u/，そして両者を総合した唇の形の母音が /a/ ということになる．
　国によってはその全般的な開口度の違いから母音発音が開音的・閉音的であるという傾向が生まれる可能性がある．たとえば，プエルトリコの標準発

音では，スペインの標準発音と比べて母音が開音的に発音されているという報告がある（Vaquero I, 19）.★

## 2）母音音素の数

母音音素の数は，標準発音では一般的に5種類であるが，方言的・俗語的な特徴としては3種類であったり7種類であったりする．

（1）3音素：3音素体系（/a, i, u/）に縮小されているような印象を与えるのは，エクアドルやペルーでスペイン語がケチュア語やアイマラ語と接触している地域の方言である．とくに先住民系の人たちでスペイン語の習得が不十分である場合によく起こっている．これらの先住民語が3音素体系であるから，その影響を受けていることになる．このような地方では [e] と [o] の音声はそれぞれ，音素 /i/ と /u/ の異音であるということなる．たとえば「机」の mesa [mísa]，「娘」の複数形の chicas [číkas]，「ぶらんこ」の columpio [kulúmpjo]，「正義」の justicia [hostísja] などの発音が聞かれる．

（2）7音素：音素 /e/, /o/ が二重化（分裂）して7音素体系（/a, ε, e, i, ɔ, o, u/）に拡大されている可能性は，後述の内破音 /s/ の発音が弛緩して消失する現象と直結している．この現象は東部アンダルシアの特徴的な現象であるが，その南北アメリカでの実態は明確に把握されているとは思えない．Montes によると，最近の研究を見れば7音素体系は南北アメリカのスペイン語から放逐されたようだと理解されているし，スペイン系アメリカの言

---

★　日本語はスペイン語と同じように5種類の音素で母音体系を構成している．しかしその標準的な異音については両言語の調音がかなり異なっている．日本語話者がスペイン語の母音を発音するとき，a, e, i はそれほど問題にならないが，o, u の場合には注意を要する．スペイン語らしい発音をするには，o のときには唇を意識して丸める必要があるし，u の場合には唇を丸めて突き出し，舌を後方に十分ずらさなくてはならない．標準日本語の母音 /u/ の調音は舌が後方に引っこまず，前後方向の真ん中あたりの位置を占めるし，標準スペイン語の /u/ の場合は舌が十分に後退するからである．

それと関連するのが日本語話者によるスペイン語の二重母音 [wa, we, wi, wo] の発音である．半子音の [w] も唇を強めに丸めて突き出すようにして調音されるのだが，日本語話者の場合しばしばその調音方式が守られないので，たとえば Juan は，あたかも [hán] のような発音になってしまう．注意しなくてはならない（この人名をカタカナで表記する場合，「フアン」ではなくて「ホアン」とすることがある．カタカナを日本式に発音するときに，できるだけスペイン語の発音に近づけるための工夫のひとつなのである）．

第2章　アメリカ・スペイン語の発音

語地図にも内破音sの消失によって起こる開音化が記入されていないようである．

かつて次のような，カリブ地域に特徴的な見せかけの音素分裂が報告された．語末の内破音sは語末の形態素として，動詞活用の二人称単数の活用形と名詞・形容詞の複数形を表示している．しかしこの発音が弛緩して消失するとき，それぞれが三人称単数の活用形と単数形と同じ発音になってしまう．そこで，それぞれの意味（二人称性と複数性）を表示するため，本来なら語末にsを伴っている母音のeとoを開音にする，という現象である．たとえば，vienes「君が来る」の-sが発音されなくなるとviene [bjénɛ] となったり，discos「何枚かの皿」の-sが発音されなくなると [díhkɔ] になるという現象である．

数と人称の対立はさまざまな方法で表示されている．Vaquero (I, 17-19) が研究成果をまとめて紹介しているが，それによると以下の方法があるという．

A．ドミニカの場合：ドミニカでは複数性を，このような音素分裂のかわりに，つぎのような手段で表示している．

　a．子音で終わる名詞・形容詞の場合：この場合，複数の語末が-esになるが，内破音sが落ちても，残っている母音eによって複数性が表示できる．例：(mujer「女性」なら) mujeres → mujere, (árbol「木」なら) árboles → árbole など．

　b．語末への付加：複数形の語末にeを付加する．例：(café「コーヒー」なら) cafés → cafese, (sofá「ソファー」なら) sofás → sofase など．

　c．限定詞の利用：限定詞（冠詞，指示詞，所有詞など）によって単数性・複数性の対立を表示する．男性形の場合である．例：(perro「犬」なら) el perro / lo perro (← los perros)．

　d．主語の利用：主格人称代名詞によって人称対立を表示する．例：tú canta (← cantas) / él canta (「君は歌う」/「彼は歌う」) など．

　e．語頭への付加：語頭にse-, he-を付加して単数・複数の対立を表示する．例：「学生」の estudiante [etudjánte] / estudiantes [setudjánte, hetudjánte] など．

B．キューバの場合：キューバでは，音素分裂を認める場合でも，それは

— 59 —

母音 e に関してだけである．そしてスペクトログラフでのチェックの結果でも音素分裂は疑わしいが，つぎのことがわかっている．
  a．開音化：内破音 s の消失によって，末部母音の開音化が見られるが，その出現に規則性はない．
  b．最小対（par mínimo）：perro / perros などの最小対での数の対立は末部母音の開音性によって表示されていない．
  c．開閉と長短：その対立の表示には，末部母音の開音性よりも，その発音の長短のほうが重要であるようだ．例：pastilla [pa:tíja] / patilla [patíja]（「錠剤」/「もみあげ」），pescado [pe:káðo] / pecado [pekáðo]（「魚」/「罪」）など．

## 3）母音分立と母音融合

 Montes は連続母音の発音のことで，2種類の母音が分立する（teatro が [teátro]）か，二重母音化する（[tjátro]）か，の様子を調べる必要があると述べている．
 ラペサ（2004, 640）によると，アメリカ・スペイン語においては，2種類の母音が並ぶとき，母音分立が消失する傾向にあり，それによって強勢の位置と音色に変化が生じるが，それは例えば動詞の活用語尾の -ear と -iar の混同となり（pasear「散歩する」＞pasiar, guerrear「戦う」＞guerriar），そのための過剰訂正（desprecear＜despreciar「軽蔑する」，malicear＜maliciar「邪推する」）も生まれている．また，強勢の移動（páis＜país「国」，óido＜oído「耳」，áura＜ahora「いま」，tráido＜traído「持ってこられた」など）によって2音節である2種類の母音の発音が1音節になる（二重母音化）．この現象は18世紀のスペインで一般的であったが，その後，bául（＜baúl「トランク」），cái（＜caí ← caer「倒れる」），máestro（＜maestro「先生」）などは排除された．しかし南北アメリカの俗語では使い続けられている．さらに，南北アメリカの一部の国の教養語でも聞かれる母音融合 sinéresis（tea-tro, gol-pear「なぐる」）は，スペイン人には tiatro, golpiar という二重母音化の発音に聞こえるという．
 母音分立が解消されて二重母音化する上記の現象については，上記の例のほかに，pior（peor「一層悪い」），[kwéte]（cohete「ロケット」），tualla（toalla「タオル」），そして cáido（＜caído ← caer），máiz（＜maíz「トウモロコシ」），

habían（＜habían ← haber 助動詞）なども挙げられよう．

## 4）母音発音の無声化

　無強勢母音の発音が極端に弱化して聞こえなくなる現象がある．落ちやすい母音と呼ばれたりする．この弱化現象はメキシコの高原部，とくに首都の常用発音でよく観察されている．ほかにも南米の高原部でこの現象が起きている．たとえば antes [ánt's], pues [p's], entonces [entóns's], vamos [bám's], camisita [kam'síta], reses [r̄és's], pesos [pés's]（それぞれ「前に」，「それでは」，「そのとき」，動詞 ir の活用形，「シャツ」camisa の示小語，「牛」res の複数形，「ペソ」の複数形）などである．母音の弱化は，特別な条件のもとで規則的に起こるような現象ではない．強勢母音との前後の位置関係で起こることもなく，特定の接触子音によって条件づけられることにも規則性はないが，s 音と接触するときや s に挟まれる位置で比較的多くなる．しかし s に挟まれる時でも，その s は結果として長音にならない．

## 5）音色の変化

　弱勢母音の音色変化については各地で報告されている．たとえば開音化の i, u → e, o（「薬」の medicina が medecina,「軍人」の militar が melitar,「警官」の policía が polecía,「埋葬」の sepultura が sepoltura），逆に閉音化の e, o → i, u（「頼む」の pedir が pidir,「服」の vestido が vistido,「ぶらんこ」の columpio が culumpio），あるいは前部系列母音への移行の o → e（「暗い」の oscuro が escuro,「暗さ」の oscuridad が escuridad）がある．

　また，強勢母音も，弱勢母音ほどではないが，その音色を変えることがある．前部系列母音への移行の o → e（動詞 ser の活用形の somos が semos,「レッテル」の rótulo が rétulo）や開音化の i → e（「同じ」の mismo が mesmo）などである．

　これらの母音の音色の変化は，スペインでも古くから広範囲の俗語的現象として観察されてきていて，現在でも起こっている．特別にアメリカ・スペイン語だけの現象であるというわけではない（たとえば semos は，スペインでは古語形として方言で使われている）．

概説　アメリカ・スペイン語

## 6）母音の鼻音化

　母音が鼻音化する現象はスペイン語圏の各地で観察されているが，とくにアンティル諸島で目立っている．鼻音（子音）との接触によって起こる現象である．Vaquero (I, 23) によると，それが一般的に起こるのは同一音節の鼻音の前（「パン」pan が [pãŋ]，「課業」lección が [leksjõŋ]），鼻音の後ろ（「月」mes が [mẽh]，「メモ」nota が [nõta]），鼻音間（「子供」niño が [nĩɲõ]，「(作業服の) つなぎ」mono が [mõnõ]）などである．鼻音化の度合いが進行すると，鼻音を含む単語の母音すべてが鼻音化されたり（San Juan が [sãŋhwãŋ]，「出る」の活用形の salíamos が [sãlíãmõ]，「始める」の empezar が [ẽpẽsãr]），内破音の n が消失してしまうこともある（「栓」tapón が [tapõ]，「髪の薄い」pelón が [pelõ]）．

## 7）末部母音 /-e, -o/ の閉音化

　語末や文末でこれらの母音が閉音化するのは，スペイン語の発音では一般的な現象である．そのような位置では調音の力が弱くなるので，俗語や田舎語ではよく閉音化が起こる．とくに直前の子音が硬口蓋音である場合によく観察される．Vaquero (I, 20) が挙げている例は「ミルク」leche の lechi，「夜」noche の nochi，「広い」ancho の anchu，「雄鶏」gallo の gallu [gáju] などである．

## 8）母音発音の長音化

　スペイン語母音は強勢がかかったとき，多くの地方で長音になるが，その長音性には音韻論的価値がなく（すなわち，意味の違いを表示することはなく），表現意図や強調といった文体的な意味を表わす．南北アメリカの各地で観察されているが，カリブ海域では，内破音の s の発音が弱化して消えたあと，それによって表現されていた意味を表示するための補助的な手段として使われている可能性がある（この節の第2項や，この章の第6節を参照のこと）．

## 9）二重母音の消失

　アメリカ・スペイン語の俗語的な傾向として，二重母音の発音が弱まって消えてしまう現象も報告されている．「忍耐」paciencia の pacencia，「20」 veinte の vente,「22」veintidós の vintidós,「30」treinta の trenta,「増える」aumentar の umentar, 人名 Eugenio の Ugenio などである．

## 3．子音の音素

　スペインの標準スペイン語の子音体系は20の音素で構成されている．そしてアメリカ・スペイン語の体系はスペイン南部やカナリア諸島と同じように無声歯間摩擦音の音素 /θ/ が欠けているため，以下の19種類の音素でできている．

　　閉鎖音音素 fonemas oclusivos
　　　6種類（無声 sordos の /p, t, k/, 有声 sonoros の /b, d, g/）
　　摩擦音音素 fonemas fricativos
　　　3種類（無声の /f, s, x/）（スペインでは /θ/ が加わる）
　　鼻音音素 fonemas nasales
　　　3種類（/m, n, ɲ/）
　　流音音素 fonemas líquidos
　　　4種類（側音 laterales の /l, ʎ/ とはじき音 vibrantes の /r, r̄/）
　　破擦音音素 fonema africado
　　　1種類（無声の /ĉ/）
　　半母音音素 fonemas semivocales
　　　2種類（前部系列系 anterior の /y/ と後部系列系 posterior の /w/）

半母音を音素とするかどうかは研究者の解釈によって決まる．本書はこの章の「はじめに」の第3項でお断りしたように，上田博人（2003）の方針に従った．二重母音の説明に便利だからという理由からである．前部系列系の /y/ の代表的な異音は硬口蓋で軽く摩擦する [j] と [i̯] であり，後部系列系の /w/ の代表的な異音は円唇の軟口蓋で軽く摩擦する [w] と [u̯] であるが，スペインの伝統的な音声学では，それぞれのペアの前者が半子音 semiconsonantes, 後者が半母音と呼ばれてきた．

## 4．Y音化現象

　スペイン語の子音音素のなかで伝統的に流音と呼ばれている4種類の音素

概説　アメリカ・スペイン語

は，2種類のはじき音（/r/, /r̄/）と2種類の側音（/l/, /ʎ/）である．★ Y音化現象 yeísmo はそのうちの硬口蓋側音の音素 /ʎ/ の異音の発音が問題になる．単純にいえば，複文字の ll の伝統的な有声硬口蓋側音の発音 [ʎ] が変わって文字 y の子音発音と同一になる現象である．両方の文字の発音が区別されていれば，pollo「若鶏」と poyo「石のベンチ」の発音が明瞭に区別されるが，Y音化現象が起こるとその区別がなくなってしまう．動詞活用形の halla (←hallar「見つける」) と haya (←助動詞の haber)，あるいは calló (←callar「黙る」) と cayó (←caer「倒れる」) でも同じことである．同一になれば，文字は違っても同じ発音であるから，音素のひとつ（流音）が失われることになる．この現象をよく理解するために，標準スペイン語の関連事項を復習しておこう．★★

## 1）文字 y の発音

　スペインの標準発音では，文字 y は5種類の発音に対応している．まず，単独で現れる等位接続詞の y は母音の [i] で発音される．ほかの文字と組み合わせて表記される場合には別の母音とともに現れ，二重母音や三重母音を構成する．そして音節頭部に位置すれば半子音と呼ばれ，音節末部にあれば半母音と呼ばれる．しかし文字 y は，そのような音節内の位置関係よりも，そ

---

★　流音 líquidos とは，摩擦がなくて母音のように長く引き伸ばして発音できる子音を指す．単なる聴覚印象によって付けられた慣用名であり，現在の音声学ではあまり用いられない．さらに [m] や [n] や [ŋ] をも指すことがある．この4種類の音素を流音としてまとめる方法は，Vaquero (I, 25) にならった．

★★　スペイン語の術語 yeísmo の訳語であるが，この術語は，子音 y の音を意味する ye に -ismo（「主義」などの意味の接尾辞）が付加されてできている．直訳すれば「y 音の主義」のようになる．日本では，この術語は長いあいだ日本語のなかに原語のまま yeísmo として導入されたり，イェイスモに類似した片仮名で表記されてきた．訳語がなかったと言える．

　本節で説明されているように，文字の y はスペイン語圏でかなり幅の大きな種類の発音に対応している一方で，原語の yeísmo はスペイン語話者たちが適当に発音している．私たちがその発音に近い片仮名にすれば，ときにイェイスモとなるが，ときにはジェイスモとなるし，人によってはシェイスモともなる．日本語の文章のなかで原語を使うのでは一般の読者が困るし，片仮名にしたところで訳語にそのようなユレがあっては不都合であるので，筆者は20年ほど前からこの術語を，命名時の意を汲んで「Y音化現象」と訳すことにしている．

れに先行する発音によって2種類に調音される．母音やたいていの子音の後ろでは有声の硬口蓋摩擦音になるが，摩擦の度合いには幅があり，それが軽いときには [j] で表示され，強いときには [ž] で示される．そして休止の直後の位置であったり先行する子音が l や n であったりすると，硬口蓋破擦音の [dž] になる．ただし，前部系列系の音節副音を伴う二重母音や三重母音は母音文字 i でも構成される．たとえば piano「ピアノ」，hielo「氷」，あるいは動詞の活用形の（cantar「歌う」なら）cantáis，（venir「来る」なら）vinieras の2番目の i などである．

　　[i] の y：dos y tres「2と3」など．
　　[j] や [ž] の y：（上記の）poyo, haya, cayó などや，subyugar「服従させる」，vino ya「彼はもう来た」など．
　　[dž] の y：Yo no lo sé.「私はそれを知らない」，inyección「注射」，el yate「ヨット」など．
　　[i̯] の y：Paraguay 南米の国の「パラグァイ」など．

文字 y の音といっても，その発音にはこのような幅がある．標準発音を単純にまとめても5種類の記号が使われるが，広範な世界のスペイン語文化圏で音声学的に観察すれば，それらの間に無数の変異音が認められるであろう．とくに目立つのはラプラタ地方の [š] である．これは有声の硬口蓋摩擦音が無声化した発音である．Y音化現象の説明で「文字 y の音」と言うときには，人によってこれらの発音のどれか，あるいはいくつかが意識されている．

## 2) Y音化現象の広がり

アメリカ・スペイン語におけるこの現象を理解するためには，まずどのような地域で起こっているかを調べる必要がある．

今日のスペイン語圏では，[ʎ] の発音（文字は ll）を維持しているところは少ない．スペインでも Y音化現象が大都市から地方へと広がっていて，[ʎ] の発音が標準的である地域はますます少なくなっているし，若い世代になるほど Y音化現象が目立ってきている．

南北アメリカにおける Y音化現象の広がりは Canfield で見ることができるし，ラペサのなかにも見やすい地図が入っているので参照されたい（Lapesa, 1981 なら 576 と 577 の間，ラペサなら 612 と 613 の間）．ラペサの地図の赤色の部分は Y音化現象の広がりを示している．北米大陸，中米，カリブ

海地域，南米の北部・南部に広大な広がりを見せている．この現象を起こしている地域のほうが圧倒的に広いことがわかる．しかしY音化現象によって使用される単一の発音は，文字yの発音の種類に連動していて多様である．

文字llの伝統的な発音[ʎ]が残されている地域は南米にもある．コロンビアの一部から南方へペルー，エクアドル，ボリビア，パラグァイ，チリやアルゼンチンの一部などである．このような地域ではllの発音とyの発音が区別されている（この状態をlleísmo「ll音維持現象」と呼ぶ研究者もいる）．2種類の文字の発音を区別していても，llに対応するのが伝統的な硬口蓋側音ではなくて有声の硬口蓋摩擦音[ž]の地域が2ヶ所ある（ひとつはコロンビアの内陸部の南部とエクアドルの東北部，もうひとつはアルゼンチン北部）．

## 3）単一発音の種類

Y音化現象が起こっている地域については，その単一発音の種類を探らなくてはならない．Montesによると，それには弛緩音，破擦音[dž]，正常な摩擦音[j]，有声うなり音[ž]，無声化うなり音[š]がある．

その発音は後部歯茎か前部硬口蓋に舌面が接近して調音される．発音の幅は（歯茎後部も含めた）硬口蓋における摩擦の強弱に対応する．摩擦がなければ母音の[i]の発音になるが，摩擦があってそれが最も弱いときには半母音の[j]になり，強まると[ž]という雑音的な音になるが，発音の最初に閉鎖が起こると破擦音[dž]になる．

また，有声摩擦音の[ž]は，スペイン文献学では伝統的なわかりにくい名前で（しかし厳密な音声学的な名称とは言いにくい）「うなり音」rehilamientoと呼ばれることもあるが，それは「うなり音を伴わないy」，すなわち[j]と対立する発音を指している．（研究者のなかには前者の発音を使用する現象をžeísmo「ž音化現象」と呼ぶ人もいる）．

このrehilamiento「うなり音」という術語は有声の硬口蓋摩擦音を特徴づけているだけであり，なにもスペイン語発音に独特の音声を指しているわけではない．スペイン語のこの摩擦音発音は他言語の同一タイプの調音の発音と基本的に同じである．だからこの術語には，調音的観点からも聴覚印象的観点からも，使用する価値がないと言えよう（Quilis, 314）．

そこで，Y音化現象の単一音であるが，Zamora y Guitart（92-93）などを参考にすると，つぎのような2種類が観察される．

（1）この現象が起こっている地域の大部分では，その単一音は半母音的な軽い摩擦音の [j] である．（研究者によってはこの音は [y] でも示されている．）
（2）単一音の 2 番目は [ž] である．これが聞かれるのはアルゼンチンやウルグァイ，それにコロンビアの内陸の地域などである．しかしこの場合も，もう少し厳密に観察すると，地域が 2 種類に分かれることになる．ひとつはブエノスアイレスなどで，sello も yeso も [ž] で発音されるが，上昇の二重母音 hie- は軽い摩擦音で発音され，hielo は [jélo] となる．もうひとつはモンテビデオ（ウルグァイ）のスペイン語などで，そこでは上昇二重母音の hie- も [ž] で発音されている．

なお，アルゼンチンやウルグァイではこの有声硬口蓋摩擦音 [ž] が無声化することがある([š])．とくにアルゼンチンでは都会部の女性や中流階級の人の発音で広まり，現在では首都ブエノスアイレスの女性と若者の発音で一般化していて，さらに広まることが予想されている．

## 4）文字 ll と文字 y の発音の区別

この 2 種類の文字に対応する発音が区別されているところでは，つぎのような 3 種類の対立が見られる．
（1）**伝統的区別**：その大部分では伝統的な文字 ll [ʎ] と文字 y [j] の対立である．
（2）**ll の発音の変化**：この 2 種類の文字の発音を区別していても，ll に対応するのが伝統的な硬口蓋側音ではなくて有声の硬口蓋摩擦音 [ž] であり，文字 y の発音は [j] のところがある．コロンビアの内陸部南部とエクアドルの東北部，それにアルゼンチン北部のサンティアゴ・デル・エステロである．
（3）**y の発音の変化**：第 3 の対立は文字 ll [ʎ] と文字 y [ž] となる．アルゼンチン，チリ，ボリビアなどの一般語の発音でよく起こっている．そこでは callar「黙る」の活用形の calló [kaʎó] と caer「倒れる」の cayó [kažó] が対立している．

## 5）通時態の情報

Y 音化現象はスペインで古くから起こっていた証拠があり，それがアメリ

カ・スペイン語に伝播したが，そこで広がりだしたのは17世紀以降であるとされている．

　ラペサ (409, 613-4) によれば，スペインでは10世紀のモサラベの書き物にその証拠があるし，14世紀末からはトレドでも散発的に記録されているという．この現象は，スペイン系アメリカでは後述のＳ音法と一番よく似た広がりをもつ，スペイン南部方言系の特徴のひとつとなっているが，Ｓ音法ほどの広がりはない．メキシコ市，クスコなどには16世紀の中頃の記録に現れている．

　文字 ll の発音 [ʎ] はいまだ一定の地域で維持されていて，コロンビアの内陸部では標準発音とされていたりするが，他方では先住民諸語の影響も忘れてはならない．ケチュア語とアイマラ語には有声硬口蓋側音が音素として含まれているので，その影響に支えられて，これらの先住民語と接触する地域ではスペイン語の文字 ll の発音 [ʎ] がずっと維持されてきたようだ．

## 5．文字 r にかかわる発音

　アメリカ・スペイン語の文字 r に関する発音で区別するべきは，文字 r の1度のはじきで出す単震音の種類，文字では r- か rr の，数度はじく多震音の種類，そして子音 t に続いて現れる r の二重子音での発音の種類である．

### 1）発音の種類

　上記の第1節第2項で紹介したように，Montes はそれらの発音の多様性に注目している．すなわち，文字 r には8種類の発音，文字 rr には6種類の発音を，そして子音群 tr には4種類の発音を区別している．以下ではこのうちのいくつかの異音について解説するが，その前に，スペインの標準発音について復習しておかなくてはならない．

### 2）標準的な発音

　スペインの標準語では文字 r に関する音素が2種類ある．単震音音素と多震音音素である．単震音音素 /r/ は舌尖歯茎で発音され，単語の内部（語中）と末部に現れるし，多震音音素 /r̄/ も同じく舌尖歯茎で発音されるが，これは音節頭部にしか現れない．

単震音音素が現れる音環境には 3 種類ある．母音間に位置する場合（pero「（接続詞の）しかし」，loro「オウム」，cara「顔」）と，二重子音 /pr, tr, kr, br, dr, gr, fr/ に母音が後続する場合である（precio「価格」，atrás「後ろに」，creer「信じる」，grande「大きな」，frase「文」など）．また，閉音節の末部を占める内破音のときも単震音音素に対応する（carta「手紙」，verso「詩」）．

多震音音素が現れるのは，まず文字 r が語頭に位置するときである（rueda「車輪」，razón「道理」，rico「豊かな」）．また語中で /n/ か /l/ に先行されるときにも多震音になる（Enrique「（人名の）エンリケ」，alrededor「周りに」）．そして語中にあって母音にはさまれるときに r が複文字（rr）になるときにも多震音が現れる（arroz「米」，perro「犬」）．

## 3）摩擦音の異音の [ř] と [ř̥]

アメリカ・スペイン語ではこの両音素の異音は一般的に，スペインの標準語と同じように舌尖歯茎音であるが，ある程度広い地域で聞かれる異音に歯擦音化した摩擦音がある．その調音は，舌端がはじくときの力が弱まって凸面の前舌部の舌尖が下の門歯のほうへ下がることによって起こる一種の弛緩発音であり，後部歯茎とか前部硬口蓋での摩擦音となるが，この異音が無声化するとカスティリア地方の子音 s の発音（[ṡ]）にとてもよく似た音になる．おもに多震音に対応する発音であるが（rueda や rico の場合など），内破音の単震音音素の異音ともなるし（carta や verso の場合など），音節の頭部で r が子音の t や d に後続する二重子音のときにも起こっている（teatro「劇場」や madre「母親」など）．

母音間の位置では多震音音素がこの異音でも，単震音音素との音韻的対立は保たれている（perro [péřo]「犬」と pero [péro]）．

この異音が起こっているのは北米のメキシコからカリブ海域・中米をへて，南米のほぼ全域であるが，とくに二重子音の /tr/ と /dr/ の場合の r の歯擦音化はチリのスペイン語に特徴的な発音となっている．

Zamora y Guitart（98）は，チリではこの摩擦音の異音が社会言語学的に示差的な特徴になっている（教養層の人々ははじき音の発音をするが，そうでない人々は歯擦音発音をする）という観察を紹介しているが，筆者の経験では教養層の人でも一般的な会話ではこの異音が頻繁に聞かれる．

ラペサ（619）によれば，この現象もスペイン北部のスペイン語と関連があ

りそうである．子音群 tr は標準発音では歯茎部の閉鎖（[t]）に単震音が続くのだが，単震音の代わりに無声摩擦音（[ř]）が続き，無声化することもある．そうすると全体がひとつの歯擦音（[ĉ]）のようになってしまう．この現象はスペインの北東部（リオハ，ナバラ，バスク地方など）で起こっているし，スペイン系アメリカでは南米南部に広く見られる現象となっている．アルゼンチンの北西部（アンデス地方）にもスペインと同じリオハ La Rioja という名前の州がある(州都も同名)．チリとアルゼンチンにまたがるこの地方にはスペインの旧カスティリア地方からの入植者が多かった．このことから，問題の擦音化の，スペイン北部のスペイン語との関連が推測されることになる．

## 4）軟口蓋音の異音

多震音音素の（そして時に単震音音素の）異音が軟口蓋発音 [R] になる現象がある．この異音は舌尖歯茎音の発音が弛緩して起こるもので軟口蓋とか口蓋垂で調音されるが，口蓋垂で調音されるときにはパリのフランス語の r と同じ発音になる．その場合，口蓋垂が震えたり，そこで摩擦が起こったりする．

上記の二重子音の擦音化の地域よりもずっと狭い地域で聞かれる．おもにカリブ海域のスペイン語で観察されているが，この地域では多震音音素の異音が摩擦音化とともに複数存在することになる．また，とくにプエルトリコの特徴的な発音とされているが，コロンビアやベネズエラでも散発的に聞かれることがある．そして社会的に低い評価しか与えられていない．他方，スペインでは観察されていない．

## 5）内破音の単震音 -r の異音

内破音の単震音音素 /r/ はアメリカ・スペイン語でさまざまな異音に対応している．Vaquero（I, 50-51）などによると，それらは次の5種類である．
（1）側音化（>[-l]）：この異音はカリブ海域や太平洋沿岸部などをはじめ，あちらこちらで観察されているが，とくに目立つのはアンティル諸島で，しかも語末という位置の場合である．amor [amól]「愛」，querer [kerél]「欲する」，verdad [beldá]「真実」など．この異音は社会的に低く見られている．

この内破の位置にある側音音素の /-l/ と単震音音素の /-r/ の混同

と，それによって起こる中和化（そして時に消失）という現象は，ラペサ (616) によれば，スペインでは12世紀ごろから，アメリカでは16世紀の中頃から記録されている．古くから起こっている現象であるが，この発音の混同は今日，アメリカ・スペイン語の全般的な特徴にはなっていない．スペインでもアメリカでもこの現象が起こっている地方には，これらの両音素の異音が不規則に混同されるのではなくて，その交差の方向に好みがあるようである．[r]>[l] (carbón [kalbón]「炭」, mar [mál]「海」) の方向の混同 (ラムダシズム lambdacismo「L音化現象」) と [l]>[r] (algo [árgo]「なにか」, mal [már]「悪」) の方向の混同 (ロタシズム rotacismo「R音化現象」) があって，そのどちらかが地域ごとに優勢になっている，ということである．いずれの場合にも mal と mar の聞き分けが難しくなる．

(2) **ゼロ発音**：内破音 [-r] の発音の消失現象であるが，カリブ海沿岸部やカナリア諸島で観察されている．その場合，キューバなどでは後続の子音との同化がみられる (carne [kánne]「肉」, cuerno [kwénno]「つの」など)．

(3) **気音化**：この現象の広がりは小さく，アンティル諸島で散発的に観察されている (perla [péhla]「真珠」, farmacia [fahmásja]「薬局」など)．

(4) **母音化**（>[-i̯]）：内破音 [-r] の発音が半母音になる，ドミニカ共和国に特徴的な現象である (cuerpo [kwéi̯po]「体」, tarde [tái̯de]「午後」, mujer [muhéi̯]「女性」など)．現在プエルトリコでは観察されていない．

(5) **歯擦音化**（>[-s]）：この現象の広がりも小さく，カリブ海域の非教養階級の人々の間に散発的に聞かれる (Montes も例に出している carne [kásne] など)．

## 6．文字 s の発音

　文字 s は，標準的には無声である異音の音素 /s/ に対応する．スペインの北部・中部で話されているカスティリア語では無声歯間音の摩擦音音素 /θ/ があって，それには ce, ci の c や z の文字が対応しているが，この音素が存在しない地方ではこれらの文字も音素 /s/ に対応する．これがＳ音法 seseo と呼ばれている現象である．Ｓ音法はスペイン南部やスペイン系アメリカのほ

ぼ全域で行われている．

音素 /θ/ が存在するカスティリア語の場合，音素 /s/ の異音は基本的に歯茎音（[ṡ]）であるが，S音法の地帯ではその異音は基本的に歯音系（[s̪] など）である．

## 1）文字 s の発音の問題点

Montes によれば，本章の第1節第2項で述べたように，アメリカ・スペイン語では，文字 s に対応する音素の異音の調音には代表的な次の3種類がある．前部舌背歯茎音（[s]），凹面舌尖歯茎音（[ṡ]），平面舌背舌端歯音（[s̄]）である．

この調音のそれぞれに歯音の変種や歯間音の変種がある．さらに，有声化発音や気音化発音もある（una soda の [úna hóda]）．

内破音のsに関しては，気音化や半気音化の発音，後続子音との同化発音，発音の省略，後続子音の無声音化などの現象がある．そして気音化の場合，その気音が咽頭音か軟口蓋音か，あるいはその混合タイプか，を識別する必要がある．★

## 2）S音法での文字 s の発音：全般的な様相

スペインでは文字 s の発音に基本的な2種類がある．音素 /θ/ が存在する北部・中部のカスティリア語系の，舌尖歯茎で調音する摩擦音 [ṡ] と，S音法が行われる南部のアンダルシアやカナリア諸島で使用される前部舌背音の摩擦音 [s] である．そしてスペイン系アメリカではS音法が行われ，そこでは s が，スペインの南部系と同じように前部舌背で調音される．

アメリカ・スペイン語ではその全域でS音法が行われているが，そこでは前記のように文字 ce, ci の c や z が s と同じように発音されるので，カスティリア語の発音では明確に区別されている単語が同音で発音され，ときに会話でコミュニケーションの不都合が生じる．たとえば siervo「奴隷」と ciervo「鹿」，casa「家」と caza「狩猟」，sumo「最高の」と zumo「ジュース」，coser「縫う」と cocer「煮る」などであるが，日常の基本的な生活用語である「縫

---

★ /-s/ の気音化・消失・保持と後続の音声環境との関連を扱った興味深い研究に阿部がある．

## 第 2 章　アメリカ・スペイン語の発音

う」と「煮る」が同じように発音される不便さを解消するため，スペイン系アメリカでは「煮る」という意味を表現するとき，cocer のかわりに cocinar「調理する」がよく使われている．「ジュース」の意味ではスペインの一般語が zumo であるのにアメリカの一般語が jugo であることに S 音法が関連しているかもしれない．

　この音素 /s/ の異音であるが，スペイン系アメリカでは何種類かが観察されている．使用される異音の違いは，地理的な相違によって起こるが，社会階層の違いにも起因している．そのような異音のなかで一番広範囲で頻繁に聞かれるのは典型的なアンダルシア発音であり，舌の背面を歯茎の下部に近づけて発音する凸面舌背歯音（歯茎音）である．舌の背面がこの位置にあると，舌尖は下の門歯（前歯）の裏側に位置することになる．

　つぎに多いのが舌尖歯音である．舌の先を上の門歯の裏側上方に近づけ，その位置で摩擦を起こすことによって調音される発音である．これもどこかの地方に独特の発音であるというよりも，スペイン系アメリカの，北はメキシコから南はアルゼンチンまでのあちらこちらの地方で聞かれている．この異音の調音方法には舌の背面の形に 2 種類あり，比較的頻度の高いのが平面の背面のほうであり，南米の高原地帯で聞かれるのが丸みを帯びた背面のほうである．

　スペインの北部や中部で聞かれるカスティリア語の s の発音，すなわち舌尖歯茎で調音する摩擦音もコロンビアやペルーをはじめ，いくつかの国の数地点で聞かれる．

　また，カスティリア語の [θ] の発音が聞かれるところがある．メキシコ市やラパスである．しかしこれは文字 s とは関係なく，マドリード方言と同じように，音節末の -d で起こっている（Madrid, edad, ciudad などの語末の d の発音のこと）．

## 3）S 音法での文字 s の発音：内破の位置のとき

　スペイン系アメリカの広い領域で，音節末の s（内破音）の発音が弱まり，気音化したり消失したりする現象が観察されている．この現象は南北アメリカに限らず，スペインの南部やカナリア諸島でも起こっている．moscas「蠅（複数形）」が [móhkah]，ustedes「あなたたち」が [uhtéðeh] になる現象である．とくにアンティル諸島やカリブ海沿岸部のスペイン語では目立ち，そこ

では頻繁に省略されるので，本章の第2節第2項で説明されたような母音体系の問題とも関連してくる．しかしその摩擦音発音から発音の消失までの間にはさまざまな程度の気音化がある．そしてこの現象は南米北部や中米で増加してきているが，教養度の低い層に特有のものとなっている．

　しかしながら内破音のsの発音は，北米のメキシコの高原部，中米，南米のコロンビアやその他のアンデス地方，アルゼンチンの内陸部で強い摩擦を伴って維持されている．

　内破音sの気音化は，スペインでは新大陸発見よりも早くから起こっていて，スペイン南部系の要素として新大陸に渡った．だからスペイン系アメリカには16世紀の中頃から記録されている（cf. ラペサ，615）．

## 4）S音法での文字sの発音：母音間のとき

　文字sが母音にはさまれるのは，音節の構造では開音節に続く音節の頭部に位置することになるが，そのsにも無声摩擦音のほかにいくつかの発音が聞かれる．たとえば有声化である．この現象はそれほど広い地域や社会層で観察されているわけではないが，コスタリカやコロンビアで報告されている．前後の母音の発音の影響という言語内的な要因が考えられるので，ほかの地点でも起こっている可能性がある（casita「小さな家」[kazíta]，los animales「動物（複数形）」[lozanimále(s)]など）．

　また，カリブ海域その他で観察されている現象に，母音間のsの気音化がある（nosotros [nohótro(h)]「私たち」，la sabana [lahaβána]「シーツ」，la cocina [lakohína]「台所」など）．

## 5）C音法

　文字sの発音が歯音の度合いを強めると，すなわち上の門歯の裏側や上下の門歯の間で摩擦を起こして発音されるとき，その現象はC音法 ceceo と呼ばれている．S音法と反対に，文字sの発音が ce, ci の c や z とともに，後者のカスティリア語での発音 [θ] に近い歯擦音になる現象である．このような発音はカリブ海の数地点や中米の各地や南米北部の沿岸部で聞かれている．とくに中米のエルサルバドルやホンジュラスでは頻繁に聞かれ，ニカラグァの大衆層では一般化しており，ベネズエラ沿岸部でもその広がりは小さくない．これもアンダルシア語の影響であるとされている（ラペサ，612）．

第 2 章　アメリカ・スペイン語の発音

## 6) S 音法と C 音法

　アメリカ・スペイン語では（スペイン南部と同じように）文字 s と ce, ci の c や z が 1 種類の発音に対応している．その 1 種類の発音はスペイン系アメリカのほぼ全域で s の発音だが（S 音法），その一部で ce, ci の c や z のスペイン北部・中部での発音に似たものになっている（C 音法）と理解されよう．

（1）**現代の状況**：現在のスペイン南部のアンダルシア方言では，文字 s の発音に関して 3 種類のバリエーションが見られる．ひとつは /s/ と /θ/ を区別している地域であるが，そのような地域と並存するかたちで S 音法の地域があり，さらにカディス県やセビリア県やマラガ県の大部分などが C 音法の地帯となっている（詳細はラペサ，546 ページを参照のこと）．では，このような多様性がどのようにして生じたのであろうか．その歴史的な変遷を簡単にたどってみよう．

（2）**古スペイン語の状況**：13 世紀以前の古スペイン語には，現代のスペイン語には存在しない音素がいくつかあったが，それらは時とともにほかの音素と混同されたり別の音素に代替されたりした．現代の文字 s の発音に関連する音素としては，つぎの 3 種類の有声音・無声音のペアがあった．その状況は，ラペサ（197-200 など）を参考にして要約すると以下のようになる．

　A．**前部硬口蓋摩擦音**：baxo「低い」（現代語では bajo）や lexos「遠くに」（lejos）などの文字 x の無声音音素 /š/ と mugier「女性」（mujer）や oreja「耳」の文字 gi, j の有声音音素 /ž/．無声音 [š] は現代英語の ship の sh と同じ発音であり，有声音の [ž] は古くは現代英語の gentle の g と同じ破擦音 [dž] であったが，母音間ではすぐに摩擦音になった．

　B．**破擦歯音**：çerca「近くに」（cerca）や braço「腕」（brazo）の文字 ç の無声音音素の /ŝ/ と fazer「作る」（hacer）や razimo「ブドウの房」（racimo）の文字 z の有声音音素 /ẑ/．無声破擦歯音に対応する文字は ce, ci の c とすべての ç であり，日本語のツの子音部分のように発音され，有声音の場合には文字 z に対応し，日本語のヅの子音部分のように発音された．

　C．**舌尖歯茎摩擦音**：pensar「考える」の s や passar「通る」（pasar）の母音間の ss の無声音音素 /s/ と rosa「バラ」や prisión「牢獄」の母音間の

— 75 —

sの有声音音素 /z/．すなわち，無声音は語頭にある s や子音に後続する s や母音間の ss に対応し，現代カスティリア語の文字 s のように発音され，有声音は母音間の s に対応していた．それゆえ，oso（「私はあえてする」，動詞 osar の活用形）と osso（oso「熊」）は，音韻的にも表記的にも区別されていた．

(3) **中世スペイン語の状況**：中世に入るとこれら3種類の音素のペアのうち，有声音のほうの無声化が始まったので，6種類の音素が3種類に縮約される傾向が生まれた．その音声変化とともに文字の使い分けもあやしくなってきた．そしてスペイン語が新大陸に移植される時期の前後，すなわち15世紀後半から16世紀前半にかけての時期には，スペイン南部では上記の2番目のペアである破擦音の調音が弛緩していて歯音か歯間音になっており，上記の3番目のペアである舌尖歯茎音の発音と混同されはじめていた．有声無声の違いは意識されるときと意識されないときがあった（意識されても /ŝ/ が /s/ と混同され，/ẑ/ が /z/ と混同された）．

(4) **近世スペイン語の状況**：16世紀の後半から始まる黄金世紀（17世紀の後半まで）には，スペインの北部・中部で上記2番目の破擦音のペアの発音が弛緩して有声と無声の2種類の摩擦音になり，さらに有声音が無声化してひとつの発音になっていた．それが歯間音発音 [θ] である．この異音は16世紀後半になると，すでに現在のカスティリア語の発音に非常に近い方法で調音されていたようである．

他方，スペイン南部では，黄金世紀に入ると，その広い地域で，舌尖歯茎摩擦音（上記3番目のペア）が，かつては破擦音のペア（2番目）であった調音から変化した歯音や歯間音の摩擦音と混同するという現象が強まった．この現象がスペイン系アメリカでも起こり，これらの調音のうちで舌尖歯茎音は除外され，歯音か歯間音が残った．いずれの場合にも，有声音が無声化すると，もともと存在した4種類の音素が1種類の音素に縮約されたのである．そして歯音と混同された現象が現在ではS音法と呼ばれ，歯間音と混同された現象がC音法と呼ばれている．S音法はC音法ほど低俗視されなかったためにスペイン南部の都会部で優勢になって広まったが，しかしC音法の残っている地域もある．

そして一方，上記の1番目のペアであるが，この前部硬口蓋摩擦音の

ペアは，まず有声音が無声化して無声音と同一の調音（[š]）になったが，それでは歯茎摩擦音との混同が予想されるので，それを避けるために，16世紀には調音点を口腔の後部に移動させた．すなわち，軟口蓋音化である．17世紀の中頃にはこの軟口蓋発音（[x]）が完全に定着した．そして硬口蓋摩擦音はイベリア半島のカスティリア語以外の諸方言のなかにしか残らなくなった．スペイン北東部のカタルニア語の地方や北西部のガリシア語の地方には caixa [káiša]（カスティリア語では caja [káxa]「箱，金庫」）という名前が入った有力な銀行がある．

　このような経緯から，アメリカ・スペイン語では上記の3系列6種類の音素が2種類になり（/x/ と /s/），文字 s はほぼ全域で歯音系のS音法に対応しているが，ごく散発的に歯間音系のC音法が残っている，ということになった．

## 7．文字 ch の発音

### 1）スペインでの発音

　スペインの標準発音では，文字 ch は破擦音音素 /ĉ/ に対応し，その異音は硬口蓋の無声破擦音である．この音素は音節頭部にしか現れない．それゆえ，カスティリア語（スペイン語）には /ĉ/ で終わる単語は存在しない（しかし人名には Blanch とか Llorach のように ch で終わるものもある）．

　スペインではアンダルシア語の特徴として，この発音の弛緩現象がある．すなわち，調音の最初の閉鎖がゆるみ，後半の摩擦だけになってしまう現象である．そうなると，上記の第6項「文字 s の発音」で紹介した古いスペイン語の前部硬口蓋摩擦音音素のペアの一方である無声音 [š] と同じ発音になる（muchacho [mušášo]「少年」，noche [nóše]「夜」など）．かなり変化の進んだアンダルシア方言ではY音化現象も見られ，音素の /ʎ/ と /y/ の異音が古いスペイン語の前部硬口蓋摩擦音の有声音 [ž] になるので，まさに古い硬口蓋摩擦音のペアの2音素が復活していることにもなる（cf. ラペサ，547）．

### 2）スペイン系アメリカでの発音

　Montes によると，アメリカ・スペイン語では，文字 ch には，まず破擦における閉鎖と摩擦の発音が均等な調音もあるが，閉鎖音が強かったり，摩擦

音が強かったりする．破擦の調音が消失すると純粋な摩擦音 [š] になる．

　方言での発音には調音の違いの幅が広く，典型的な破擦音から単なる摩擦音まで存在する．プエルトリコで行なわれた音響分析では，摩擦音への傾向が強いものの，その調音に 6 種類もあったという（Vaquero, I, 54）．破擦音音素の異音が摩擦音の [š] になる現象は，とくにカリブ海域とチリで頻繁に観察されている．そして程度は低いがメキシコやコロンビアでも観察されている．

## 8．文字 f の発音

　文字 f は，スペインの標準語では無声唇歯摩擦音音素 /f/ に対応する．その異音は下の唇を上下の前歯ではさむようにして摩擦を起こすことで調音される．英語にも含まれる発音であるから，日本の学生は知識として持っているが，スペイン語発音で習慣的に調音できるようになるにはかなり意識的な練習が必要である．それというのも，学生の多くがスペイン語の文字 f を上下の唇を使って両唇摩擦音で発音しているからである（それでも実際の会話では，自分の表現したいことが文脈の情報からほぼ理解されるので不都合は感じない）．

### 1）スペイン系アメリカでの発音

　Montes によれば文字 f の発音の変種にもいろいろあるが，無声唇歯摩擦音音素 /f/ には唇歯音 [f]，両唇音 [ɸ]，気音 [h] がよく観察される異音となっている（「そとに」の afuera は [afwéra]，[aɸwéra]，[ahwéra]）．

### 2）唇歯音と両唇音

　スペイン系アメリカの大部分において唇歯音と両唇音が並存している．Frago y Franco (115-6) などがその地域としてあげているのはメキシコ，アンティル諸島，中央アメリカ，（唇歯音が優勢な中央部をのぞく）コロンビア，ベネズエラ，（東部では両唇音が優勢な）エクアドル，パラグアイ，チリである．とはいえ，音環境によってどちらかの調音が優勢になる地域もある．たとえば Vaquero (I, 42) によれば，アンティル諸島では二重母音 [we] の直前では両唇音が好まれる（fuera「そとへ」[ɸwéra]）．また，上記のコロンビ

— 78 —

アやエクアドルのカッコ内の条件でもわかるように，おなじ国のなかでも地方によって優勢となる調音の傾向が異なるという現象も見られる．

## 3）気音発音

Frago y Franco (116) によると，文字 f の異音が気音の [h] になる現象が観察される地域は，ニューメキシコ州，テキサス州，（パナマ以外の）中央アメリカ，（低社会層の）コロンビア，ベネズエラ，パラグァイ，ウルグァイなどである．また，エクアドル，ペルー，チリ，アルゼンチンでも気音化が観察されるが，それが一般的に起こるのは文字 f が後部系列母音の前に位置するときである (teléfono「電話」[teléhono], difunto「故人」[dihúnto])．メキシコ南部の諸州では前部系列母音の前でも気音化が起こっている (afirmar「肯定する」[ahirmár], enfermo「病人」[enhérmo])．そしてベネズエラでは内破音の f にも気音化が観察されている (naftalina「ナフタリン」[nahtalína])．

café「コーヒー」が [kaxwé] となる場合のような両唇・軟口蓋の気音 [xw] は，Montes によるとコロンビアやペルーの太平洋沿岸部で観察されるが，Vaquero (I, 43) によると都会部の低社会層やウルグァイの田舎でも聞かれるという．

気音化が標準発音ではないという意識のある場合には，気音発音が標準的な文字 j の調音を過度に矯正するというケースも観察されている (jugar「遊ぶ」[fuɣár])．

## 4）気音化の関連現象

今日アメリカ・スペイン語で観察されている文字 f の発音の気音化という現象は，カスティリア語（スペイン語）に古くから観察されている語頭音 f の気音化と類似している．この両者の現象は，共時的にみればまったく別の現象であるが，通時的にはよく似た変化であるといえる．ラペサを参考にしてカスティリア語での語頭音 f の気音化という現象を略述すると以下のようになる．

ラテン語で母音に続く語頭音 /f/ は，カスティリア語では気音 [h] になった．この現象はバスク語圏に隣接するカスティリア地方で 9 世紀から 12 世紀に起こったことで，唇歯音 [f] の発音をきらうバスク語の影響が考えられてい

る．この気音化はすべての語頭音 f に起こったのではなく，単語によって気音化したりしなかったりしていた．

　スペイン語が新大陸に移植される15世紀末から16世紀初頭にかけての時期には，表記の面（文学表現）では語頭の文字 f が多数残っていたものの，それよりもはるかに一般化していたのは文字 h であり，16世紀に入るとこの表記が固定した（holgar「休む」<ラテン語 follicāre, herir「傷つける」<ラテン語 ferīre など）．この現象はさらに進展して，旧カスティリア地方（カスティリア地方のおよそ北半分）では，この頃にはすでにその気音発音もされなくなっていた．現在と同じように無音の h になっていたのである．

　黄金世紀（16世紀から17世紀）になると，教養語や法律用語などの特別な語法を除いて，語頭の文字 f が文字 h に代替されていたし，この文字 h は旧カスティリアでは以前から発音されなくなっていた．そして田舎語ではその特有の現象として二重母音 [we], [je] の前の f が気音で発音されたり（fuerte「強い」[hwérte]，動詞 ir「行く」や ser「である」の活用形の fue [hwé], fiebre「熱」[hjébre]），また fe「信仰」[hé], perfecto「完全な」[perhéto] などの気音 [h] が残っていたりした．他方，おなじラテン語から変化したのにそのまま古めかしく文字 f を残すことばと h になっていることばとが，この時代に二重語形として固まる現象が起きた．たとえば fallar「判決を下す」は法律用語として，hallar「見つける」は日常語として使用されるようになったし，ほかにも falda「スカート」と halda「大袋」，forma「形」と horma「（靴などの）型」などがある．

　ラテン語の /f-/ に由来する気音は，16世紀の中頃には旧カスティリアで完全に発音されなくなっていたが，この無音化はその後，新カスティリア（カスティリア地方のほぼ南半分）でも起こり，さらにイベリア半島南部にも広がっていった．しかしながら，現在でもスペイン南部では非教養階級の話し手たちのスペイン語には，この語頭音の気音発音が維持されている．すなわちエストレマドゥラのほぼ全域とアンダルシアのあちらこちらでは気音発音が一般化して残っているのである．

　この気音発音はスペイン系アメリカの全土にわたって平俗語や田舎語で残っているが，その保存の度合いや出現頻度は地方や社会層によってまちまちであり，一定していない．そしてその調音は軟口蓋音素 /x/ の発音と同一化していて，juntar「合わせる」を [huntár] と発音するのが標準的であるところ

では huir「逃げる」も [hwír] と発音され，前者が [ɸuntár] と発音されるところでは後者も [ɸwír] と発音されている．（フランス語 haler からスペイン語に入った水夫用語の halar「（船などを）綱で引っぱる」が，北米やカリブ海域や南米北部のアメリカ・スペイン語に入って「引っぱる」という意味の一般語になっている．その単語は halar とも jalar とも表記されているが，この二重表記にも問題の現象との関連が想定される．）

　以上のような経過が理解されれば，現在アメリカ・スペイン語で起こっている文字 f の発音の気音化という現象がカスティリア語の古い現象と，現象の類似性という点で関連づけられることが理解されよう．

　ラテン語の語頭の f から変化して h で記述されていることばにおいて，その h が気音で発音され続けている現象は，現在のスペイン系アメリカではあちらこちらで観察される．たとえば hambre「空腹」, hacer「する」, hallar「見つける」などの語頭の文字 h が気音で発音されている．

## 9．文字 b, d, g の発音

　これらの文字はそれぞれ有声閉鎖音音素 /b/, /d/, /g/ に対応する．これらの音素についても，まず，スペインの標準発音における異音のことを復習しておくほうがいいだろう．

### 1）音素 /b/, /d/, /g/ の標準発音での異音

　これらの3音素が母音の前に位置するとき，その異音には2種類ある．閉鎖音と摩擦音である．頻度は摩擦音のほうが多いが，音素としては有声閉鎖音である．

　文字 b は（文字 v とともに）有声両唇閉鎖音音素 /b/ に対応する．この文字は休止の後ろと鼻音の後ろに位置するとき，閉鎖音 [b] に調音される．日本語のバ行の子音部分と同じように，上下の唇を閉じて一気に破裂させて調音する．その他の場合にはたいてい摩擦音 [β] になる．上下の唇を接近させ，かすかに開いた隙間で摩擦を起こすことで調音される．この発音がわかりやすいのは母音と母音にはさまれた位置である．

　文字 d は有声閉鎖歯音音素 /d/ に対応する．その発音は文字 t（無声閉鎖歯音音素 /t/）と同様，上の前歯の裏側に舌の先をつけて閉鎖し，その閉鎖を

一気に破裂させて調音される歯音である．文字 d は語頭に位置するときや子音の l と n の後ろに位置するとき，閉鎖音 [d] に調音される．そしてその他の母音間などの位置では摩擦音 [ð] になる．

　スペイン語の閉鎖音 [d] の発音は日本語のダ行の子音部分と同じであると説明されることがあるが，日本語の /d/ は一般的に歯茎で調音される閉鎖音であるから，それと同じであると考えてはいけない（上の門歯の裏でなら，摩擦音を出すのはさほど難しくはないが，歯茎に舌尖をつけて摩擦させるのはきわめて困難である）．

　文字 g は，母音 i, e が後続しないとき，有声軟口蓋閉鎖音音素 /g/ に対応する．文字 g が休止の後ろに位置していて次に母音の i と e が来ないとき，そして鼻音の後ろに位置するときには，閉鎖音 [g] に調音される（動詞 tener「持つ」の活用形 tengo の g など）．それ以外の母音間などに位置するときには摩擦音 [ɣ] に調音される．[g] の調音部分（軟口蓋）をきっちり閉鎖せず，わずかに隙間を残し，その部分で摩擦を起こして出される発音である．

　これらの 3 音素は母音間に位置するときの異音は摩擦音であるから，たとえば abogado「弁護士」という単語は一度も息を止めることなく発音されることになる．練習してみよう．

## 2）アメリカ・スペイン語での発音

　前述の Montes の解説を復習しよう．アメリカ・スペイン語でこれらの子音の発音を調べるには，まず，調音が閉鎖音なのか摩擦音なのかを，そして，いずれかになるときの音声環境を見きわめる必要がある．3 音素ともどんな子音のあとでも閉鎖音になるのか，コロンビアのように d だけが子音のあとで正常に閉鎖音になるのか，b は大抵の場合に閉鎖音になるのか，g は n のうしろに来るときだけ閉鎖音になるのか，などを調べなくてはならない．さらに，b の母音化発音や g, d の省略発音もある．

## 3）音素 /b/, /d/, /g/ の発音の弱化と強化

　この 3 音素の異音は，スペインの標準発音では特定の音環境によって閉鎖音になるときと摩擦音になるときがある．結合変異の調音であり，自由変異の調音ではない．そして基本的には，その調音が弱化するということは閉鎖音発音が摩擦音になること，強化するということは摩擦音発音が閉鎖音にな

ることを意味する．摩擦音発音が弱化すると，[β] などは半子音の [w] の発音に近くなったり消失したりする．アメリカ・スペイン語では自由変異の発音が聞かれるが，音環境に規則性がないので，どの地方にしても一般的な傾向が見つけにくい．しかし全体では弱化の傾向が強い．

　3音素が，標準発音で摩擦音になる音環境で閉鎖音になる現象があちらこちらで観察されているが，その程度には3音素がどのような音環境でも常に閉鎖音になる段階から（中米のいくつかの地方など），特定の音素が特定の音環境でだけ閉鎖音になる段階まで，さまざまな程度が存在する．

## 4）歯音音素 /d/ の異音

　この音素の異音には「閉鎖音－摩擦音－かすかな摩擦音－消失」という段階が想起されるが，そのうち「かすかな摩擦音」が大多数の調音となっている．そして一般的に，母音間の位置にある場合には極端な弱化が起こっている．

　-ado に代わる発音の -ao は，スペインでは許容されている俗語的な発音であるが，すくなくともメキシコとアルゼンチンでは低俗すぎると受け取られていて標準発音では d の省略が避けられる．さらに，それを補強して desgraciaddo（← desgraciado「不運な」）のような調音などもあるほどである（ラペサ，640-641）．また Frago y Franco (98) によると，-ado, -ido という語尾において母音間音のdが消失することから，母音の音色が変わる可能性もある．各地の研究で報告されている．a-o＞au, i-o＞iu の変化である．そこで [asáu̯]（＜asado ← asar「焼く」）[bestíu̯]（＜vestido ← vestir「着せる」）などとなる．さらに，よく見られることであるが，その消失に関して過剰訂正の現象（もともと母音間に -d- が含まれていないのに，その位置にdをおぎなう現象）も観察されている．Vaquero (I, 13) によると，たとえば tareda（← tarea「仕事」），vacido（← vacío「からの」）などがある．

　語末の -d もスペインと同じく，一般的にほとんど発音されない．しかしアルゼンチンではこの音を意識的に維持しようとする，[parét]（← pared「壁」）や [bondát]（← bondad「好意」）の発音も聞かれる（ラペサ，641）．

## 5）両唇音音素 /b/ の異音

　この音素の調音も母音間で弱化するが，その弱化が一層進むと，聴覚的に

は半子音[w]のような印象を与えるようである．この発音については，筆者のボゴタの友人（典型的なボゴタ生まれの紳士）のエピソードがある．数年のあいだ日本で外交官の仕事をしていて日本の商談の秘密をさぐっていたが，帰国後のあるとき，自分の理解を確認すべく手紙をくれた．そのなかにNEMABASIという単語が含まれていた．もちろん「根回し」のことであるが，彼は日本語の「わ」waの発音を聞いてその音を自分のスペイン語の音韻体系に忠実に再現してBAと記述したのである．このことから，この両唇音音素/b/の異音の調音が彼の所属する社会のスペイン語でどれほど弱化しているかがわかる．

## 6）軟口蓋音音素 /g/ の異音

　この有声音素の異音で興味深いのはチリの発音である．Vaquero (I, 29) によると，一般的にチリではこの異音が前部系列母音の前に位置するとき，有声前部硬口蓋摩擦音になる．その現象はこの音素が語頭にあっても（guerra「戦争」[jéra], guinda「プルーン」[jíṇda]）語中にあっても（siguiente「つぎの」[sijénte], pague（← pagar「払う」の活用形）[páje]）等しく起こるようである．彼女はまた，音素/g/が母音の/e/や/i/の前で調音点が軟口蓋から前部硬口蓋へ前進するこの現象は，無声軟口蓋閉鎖音音素/k/の調音点が前進して外国人の耳に[kj]のように聞こえる現象と並行的である，という見方を紹介している．本書の発音記号なら[ç]のことである．

　チリにおけるこの軟口蓋から硬口蓋への調音点の前進という現象は，後述の第11節で見てゆくように，軟口蓋摩擦音/x/の異音の調音にも観察されている．

## 7）無声閉鎖音音素 /p/，/t/，/k/ の異音の有声化現象

　上記の3種類の有声閉鎖音音素の対になっている，おなじく3種類の無声閉鎖音音素は，スペイン系アメリカでも一般的に無声音の異音に対応するが，Vaquero (I, 26) によると，あちらこちらで有声化の現象が観察されている．たとえばcampana「鐘」が[kambána]に，antes「前に」が[ándes]に，capa「マント」が[gápa]になる現象である．しかしながらこの現象についてはその広がりも程度の強弱も詳しくはわかっていない．

## 8）スペイン南部での現象

　アメリカ・スペイン語に見られるさまざまな調音現象の大部分はスペインでも，とくに南部で観察されている．

　ラペサ (544) によると，スペイン南部では語中の有声子音の調音の弛緩が北部や中部よりも激しい．/d/ は母音間で省略されるのが普通であるし (quedar「どどまる」[keár], vestido「衣類」[bestío])，二重子音 dr においては消失するか (padre「父親」[páre], madre「母親」[máre])，または母音化する (padre [páere, páire])．/g/ と /b/ は /d/ よりも安定しているとはいえ，消失の現象がよく見られる．

## 10. 鼻音の発音

　スペイン語の子音には3種類の鼻音の文字があり，鼻音音素も3種類ある．両唇鼻音音素の /m/，歯茎鼻音音素の /n/，硬口蓋鼻音音素の /ɲ/ である．それぞれの異音の，スペインの標準発音における調音の様子を見てみよう．

### 1）スペインの標準発音

　子音文字 m は上下の唇を閉じて息を鼻から出して調音され，鼻音音素 /m/ に対応する．この異音は，語末の位置を占める場合以外は一種類 [m] である．語末に位置するのは他言語からの借用語であり，[n] に調音される（ドイツ語がラテン語から採用し，フランス語をへて19世紀中頃にスペイン語に入った álbum「アルバム」[álbun] など）．

　子音文字 n は歯茎音の鼻音音素 /n/ に対応するが，内破の位置では後続子音の特徴を取り入れて発音され，結合変異の調音として何種類かの異音が生まれる．たとえば両唇音が後続すれば両唇鼻音になり (inmoral「不道徳な」[immorál])，軟口蓋子音が後続すれば軟口蓋鼻音になり (tango「タンゴ」[táŋgo])，once「11」のように歯間音が後続すれば歯間の位置で閉鎖する鼻音になる．

　子音文字 ñ に対応する硬口蓋音の鼻音音素 /ɲ/ の異音は常に [ɲ] であり，日本語の「ニャ」の子音部分と同じように調音される．文字 ñ はスペイン語本来の語彙では語中の音節頭部で母音の前に現れ，内破や語末の位置には来ない．語頭に現れるのは ñame「ヤマイモ」などの借用語の場合である．

概説　アメリカ・スペイン語

　このように鼻音音素はさまざまな異音に対応し，音節頭部ではそれぞれ音韻的価値を持っている．しかし /m/ と /n/ は内破の位置でその価値を失い，中和して原音素 archifonema の /N/ になる（simple「単純な」の m や sin par「比類のない」の n は，[m] で発音されても [n] で発音されても意味は変わらないという現象）．

## 2）スペイン系アメリカでの発音

　Montes によれば，つぎのような調音現象が問題になる．両唇鼻音音素 /m/ の異音はまれに無声音化したり省略されたりするし，硬口蓋鼻音音素 /ɲ/ の異音は調音部位がずれて閉鎖が消失することがあるし，歯茎鼻音音素 /n/ の異音（語末）は軟口蓋音や両唇音になるが，発音が省略されることもある．また，コロンビアの一部やメキシコの一部では r や s のうしろに弱い鼻音が付加されることもある．

## 3）原音素 /N/ の異音

　上記のように，/m/ と /n/ は内破の位置で中和して原音素 /N/ になるが，Vaquero (I, 52-53) によると，（スペイン系アメリカの一部では）その原音素の異音として軟口蓋音の発音が目立つという．その傾向は後続の子音のいかんによらず，また休止の前でも見られる．この軟口蓋音化はアンティル諸島やベネズエラ・コロンビアのカリブ海沿岸地方の特徴となっている．内破鼻音の調音の磨耗現象の一過程にあたり，この現象が強まると，Montes も指摘しているように発音されなくなる．

## 11. 軟口蓋摩擦音の発音

　スペインの標準発音では，文字 j や ge, gi の子音 g は無声軟口蓋摩擦音音素 /x/ に対応する．そしてその異音 [x] は軟口蓋での強い摩擦によって調音される．日本語ではこの発音がどの音素の異音ともなっていないので，日本語話者がスペイン語のこの異音を発音するとき，ハ行の子音で代替する傾向が強い．しかし日本語のハ行の子音は1種類ではない．ハ・ヘ・ホの子音は声門の摩擦によって調音される気音 [h] であり，ヒの子音は弱い硬口蓋摩擦音 [ç] であり，フは両唇摩擦音 [ɸ] であるが，そのどれもスペインの標準語に

# 第2章 アメリカ・スペイン語の発音

おける問題の発音にはならない（しかしながら後述のように，アメリカ・スペイン語ではこの音素に日本語のハ行の子音と同じ発音が対応することがある）．

## 1）スペインの標準発音

音素 /x/ について，スペインで一般的に聞かれる異音は上記の無声軟口蓋摩擦音 [x] と，声門や咽頭で調音される気音 [h] である．前者は北部や中部の諸方言で聞かれるスペインの標準発音であるし，後者は南部やカナリア諸島で聞かれる一般的な発音であるが，これはまたアメリカ・スペイン語の広い地域でも聞かれる調音である．日本語話者は，ja, je, ge, jo に関する限り，スペイン南部やスペイン系アメリカの発音なら問題がないが，ji, gi や ju の場合には，日本語的にならないように注意する必要がある．

## 2）無声軟口蓋摩擦音音素 /x/ の異音

Montes によると，アメリカ・スペイン語におけるその調音には，柔らかな軟口蓋音・咽頭音・咽頭軟口蓋音がある．また，前部系列母音（e, i）の前では硬口蓋音化することがある．

代表的な発音は前2者，すなわちスペイン北中部の標準発音よりも弱い摩擦で調音される軟口蓋音と声門や咽頭での軽い摩擦で調音される気音である．この2種類の発音は地方ごとにどちらかの傾向が強いものの，スペイン系アメリカの各地で並存している．そしてまた，同一の地方や同一の個人でも両者の発音が並存することが多い（Obediente, 440）．チリでは特別な音環境において硬口蓋音が現れるという．その様子を次に見てみよう．

## 3）チリの硬口蓋調音

チリでは無声軟口蓋摩擦音音素の異音が硬口蓋摩擦音になる．この発音は日本語話者にとって理解しやすい．日本語「ヒ」の子音と非常によく似た方法で調音されるからである．以下にその様子をラペサ（593）に従って解説しよう．

チリでは母音 /e/, /i/ の前に位置する文字 g, j の調音はスペインのカスティリア地方の軟口蓋音 /x/ にもスペイン南部の咽頭気音 [h] にも一致せず，無声中部硬口蓋摩擦音 [ç] で発音され，その後ろに一種の半子音 [j] を生

み出すことが多いので，jefe「上司」は [çéfe] とか [çjéfe] と発音されることになる（日本語話者の耳にはそれが「ヒェフェ」であるかのように聞こえるし，mujer「女性」は「ムヒェル」，gente「人びと」は「ヒェンテ」のように聞こえる）。しかし文字 j は母音 /a/, /o/, /u/ の前にあるときには柔らかい軟口蓋摩擦の /x/ に対応する。

チリではこれと平行して，有声軟口蓋閉鎖音音素 /g/ も母音 /e/, /i/ の前に位置するとき，軟口蓋で調音されず，前部硬口蓋が調音部位となる。その調音はスペインの標準語の [j] に似ているが，調音点はそれよりも口腔の奥に寄っていて開きが一層狭くなっている（guerra「戦争」[jéra]）（ラペサ，594）。（上記の第9節第6項を参照のこと）。

## 4）通時態の情報

本章の第6節第6項の「S音法とC音法」で解説したように，古スペイン語には2種類の前部硬口蓋摩擦音音素があった。ひとつは文字 x に対応する無声音音素 /š/ であり，もうひとつは文字 gi, j に対応する有声音音素 /ž/ であった。中世に入ると有声音のほうが無声化し，音素としてはひとつ（/š/）になったが，この調音では別の音素である無声歯茎摩擦音音素（/s/）の異音と混同してしまうので，それを避けるために，16世紀には調音点を口腔の後部に後退させ，軟口蓋音化した。そして17世紀の中頃にはこの軟口蓋発音（/x/）が完全に定着した。それと同時に，この軟口蓋摩擦音音素に対応する文字も j か g（+i, e）になった。

現代スペインの標準語では，文字 x は母音間で [ks] と，そして子音の前に位置するときは [s] と発音される（これらの [s] はカスティリア語なら [ṡ] になるだろう）。しかし例外的に，文字 x が発音 [ks], [s] に対応しないことがある。たとえばメキシコ市の水郷で有名な観光地の Xochimilco「ソチミルコ」などの，メキシコの固有名詞のいくつかである。その場合，文字 x は中世スペイン語のように [š] と発音されるか，あるいは [s] と発音される。また，メキシコという国名はスペインでは j を使って Méjico と書くのが普通だが，当のメキシコでは一般的に x を使って México と書かれる。しかし発音は文字 j と同じく [méxiko] である。これはメキシコの先住民語（ナワ語）に無声硬口蓋摩擦音音素 /š/ が存在していて，スペイン人が彼らと接触したとき，その異音を当時のスペイン語の文字と発音との対応に従って，文字 x で表記した

ことに端を発する．スペインでは当該音素が軟口蓋音に変わって文字 x も j や ge, gi に変えられたが，メキシコでは先住民語系の固有名詞を尊重する意味で文字も発音も残されている．

## 12．強勢など

　アメリカ・スペイン語の音声・音韻面の諸特徴を説明してきたが，上記以外に，単語の強勢（アクセント）や文の抑揚（イントネーション）や分節などにも特徴がある．

### 1）強勢

　Montes はアメリカ・スペイン語の検討課題として強勢（アクセント）にも言及している．まず，その位置がずれることであるが，この現象はたいていが田舎語や俗語の特徴であり，教養語レベルではなくなりつつある（「根」raíz の [ráis] や「トランク」baúl の [bául] など）．ラペサはこの現象を次のように解説している．

　現代スペインの俗語では，分立する 2 母音が二重母音を形成する傾向を見せているが，それによってスペイン北部・中部で máestro 'maestro'「師匠」, ráiz 'raíz'「根」, bául 'baúl'「トランク」といった強勢の移動という現象が起こっている (509)．そしてこのスペイン北部系の強勢のずれはスペイン系アメリカの大陸部全体に広がっている（スペイン南部の方言が主流となるアンティル諸島は例外）(619)．

　また，アクセントの型にもアメリカ・スペイン語にはスペインとの相違が見られる．現在のスペインの規範では強弱型が一般的な単語（amoníaco, policíaco, cardíaco, austríaco）がアルゼンチンなどの教養語規範では強弱弱型（amoníaco, policíaco, cardíaco, austríaco）になっている (641)（語義はそれぞれ「アンモニア」，「警察の」，「心臓の」，「オーストリアの」）．この現象はベネズエラでも観察されている．さらに，話し手の主観的基準に従っている現象だが，démocracia 'democracia'「民主主義」, hombré 'hombre'「もちろん！」, digalé 'dígale'「あなた，彼に言ってください」などのように，強勢を語頭に置いたり語末に置いたりして特別な感情を表現する現象もコスタリカやチリで観察されている（Frago y Franco, 120）．

他方，外来語の強勢の位置が，スペインの標準語とずれていることがある．たとえば英語の meeting は「(政治的) 集会」の意味で，スペインでは mitin となるがスペイン系アメリカでは mitín であるし，フランス語の chauffeur「運転手」はスペインで chófer が規範的であるのにスペイン系アメリカでは広い地域で chofer が一般的である．おなじくフランス語 bébé「赤ん坊」はスペインで bebé となっているのにスペイン系アメリカでは広範囲で bebe (女性形は beba とも) の語形で借用されている．

## 2) 抑揚

　イントネーション (抑揚) は耳で聞いて違っていることがよくわかるが，その違いを客観的に提示することは難しい．印象にすぎないものの，メキシコ人は無強勢音節を不安定なまでに短縮し，アルゼンチン人は強勢の前と強勢音節でゆったりとした引き延ばしをするし，キューバ人は発話を全体にゆっくりと展開する．アメリカ・スペイン語の抑揚はスペイン北部・中部のカスティリア語の抑揚とはかなり異なっているが，そこには先住民諸語の影響がありそうだ．スペイン系アメリカでは抑揚のパターンが豊富に存在し，旋律が上昇・下降の変化を豊かに含んでいるが，他方，カスティリア語では抑揚をおさえて，発話をひとつの均衡のとれた諧調のあたりに維持する傾向がある (ラペサ, 599)．これらの現象を客観的に分析する仕事がすでにいくつか発表されているが，スペイン系アメリカの抑揚の概略的な傾向を提示する研究はまだ発表されていないようだ (cf. Frago y Franco, 118-9)．

## 3) 分節

　スペイン系アメリカにおける分節に関しては地方差が少ない．しかし面白い現象が全域において観察されている．二重子音に関連する現象である．
　スペインの標準語では，pl, pr ; bl, br ; fl, fr ; cl, cr ; gl, gr ; tr ; dr の子音群は音価として 1 子音の扱いを受け，二重子音と呼ばれている．そこには tl という組み合わせは含まれていない．子音群 tl の t と l は分かれて前後の音節に属し，ときに閉鎖音のほうの発音が消えることもある (atlas「地図帳」[át-las], [á-las], atlántico「大西洋の」[at-lántiko], [a-lántiko] など)．しかしながらアメリカ・スペイン語ではこの子音群が二重子音として扱われることがある (atlas [á-tlas], atlántico [a-tlántiko] など)．しかしプエルト

リコは例外であり，そこではスペインの標準語のように [át-las] となるか，さらに閉鎖音が有声化して [áδ-las] になるか，あるいはその他のスペイン系アメリカのように [á-tlas] となる (Frago y Franco, 119)．

　メキシコのスペイン語には先住民語（ナワ語）の影響によってこの子音群 tl の二重子音化が目立っている．そしてこの子音群は，スペインの標準語では許されない位置，すなわち語頭や語末の位置を占めることもある（先住民語系語の tlapalería「金物雑貨店」，náhuatl「ナワ語」など）．

# 第3章　アメリカ・スペイン語の形態統語法

## 1．はじめに

　第3章ではアメリカ・スペイン語の文法，すなわち形態統語法のいくつかのテーマについて解説する．

　ヨーロッパで伝統的に使用されてきた術語の「文法」gramática は，言語の仕組みを全般的に説明する諸体系であるから，伝統的に音声の問題も含んでいた．たとえば，スペインの王立アカデミアが1973年に出版した『新スペイン語文法の素描』Esbozo de una nueva gramática de la lengua española は音声と音韻を扱う「音韻論」fonología，語形変化を扱う「形態論」morfología，単語を組み合わせて文を作る仕組みを扱う「統語論」sintaxis の3部構成になっている．「文法」はこのように広い意味で使われてきた．そこから「音韻論」をはずし，残りの2分野をひとつにして扱いたいとき，「形態統語論」morfosintaxis という呼称を使う（使い方を問題にするときには「形態統語法」と呼ぶ）．この呼称は，文の組み立ての規則が特定の語形変化を要求するときには「形態論」と「統語論」を分けて扱うのが不便なので，この問題を解決するには都合のいい呼び名でもある．本書はこの「文法」の章で，音声・音韻は扱わず，形態論と統語論をひとつの研究分野として解説する．アメリカ・スペイン語の形態統語法の解説である．

　第2章と同じように，この章でもまずはじめに，アメリカ・スペイン語の形態統語論で扱われるテーマとその様相に関する Montes (1995, 170-3) の列挙を，本人のコメントを加えながら紹介してみよう．

### 1）ボス法とその他の待遇表現

　ボス法 voseo はスペイン系アメリカに広く見られる現象であるが，その使用地域や程度の大小や社会的評価は国によってさまざまである．これ以外の待遇表現にも注目する必要があるが，それについても地理的・社会的な広が

りと評価を研究するべきである．

　ボス法の動詞は基本的に二人称複数の活用形であるが，cantar「歌う」の直説法現在なら cantás, cantáis, cantai があるし，decir「言う」の直説法未来なら dirás, dirés があるし，venir「来る」の直説法完了過去（点過去）なら vinistes, vinites がある．接続法現在なら salir「外に出る」の salgás や venir の vengás があり，命令法なら entrar「入る」の entrá や mirar「見る」の mirá などがある．代表的な人称代名詞形は主格の vos や前置詞格の a vos, para vos であるが，たとえば tener「持つ」の直説法現在なら tú tenés, vos tienes のような，人称代名詞と動詞活用形が交差する組み合わせもある．さらに，三人称の代名詞を使う usted tienes なども考慮するべきである．

　そのほかの語形も検討しなくてはならない．コロンビアの su merced とか，su persona, don, doña, misiá, señor, señora, señorita などである．

## 2）代名詞の統語法

　人称代名詞に関しては以下のような注目すべき現象がある．前置詞格の位置に主格をもってくる a yo や para yo のような語形の代用現象，男性形と女性形が区別されずにひとつ（男性形）になる性の中和現象，三人称与格の代名詞 le の単数形が No *le* tengo miedo *a las balas*.「鉄砲玉なんかこわくない」のように複数形の名詞に対応する数の中和現象，三人称代名詞の与格と対格が Se *los* digo [a ustedes].「私はあなた方にそれを言う」のように交差する現象である．

## 3）名詞の性の揺れ

　スペインの標準語と比べて，名詞の性の扱いに特異な現象が見られる．男性形にも女性形にも扱われる el / la calor「暑さ」, el / la costumbre「習慣」, el / la azúcar「砂糖」があるし，珍しい女性形の la abogada「女性弁護士」, la médica「女医」, la gerenta「女性経営者」, la tigra「メス虎」もある．

## 4）名詞の数の表示

　名詞の複数形を表示するのに papá「お父ちゃん」の papás‐papaes‐papases や ají「トウガラシ」の ajís‐ajises があるし，複数形の形態素がつかなかったり（「コーヒー」の un café‐tres café），あらたな複数形の形態素

が作られたりする（「駐車場」の playa‐pláyase）．

## 5）接尾辞

示小辞 diminutivo・示大辞 aumentativo・比較級・最上級について，その語形と意味表示を調べる必要がある．

## 6）名詞の語形成

名詞がさまざまな手段を使って形成されている．接頭辞や接尾辞の付加（pensadera「くよくよ思い悩むこと」，minifalda「ミニスカート」，frutería「果物店」など），複合（tragatallos＜tragar＋tallos「キャベツ好きな（人）」，jetimorada＜jeta 'boca'＋morada（color）「唇の赤い（人）」，Matecaña＜mata de caña「（地名）マテカニャ」など）がある．さらには隠喩の利用（chapola「吸殻（←「蝶」）」），省略（tinto「ブラックコーヒー（café tinto ← tinto「染まった」）」）もある．

## 7）動詞の形態統語法

事実の伝達や感情表現のために使われる動詞形とその意味を調べる必要がある．たとえば丁寧表現の直説法未完了過去（線過去）（Quería rogarle un favorcito.「ちょっとお願いがあるのですが」）や確からしさを示す直説法未来など．

スペインの標準語では単数形が使われるのに複数形になる現象がある．無人称構文（「お祭りがあった」の Hubo / Hubieron fiestas. や「オレンジが売っている」の Se vende(n) naranjas.）や時間表現（「5年になる」の Hace(n) cinco años.）など．

動詞の迂言法の形や用法や意味を確かめる必要がある．起動相と未来時を表示する voy a estudiar.「私は勉強しよう・勉強するつもりだ」，Pienso salir.「私は出かけよう・出かけるつもりだ」，起動相表示の Echó a gritar.「彼は叫びだした」，Dijo a llover.「彼は泣きだした」，義務と未来時を表示する Ha de venir.「彼は来るべきである・来るだろう」など．

## 8）前置詞の用法

前置詞の用法と意味にも注意しなくてはならない．Hasta hoy (no) vino.

「彼は今日来た」，caer en cama / caer a cama「病気になる」，con base en / con base a「～に基づいて」などがあるし，接続詞 que の前に前置詞 de を置く用法と置かない用法，などもある．

## 9）文の配置など

等位節と従属節，条件節，副詞節の扱い方，SVO とか OVS などの語順，化石化した強調文型（対比による強調表現で Quiere es vino.「彼が欲しいのはワインだ」）などを調べる必要がある．

以下ではこれらのテーマのいくつかについて詳しく説明してゆこう．★

## 2．代名詞：その1

この第2節では，代名詞のなかの人称代名詞の一部と所有代名詞（所有詞），前置詞格代名詞などを扱う．

### 1）人称代名詞の主格

人称代名詞の主格形（その多くは前置詞格形にもなる）は，今日のスペインの標準語では単数形で yo・tú・él・ella・usted・ello，複数形で nosotros(tras)

---

★ アメリカ・スペイン語の文法（形態統語法）の研究に関しては，20世紀末の時点でそれまでの諸研究を総括・評価した論文に Álvarez Martínez の *La gramática española en América* がある．それによると，スペイン系アメリカの全域を網羅する資料にもとづいてその体系を構築する研究はいまだ存在しないものの，それに近い内容で最新のものとして，Joaquín Montes の *Dialectología general e hispanoamericana* と José G. Moreno de Alba の *El español en América* が紹介されている（41以降）．また，この分野の古典的な研究である Charles E. Kany の *Sintaxis hispanoamericana*（初版は1945年）はラペサなどにとっても第1級の資料となっているが，Kany が引用する用例が文学作品に限られていることで言語使用の実態に関する資料としては限界があるという指摘もある（52）．さらに，Kany についてはその引用例が田舎語や平俗語に偏っているという指摘もあるが（Frago y Franco, 121），私たちにとっても，アメリカ・スペイン語の形態統語法の全体を把握するには，依然として第1級の資料となっている．

上記の Álvarez Martínez は，私たちが今後この分野の研究を展開するときの文献案内として役に立つ．また，最新の総合的な研究資料としては Frago y Franco の *El español de América*（2003）がある．

-vosotros(tras)-ellos・ellas・ustedes のようになっている．

## (1) その歴史

　しかし中世スペイン語では違っていた．その経緯を歴史的に見ると，いわゆる待遇表現の語形の変遷ということになるが，それは次の第3節でラペサなどに従って略述する．ようするに中世の終わるころには，一人称と二人称の単数形には，yo と tú のほかに，つぎのような用法があった．一人称複数の nos を話し手の権威を表現するために一人称単数（話し手自身）を指すのに使用し，待遇表現では特別な意味の対象とならない（すなわち無標の）一人称複数（複数の話し手）を指すにはその nos に otros「その他の人びと」を加えた nosotros を使用する方式が固まってきていた（一人称単数を指す nos の使用は17世紀でもまだ頻繁に使われている）．vos と vosotros も話し相手への尊称として，中世末ごろにはおなじような使い分けがなされていた．すなわち，尊称で扱うべき単数の話し相手に（本来は二人称複数形の）vos を使い，待遇表現では中性である実際の複数の話し相手（二人称複数）には vosotros を使うようになっていた．そもそも tú と vos は，単に話し相手の単数・複数を表示していた段階から単数の相手に対する親称・尊称の対立をも表示するようになると，vos は二重の意味を表現することになる．14世紀に vosotros という語形が現れるまでは，無標の二人称複数形であると同時に尊称の二人称単数形でもあったのである．しかし15世紀になると，尊称の vos は，話し相手（二人称単数）への尊称の待遇表現として姿を現わしていた vuestra señoría とか vuestra merced（三人称単数形）（頻繁に使用されて＞vuesarced, vuesançed, voacé, vucé, vuced, vusted, usted と変化）と共存するようになるが，そうすると vos は権威の低い相手への尊称として使われることになり，しだいに尊称という意味を失ってゆく．そして tú と vos がどちらも，社会的に下位の話し相手に対して使われる待遇表現になる．17世紀になると古語として意識される vos は親称としても使われなくなっていき，単数の話し相手への親称としては tú が使われ，複数の話し相手に対しては尊称として ustedes, 親称として vosotros が使われる．この頃には上記の現代スペインの標準語の代名詞体系になっていた．

　他方，アンダルシア西部やスペイン系アメリカでは，この vosotros / ustedes の対立が存在せず，ustedes だけが使われている．また，カナリア諸島でも少数の例外はあるものの，vosotros のかわりに ustedes が使われてい

## 第3章　アメリカ・スペイン語の形態統語法

る．

### （2）アメリカ・スペイン語の二人称複数を指す ustedes

スペイン系アメリカの全域にわたる特徴である現象のひとつに（そしておそらくアメリカ・スペイン語の話者全員に共通する唯一の文法上の特徴として），この二人称複数形 vosotros の不在がある．vosotros はスペインの標準語では二人称複数の話し相手を指す親称の待遇表現であるが，南北アメリカではこの意味での待遇表現としても ustedes が使われる．それゆえ ustedes が親称でも尊称でも複数の話し相手を指すことになる．そしてつねに三人称複数の動詞活用形を伴う．以前は宗教的場面などの儀式的な演説で vosotros が使われることもあったが，現在ではそれもなく，いかなる状況にあっても（書きことばでも話しことばでも）ustedes だけが使用される．

### （3）前置詞格の yo

主格の yo が前置詞格の mí のかわりに使われる．

中央アメリカからペルーにかけての平俗なことばでは，人称代名詞 yo が前置詞格として使われる．el mal será para yo「不幸は私にむかってくるかもしれない」，se rieron de yo「みんな私のことを笑った」，le gustaba bailar con yo「彼は私と踊るのが好きだった」，lo que a yo me gusta「私が好きなもの」などである（ラペサ，627）．

### （4）usted の特別用法

スペインでは日頃から tú で呼び合っている話し相手に対して，特別なニュアンスを含めて usted で話しかけることがある．たとえば，母親が子供のわがままをしかるときなどである．しかし中米から南米北部・南部にかけて，親称として usted を使用する地域がある．スペインでのような特別な意味合いを表現するためでなく，たんなる一般的な待遇表現として使用するのである．

筆者がボゴタに滞在していた30年前には，ある程度親しくならなければ tú は使わず，挨拶する程度の相手ならもっぱら usted が一般的であった．しかしボゴタ北部は上流階級の住む地域であって面識のない店員などが tú で話しかけてくることもあった．他方，スペイン語研究者の仲間にボゴタ南部（社会的に高くない階層の人々が住む地域）の出身者がいたが，彼によると，家を出て出世した兄さんも若い頃は家にいて usted で呼び合っていたが，久しぶりに実家に帰ってくると家族の者を tú で呼ぶようになったという．ボゴタ

の，すくなくとも友人の研究者が属している社会では，usted が親称にも使われていたことになる．見方を変えれば，彼らにとって usted は待遇表現としては尊称も親称もカバーする（無標の）語形であり，その無標性は複数の話し相手を指す ustedes と同じ性格のものになるのだろう．

このように親称として tú のかわりに usted を使う現象はベネズエラとコロンビアのアンデス地域の特徴になっている（Ruiz Morales, 768）.★

## 2）所有詞

スペインの標準語では所有詞に語形の異なる2種類の系列がある．名詞の前に置かれる前置型（mi, tu, su, nuestro(tra), vuestro(tra), su とそれぞれに -s をともなう複数形）（後接タイプ）の語形と，名詞の後ろに置かれる後置型（mío, tuyo, suyo, nuestro, vuestro, suyo とそれぞれの語尾が -a になる女性形，-os, -as になる複数形）（前接タイプ）の語形である．また，人称代名詞によって所有を表すには，前置詞の de に前置詞格の代名詞（mí, ti, él, ella, usted, nosotros(tras), vosotros(tras), ellos, ellas, ustedes）という組み合わせを使うこともできる．

### （1）アメリカ・スペイン語の所有詞

つぎの第3節「ボス法と待遇表現」のところで紹介するように，スペイン系アメリカには古い形の代名詞 vos が残っているが，それにもかかわらず所有詞の vuestro(s), vuestra(s) という形が消失した．この現象は主格 vosotros の不在と関連しているかもしれないが，それは vos の存続と足並みを揃えてはいない．（同様に vosotros の系列の対格・与格の補語である os も消えてしまっている．）

### （2）su, suyo の用法

スペインの標準語では三人称の所有詞である su(s), suyo(s) は三人称の所有者に言及されるが，尊称の話し相手（単数 usted, 複数 ustedes）をもカバーしていて，親称の複数の話し相手が所有者であるときには vuestro(a, os, as) が使われる．しかしアメリカ・スペイン語では親称でも尊称でも複数の話し相手を ustedes で待遇するので，体系に従えば親称の相手でも尊称の相手でもその人たちが所有者であるときには su(s), suyo(s) で表示されるはず

---

★ チリにおける tú と usted の使い分けに関する興味深い研究に高橋がある．

だが，実際にはこれらの所有詞を単数の話し相手の尊称に限定し，すなわち de usted「あなたの（もの）」の場合にだけ使用し，その他の三人称のものを指すときや複数の話し相手を指すときには前置詞の de と前置詞格の代名詞を使用する傾向がある（de ustedes, de él, de ella, de ellos, de ellas）。だから ¿Juan estuvo ayer en su casa? は「ホアンは昨日あなたの家にいましたか」の意味になり，その他の三人称の所有者を指すには la casa de ustedes, la casa de él などの形が採用される。また，¿Este sombrero es suyo? は「この帽子はあなたのですか」の意味に限定され，その他の所有者に言及するには es de Juan などの形が使われる。

スペイン系アメリカでは vuestro の不在と歩調を合わせるかのように，一人称複数の所有詞 nuestro も使われなくなりつつあり，そのかわりに de nosotros が使われる（スペインの標準的な言い方の Esta casa es nuestra.「この家は私たちのものです」が Esta casa es de nosotros. になる）（ラペサ，623）。

### （3）所有詞の前置型と後置型

所有詞が名詞を修飾するとき，スペインの標準語ではたいてい名詞＋所有詞の語順になり，当然のことながら後置型の語形が使われる。しかしアメリカ・スペイン語では一般的に前置型が使われて所有詞＋名詞の語順になる。それゆえ待遇表現では，たとえば恋人や夫婦のあいだで相手を指す呼称のひとつとして，スペインでは amor mío が使われ，スペイン系アメリカでは mi amor が使われる。

この前置型の所有詞を待遇表現で使用する習慣は，スペイン語では古く11世紀の Mio Cid「我が主人」（スペイン最古の叙事詩『エルシドの歌』の主人公）にまでさかのぼることができるが，今日のスペインでは失われていて，現在では軍隊にのみ残る古語的な用法となっている。しかしスペイン系アメリカでは愛情表現において異常なまでに高頻度で使用されている。恋人や夫婦のあいだでは上記の mi amor のほかにも mi vida, mi corazón, mi cielo, mi encanto, mi negra などが使われるし，友人のあいだでは mi hermano, mi amigo などが，親子のあいだでは mi viejo, mi vieja, mi hijo, mi hijito などが，使用人から雇い主には mi doña, mi niña, mi amito などがあるし，ほかにも mi jefe, mi señor, mi profesor などが聞かれる（Rosenblat, 1969, II, 204-5）。

## （4）前置詞格代名詞と所有詞後置型

　スペイン系アメリカのあちらこちらで，人称代名詞が前置詞とともに副詞の後ろで使用される語連結において，前置詞＋代名詞のかわりに後置型の所有詞が使用されるという現象が起きている．前記の第2点や第3点と矛盾する使い方ではあるが，たとえば cerca de mí「私の近くに」が cerca mío に，atrás de ti「君の後ろに」が atrás tuyo に，delante de ella「彼女の前に」が delante suyo，encima de nosotros「私たちの上方に」が encima nuestro になる．とくにアルゼンチンではこの用法が規範的である．また所有詞の前置型が使われる場合もある（por detrás de él「彼のうしろに」が en su detrás に，delante de él が en su delante になる）（ラペサ，630）.★

## （5）古い疑問代名詞

　コロンビア，エクアドル，ボリビア，アルゼンチン北西部のいくつかの地域には，カナリア諸島の一部と同様，古い疑問代名詞の cúyo が残っている（¿Cúya es esta casa?「この家はだれのですか」，¿Cúyo es este sombrero?「この帽子はだれのですか」など）（ラペサ，630）．

## 3．ボス法と待遇表現

　ボス法とその他の待遇表現については，すでに紹介したように，Montes がその検討事項を要約している（本章第1節の第1項）．ボス法はスペイン系アメリカに広く見られる現象であり，その使用地域や程度の大小や社会的評価は国によって様々である．ボス法以外の待遇表現についても地理的・社会的な広がりとそれぞれの使用領域における評価を確認しなくてはならない．★★

---

★　Takagaki et al. (101, 102, 103) によれば，現代スペインの若い人たちのなかにも cerca mío, en contra tuya, detrás mía と言う現象がある．

★★　筆者は20年ほど前から voseo を「ボス法」と訳してきた．「古風親称法」とも訳せるのではなかろうか．また，tuteo は「トゥ法」とか「親称法」と訳している．

　ボス法の研究は外国人にとって，ことのほか難しい．私たちが勉強するときには現地の研究者による分析結果に頼るべきであろう．たとえばホンジュラスのボス法について Benavides が報告している内容など，興味深い．他方，現代スペイン語の待遇表現の全般を見渡している記述的な研究に Fontanella (1999) がある．ボス法の本格的な研究にとって最良の案内書になっている．日本における研究には瓜谷，堀田などがある．

## 1）ボス法の位置づけ

　ボス法 voseo は，スペイン系アメリカの全域で使用されている用法ではないが，アメリカ・スペイン語を特徴づける統語上の用法を代表するものとなっている．それは親称の単数の話し相手を指す人称代名詞のひとつである vos の用法である．いわゆる待遇表現であり，その使い分けは高度に社会的な性格を帯びている．他方，代名詞 vos はスペイン語がラテン語から継承し，中世から近世にかけて使い続けてきたが，イベリア半島ではもう使われていない．しかしアメリカ・スペイン語では現在でも使われていることで，その代表的な特徴のひとつとなっている．

## 2）ボス法の解説

　現代スペイン語では単数の話し相手を指す人称代名詞には，主格として tú, usted, vos がある．スペインでは，単数の話し相手を指す親称の人称代名詞は tú であるが，これは南北アメリカでも広く使われている．この代名詞を使う現象は便宜上，tuteo（トゥ法，親称法）と呼ばれる．そして南北アメリカには tú のかわりに vos を使う地域がある．また，敬語としての単数の相手への尊称なら，スペインでもアメリカでも usted が使われる．他方，複数の話し相手の場合，スペインでは親称で vosotros, 尊称で ustedes が使われるが，南北アメリカでは本章の第2節で見たように vosotros が消えて，ボス法の地帯でもトゥ法の地帯でも，親称と尊称の区別なく ustedes が使用される．

　アメリカ・スペイン語ではさらに，vos の維持という現象があるにもかかわらず，その系統の補語代名詞 os や所有詞 vuestro も消えてしまった．

　それゆえ，現代スペイン語の人称代名詞による待遇表現を理解するためには，要約すれば，基本的には3種類の言語様態を区別しなくてはならない．スペインの標準語，南北アメリカの広い領域で行われているトゥ法の地帯，南北アメリカのボス法の地帯である．スペイン系アメリカにはそのほかに，第4の言語様態ともいえるトゥ法とボス法の混用現象もある．待遇では親称と尊称の区別があるし，それぞれに単数の相手と複数の相手とで使い方を区別する必要がある．つぎのように仕分けて理解しよう．

### （1）尊称の二人称代名詞

　尊称待遇の場合，二人称代名詞の体系は上記の3種類の様態に共通である．

尊称の主格代名詞

|  |  |
|---|---|
| 単数 | usted |
| 複数 | ustedes |

尊称の，その他の代名詞（補語，前置詞格，所有格）

| 単数 | lo, la, le | usted | su, suyo(-a, -os, -as) |
|---|---|---|---|
| 複数 | los, las, les | ustedes | su, suyo(-a, -os, -as) |

（2）親称の二人称代名詞

しかしながら親称の待遇表現では，3種類の言語様態それぞれに以下のような体系がある．

親称の主格代名詞

|  | スペイン | アメリカ（トゥ法） | アメリカ（ボス法） |
|---|---|---|---|
| 単数 | tú | tú | vos |
| 複数 | vosotros | ustedes | ustedes |

親称の，その他の代名詞（補語，前置詞格，所有格）

|  |  | スペイン |  |
|---|---|---|---|
| 単数 | te | ti | tu, tuyo(-a, -os, -as) |
| 複数 | os | vosotros | vuestro (-a, -os, -as) |

|  | アメリカ（トゥ法） |  | アメリカ（ボス法） |  |
|---|---|---|---|---|
| 単数 | te ti tu, tuyo(-a, -os, -as) |  | te vos tu, tuyo(-a, -os, -as) |  |
| 複数 | los, las, les, se | ustedes | su, suyo(-a, -os, -as) |  |

スペイン（標準語）

　　Tú comes.「君は食べる」．Tú te levantas.「君は起きる」．A ti te llaman.「君が呼ばれている」．Éste es tu cuaderno.「これは君のノートです」．Vosotros coméis.「君たちは食べる」．Vosotros os levantáis.「君たちは起きる」．A vosotros os llaman.「君たちが呼ばれている」．Éste es vuestro.「これは君たちのものです」．

第3章 アメリカ・スペイン語の形態統語法

アメリカ（トゥ法）
　Tú comes. Tú te levantas. A ti te llaman. Éste es tu cuaderno. Ustedes comen. Ustedes se levantan. A ustedes los llaman. Éste es suyo.（あるいは Éste es de ustedes. ボス法でも同じ）

アメリカ（ボス法）
　Vos comés. Vos te levantás. A vos te llaman. Éste es tu cuaderno.
　Ustedes comen. Ustedes se levantan. A ustedes los llaman. Éste es suyo.

（3）アメリカでのトゥ法とボス法の混用現象

　この混用現象では，尊称に usted, ustedes を使用し，親称に vos・tú, ustedes が使用される．さらに vos と tú の混用では，そのあいだに目立った使い分けのない用法と，vos が親密度の高さ，tú が信頼関係の存在，というように使い分ける用法とがある．この混用では前者の（使い分けのない）用法が普通であり，そこでは教養階層で tú が好まれ，非教養階層で vos が好まれるという傾向がある．また，後者の（使い分けのある）用法はウルグァイで観察される．このように主格人称代名詞が混用されるとき，2種類の主格代名詞のそれぞれに2種類の動詞の活用形（二人称単数系と二人称複数系）が伴うという別種の混用現象も起こっている (tú comes ; vos comés ; tú comés ; vos comes)（Fontanella, 1404-5）．この動詞の活用形については，後述の第5項で解説しているので，それを参考にしてほしい．

## 3）通時態の情報

　vos は，もともとスペイン語がラテン語から継承した，複数の話し相手を指す人称代名詞であった．単数の話し相手を指す tú とともに継承した．そして vos の用法のなかには，ローマ帝国時代のラテン語にもみられた，複数の相手を指す vos を使って単数の話し相手を指すことで，相手に敬意を表現するという待遇表現が含まれていた．その後，相手の複数性や他人との対比を明示するため，うしろに otros を付加して vos otros, vosotros とする形が生まれ，14世紀にはその使用が増えてゆき，16世紀以降ではこの語形が一般化する．

　すでに第2節第1項で見てきたように，16世紀のスペインでは，単数の話

し相手を指す場合，目下の者やごく親しい者には tú が，丁寧な言い方では vos が，そして尊敬すべき相手には vuestra merced「貴殿の恵み」(音声変化が進み，17世紀以降には usted) が使われた．そして vuestra merced の使用が広まるとともに，tú が親称としての位置を確保し，vos を排除してゆく (しかし vos は18世紀初頭まで使われた)．

スペイン人がアメリカ大陸に入植しはじめた16世紀前半には，単数の話し相手を指す二人称の待遇表現はボス法 (当時では丁寧な親称) が一般的であった．そして植民地時代にはスペインから副王が任命され，彼とその関係者数百名が政庁所在地に赴任してくることで，その交代とともにマドリードの同時代の語法が移植され続けた．17世紀になると，マドリードの影響の強いメキシコ市やリマ，およびスペインからの移民が集まる都市部ではマドリードと同じような待遇表現を行い，単数の話し相手を親称なら tú で，尊称なら usted で呼ぶようになっていた．他方，副王領の都市部での言語変化が届きにくい遠隔地では入植当初のボス法が使われ続け，現在に至っている．

## 4) ボス法の地域

スペイン系アメリカのボス法の地帯は2種類を区別しておこう．ひとつは国全体がボス法を使用し，それが社会的に標準用法として認められている地域であり (パナマ以外の中米地域，ラプラタ地方，ボリビア，エクアドルなど)，もうひとつは，国の優勢な待遇表現ではトゥ法の地域であるが一部でボス法が実施されている地域 (北米，中米のパナマ，カリブ海域など) である．

パナマ以外の中米とアルゼンチン，パラグァイのボス法は安定している．しかしボリビアとエクアドルでは不安定である．ウルグァイのボス法はやや弱まり，トゥ法に取って代わられつつある．上記の第3項で紹介したように，ウルグァイにはトゥ法とボス法を混用しつつ，tú を親密な相手，vos を信頼している相手に，というように使い分ける用法がある．

中米はメキシコ副王領の時代から長いあいだ，入植者にもそれほど魅力のある土地ではなかったことから，政庁所在地のメキシコ市から文化の革新の波が届きにくく，トゥ法への移行が遅れたとも解釈される．その中米のパナマがトゥ法に移行している現象は，この地域が20世紀の初頭までコロンビアの一部であったことと関係があるかもしれない．

また，南米南部はスペイン王室が18世紀後半に植民地政策を変更したので

自由経済へ移行して急成長したが，そのころまでは入植者にとってさほど魅力的な土地でなかった．ラプラタ地方には，この経済の自由化に平行して副王領が設置されたが(1776年)，そのことで19世紀の初期には一時的にトゥ法が広がりはしたものの，スペインとのきずながそれほど意識されず，まもなくスペインから独立したこともあって，再度，言語の面でもスペインの標準用法と距離が置かれる状態になった．そしてこの地におけるボス法の維持は，（第1章第3節第5項で言及されているように）言語用法でも国家主義的な傾向が強まっていった大きな流れと関係しているとも考えられる．★

チリはラプラタ地方と事情が違う．入植開始時期から19世紀前半まではボス法の地帯であったが，独立後の19世紀後半，国語教育の面でボス法の追放が画策され，ある程度それが成功したようである．しかしそれも都会部の，共通スペイン語に関する意識の高い中流・上流階級での話であり，その他ではボス法の使用が残った．さらに，20世紀中頃からの教育制度の変化や社会的な変動とともに，ボス法が親称として復活してきているという見方もある．

## 5）ボス法の動詞活用形

一般的には，vos に伴う動詞は二人称複数形である．-ar 動詞の cantar「歌う」なら，直説法現在の二人称複数形は，ラテン語では cantatis であって，スペイン語にもともと与えられた形は cantades であった（スペイン語の一番古い語形）．この活用語尾は2種類の方法で短縮した．（書きことばの cantáis の）-ais と，（一般語で使われていて，cantáis からではなく，古スペイン語から直接発展した cantás の）-ás である．ボス法で使用されている語形はこの後者とその関連形である（vos cantás；vos comés；vos vivís）．

しかしながらスペイン系アメリカのボス法の動詞は，二人称単数の活用形

---

★ Andrea Estrada はブエノスアイレスの待遇表現に関する仮説を発表している．彼女によると，かつては尊称の usted と親称の vos が使いわけられていたが，usted の使用頻度が下がって vos がその使用領域を広げてきている．usted は社会的に明白な力の差が意識されるときにのみ使われ，その他では広く vos が使われている．そして距離をおくときには vos だけが使われ，距離が意識されない話し相手には vos と親称の呼格表現（boludo「おバカさん」，bicho「ムシさん」，bebé「アカちゃん」，lindo「カワイコちゃん」などの呼びかけ語）をともなった vos が使用されているという．

と二人称複数の活用形が複雑に使い分けられ，奇妙な組み合わせも生まれている．第1音節に強勢のある tú te llamas のかわりの vos te llamas などに出会うことになる（← llamar「呼ぶ」）．肯定命令形は vosotros に対応する cantad, comed, vivid の語末の -d が落ちて，cantá, comé, viví が使われる（← cantar, comer「食べる」, vivir「住む」）．結果として，アルゼンチンなどでは sentáte（スペインの siéntate），calláte（スペインの cállate）などと言われている（← sentarse「すわる」, callarse「だまる」）．また接続法現在では，cantes, comas, vivas（それに quieras, muevas など）が一般的であるが（← cantar, comer, vivir, querer「欲する」, mover「動く」），これらの活用形はどうみても二人称単数に相当するものである（しかし vos amés；vos comás；vos vivás の語形を使う地域もある）（← amar「愛する」, comer, vivir）．

 -ar, -er の活用語尾の動詞では，vos cantái(s), vos coméi(s) という語形をとる地域があるし，あるいは -er 動詞と -ir 動詞が活用語尾を同じくして vos comís, vos vivís となっている地域もある．おなじく，いくつかの助動詞だけに，ときとして古い単数形が残された．たとえば，vos sos とともに vos eres（← ser「～である」），vos habrás とともに vos has（← haber 助動詞）がある．

 活用形の変種を一覧表にすれば以下のようになる（Frago y Franco, 137）．

直説法
　　現　　　　在：tomás, tomáis - comés, coméis, comís - vivís
　　未完了過去：tomabas, tomabais - comías, comíais - vivías, vivíais
　　未　　　　来：tomarés, tomaréis, tomarís - comerés, comeréis - virirés, viviréis
　　完　了　過　去：tomastes, tomasteis - comistes, comisteis - vivistes, vivisteis
　　現　在　完　了：habés/habéis/habís　tomado/comido/vivido
　　過　去　完　了：habías/habíais　tomado/comido/vivido
接続法
　　現　　　　在：tomés, toméis, tomís - comás, comáis - vivás, viváis
　　過去（-ra 型）：tomaras, tomarais - comieras, comierais - vivieras,

　　　　　　　　vivierais
　現 在 完 了：hayás/hayáis　tomado/comido/vivido
　過 去 完 了：hubieras/hubierais　tomado/comido/vivido
命令形
　現　　　　在：tomá‐comé‐viví

　これらの活用形（← tomar「手にとる」，comer, vivir）には語尾が単一母音の形と二重母音の形（その語尾の ‐s は脱落することが多い）が並んでいるが，そのどちらを好むのかが地域や時制によって異なり，全体として複雑な様相を見せている．その好みは国単位ではなく，一国のなかでも地方によって好みが違っている．たとえばコスタリカであるが，usted と vos が語用論的な動機で使い分けられ，そのボス法の活用形は，直説法現在と命令形では二人称複数形が好まれ，直説法未来では二人称単数形が好まれる．このタイプの好みの傾向は南米南部でも見られるが，南米南部ではさらに，接続法現在と否定命令形でも二人称単数形の活用形が好まれるようである（Frago y Franco, 142）．

## 6）ボス法の3種類の組み合わせ
　ボス法にはその代名詞と動詞活用形の組み合わせから，つぎのような種類が区別できる．
（1）**典型的なボス法**：代名詞 vos が，歴史的にそれに対応する二人称複数の動詞活用形とともに使われる．Vos cantás. Vos comés. Vos vivís.
（2）**代名詞のボス法**：代名詞 vos が，二人称単数の動詞活用形とともに使われる．Vos cantas. Vos comes. Vos vives.
（3）**動詞活用形のボス法**：（1）のタイプのボス法で使われる動詞活用形が，代名詞 tú と組み合わさる．Tú cantás. Tú comés. Tú vivís.

## 7）待遇表現の don（doña）
　敬称の don は，スペインの中世では貴族や高位聖職者に対してしか使用できなかったが，新大陸のコンキスタドールたちはこの称号を買い取っていた．入植者たちのあいだではこの称号が（社会階層的には貴族と平民のあいだに位置する）郷士 hidalgo 的性格を持つものとして意識されていたが，19世

紀に入ってスペイン系アメリカが独立する時期には，単なる敬称として使用されていた．1818年にもリマではdonの称号を一定の代金で購入することができた（Rosenblat, 1969, I, 130）．現在では高齢者にしか使用しないようである．

筆者が南米のボゴタに留学しているとき，尊称として個人名にdon, doñaを付けるのが決まりであるという（スペインの標準用法の）理解のもとに，中年のコロンビア人にこの敬語を使ったところ，私はそれほど年寄りではないという意味のコメントとともにその使用をとがめられたことがある．

## 8）待遇表現の misiá

敬称 mi señora「私の奥様」の縮約形であるmisiáは，スペインの伝統的な待遇表現であり，古い敬語である．かつては南米の全域で使用されていたが，今日では南米南部では使われていないし，南米北部でも使用が少なくなっている．スペイン系アメリカの独立によって，それまでの待遇表現体系が全般的に無視されることになり，このようなスペインの伝統的な敬語はその価値を失っていった．ベネズエラには依然として残っているが，それはこの国が言語用法においてスペイン語圏で保守的なほうだから，とも言われている（Rosenblat, II, 205）.

## 9）待遇表現の su merced

ustedのもともとの形式 vuestra merced に似た待遇表現に，su merced がある．アメリカ・スペイン語では二人称複数の所有代名詞 vuestro, vuestraが消失したが，それにかわる代名詞としてsuを使用して生まれたのがsu mercedであろう．コロンビアの，とくにボゴタで，一般的な尊称のustedと並存しつつ，愛情のこもった親称として，夫婦や親子のあいだなどで使用されている．

su merced は尊称として，スペインで16・17世紀によく使われていたし，スペイン系アメリカでは奴隷制度が生きている時代を象徴する待遇表現であるが，今日ではコロンビアを例外として使われておらず，スペインと同様に古語である（Ruiz Morales, 768-9）.

第3章　アメリカ・スペイン語の形態統語法

## 4．代名詞：その2

　この章の第1節「はじめに」で見たように，Montesは代名詞の統語法に関する検討事項として，以下の4項目をあげている．
　A．前置詞格の位置に主格を使う代用現象．
　B．男性形と女性形が区別されない性の中和現象．
　C．三人称与格の代名詞 le の数の中和現象．
　D．三人称代名詞の与格と対格の交差現象．
　このうちのAについては，すでに第2節で解説した．この第4節では人称代名詞の三人称の対格形・与格形（補語）に注目して残りの項目B，C，Dやその他の現象について解説していこう．

### 1）レ代用法

　スペイン語では基本的に，人称代名詞三人称の補語として，対格（直接補語，直接目的語）では男性・女性の単数・複数の lo, la, los, las（中性形の lo）が，与格（間接補語，間接目的語）では単数・複数の le, les が使われている．これらの語形は語源に忠実に対応している．すなわち，ラテン語の男性対格単数形 illum＞lo，女性対格単数形 illam＞la，男性対格複数形 illos＞los，女性対格複数形 illas＞las，中性形 illud＞lo，与格単数形 illi＞le，与格複数形 illis＞les の対応である．これらの語形は，対格・与格の弁別には問題ないが，性の弁別では不十分である．与格では男性・女性の区別がないし，語形 lo は男性・中性の区別がない．
　しかし現代スペインの標準語では，指示対象が人間の男性のとき（典型的なのは usted で指される男性の単数形），その対象の対格として lo, los のかわりに le, les を使うことが一般的になっている．この現象はレ代用法 leísmo と呼ばれているが，その用法をラペサにもとづいて説明すると次のようになる．★
　スペインでは古く（11世紀ごろ）から，この代名詞体系の格の弁別を犠牲にして性の弁別を補強する用例が存在していた．頻度の高い用例は，指示対

────────────────
★　筆者はスペイン語の leísmo を，20年ほど前から「レ代用法」と訳している．

象が人間の男性である場合にその男性単数対格として le を使用するものである．これは同じ単数対格でも人間の場合には le を使い，事物の場合には lo を使って指示対象を区別する方法である．その意図は，名詞を使って直接補語を表示するときにその指示対象が人間の場合にはその前に a をつけて事物と区別する方法と同じである．そして16世紀になるとスペイン北部・中部の作家たちが盛んにこの方法を使っているが，複数の対格にはそれほど使われていない．しかしこの le の対格としての用法は南部に波及しなかった（ラペサ，431-2）．

18世紀にはスペインの北部・中部でレ代用法が圧倒的であったので，王立アカデミアは単数の男性対格の代名詞は le であると宣言したことがある．それは撤回したものの，現在ではレ代用法を許容している（ラペサ，514）．そして現代スペインの方言ではレ代用法が事物の対格補語を指すときにも起こっている．

今日，スペイン系アメリカの大部分には，スペインの北部・中部と違って，そしてスペイン南部（アンダルシア語）と同じように，レ代用法が存在しない．ごく少数の例外はあるものの，一般的には人称代名詞三人称の対格には lo, la, los, las が，与格には le, les が，語源に忠実に使用されている（ラペサ，628）．

少数の例外としては，人間の男性を指す直接補語に le を使う現象がベネズエラとアルゼンチンの一部に見られる．また，そのようなレ代用法とは異なるものの，le が対格に使われる例がパラグァイにある．この国の一般語では le を与格と対格に，単数でも複数でも区別なく使用する現象が見られるからである（ラペサ，628）．

例外としてのレ代用法は公的な挨拶や質問の決まり文句にも見られるが，そこにはスペインの影響も考えられる．Le saluda atentamente.「（手紙の結びで書き手が自身を三人称扱いにして）敬具」，¿Le puedo ayudar en algo?「なにかお手伝いしましょうか」などである．saludar「挨拶する」も ayudar「手伝う」も他動詞であるから直接補語を必要とするので，語源的な語形ならこれらの例文の le は lo とか la にならなくてはならない．また，日本語話者の場合，「挨拶する」という日本語の動詞は「～に挨拶する」という使い方がされるので，saludar という動詞を自動詞であると勘違いする者もいる．決まり文句として le saluda, le saludo がスペイン語圏で広く使われているので

あれば，ときに勘違いしてしまうこともあろう．

## 2）性の中和現象

Montes の2番目の項目（B）に関しては，たとえば le，les の例外的用法がある．それはエクアドルのスペイン語についてであるが，与格と対格（男性・女性）に le，les が使われる（le encontré acostada.「私には彼女が横になっているのが見えた」など）．対格補語では男性形と女性形が区別されていない（ラペサ，628）．

さらに，アンデス地域には lo が性にも数にもかかわりなく対格補語として使用されるという現象が見られる．しかしこの現象はほとんどの場合，直接補語の名詞を予告する重複用法の構文で起こっている．Me *lo* vas a traer *mi chaqueta*.「私の上着を持ってきてくれないか」，*Lo* quiere mucho *a su madre*.「彼は母親をとても愛している」，Debías haber*lo* saludado *a mis dos compañeros*.「君は私の友人ふたりに挨拶しておいたほうがよかったよ」などのようにである（Frago y Franco, 132-3）．

## 3）三人称与格の代名詞 le の数の中和現象

Montes は3番目の項目（C）に，三人称与格の補語代名詞 le の数の中和現象を挙げている．しかしこの現象はスペインでも古くから記録されている．スペインでは中世や黄金世紀に le が複数の与格として（les のかわりに）使われたが，今日でも話しことばで普通に使われている（たとえば da*le* un abrazo a *tus padres*.「ご両親によろしく」）（ラペサ，515）．

この現象はスペインと同じく，スペイン系アメリカでもほぼその全土で，教養のある階層の人たちをも含めて大きな広がりを見せている．とくに同一文中で間接補語への再度の言及があることを予告するとき（重複用法）に現れやすい（たとえば *le* cambiaba el alpiste *a los canarios*.「彼はカナリアに餌の種をかえてやっていた」）（ラペサ，628）．あるいは *Le* llevé la carta *a los representantes*.「私は代表者たちにその手紙を持っていった」や Da*le* *a tus alumnos* recuerdos míos.「君の生徒たちに私からよろしく伝えてくれ」のようにである（Frago y Franco, 132）．また，Demello（1997b, 64）によると，メキシコ市とセビリアでは，この現象が非教養口語において，教養口語の約3倍の頻度で起こっている．

## 4）三人称代名詞の与格と対格の交差現象

　Montes の 4 番目の項目（D）である．

　スペインの標準語では三人称の与格と対格の補語代名詞が同一文中にあらわれるとき，与格の le, les は se になって対格補語 (lo, la, los, las) に続く．たとえば Juan compró un libro a María.「ホアンは本を一冊，マリアに買ってやった」の対格と与格の名詞を代名詞にすると Se lo compró. になる．

　スペイン系アメリカでは与格と対格の組み合わせが se lo, se la の場合，与格の se が les のかわりをしているときにも語形が se のままでその複数性が表現できないため，lo や la に -s が付加されることが頻繁に起こる．単数対格を los, las にすることで与格の複数性を表現しようとする工夫である．たとえば Eso pasó como *se los* digo a ustedes.「そのことは今あなた方に申し上げているような形で起こったのです」のようにである（与格の a ustedes が les のかわりに se になったので，中性形の eso を受ける lo が los になっている）（ラペサ, 629）．

　問題の Se *los* regalé a ellos *el boleto*.「私は入場券を彼らに贈った」のタイプの対格補語の使用は，今日，アンティル諸島，コロンビア，メキシコ，パナマ，ペルー沿岸部などで一般的な現象になっている．この用法はスペイン系アメリカで始まった可能性もあるが，カナリア諸島やアンダルシアでも観察されている（Frago y Franco, 132）．

　また，Demello (1997c, 68) はこの用法をスペイン系アメリカの教養口語の資料で調べているが，それによると，用例数は se lo と se los がともに51であり，ボゴタ，ブエノスアイレス，メキシコ市，サンティアゴ（チリ）では使用頻度が se lo よりも se los のほうが高いが，全体としては se los が44％，se lo が56％となっている．

## 5）直接補語の三人称代名詞 lo

　三人称代名詞によって直接補語の名詞の存在を予告する用法（重複用法）は，スペインの標準語では守るべき規則になっていない（使われていても非文法的であるというわけではない）．スペイン系アメリカではスペインよりも頻繁に使用される．Ella *lo* amaba *a Andrés*.「彼女はアンドレスを愛していた」，*Lo* vi *a Juan* el lunes.「月曜にホアンに会ったよ」の用法である（ラペ

サ，629）．

　他方，対格補語の名詞を文頭にもってきた場合，スペインの標準語では後続する文中でその名詞を代名詞で受ける必要があるが，アンデス地域などではそのような補語代名詞の lo を省略する現象がある．たとえば *A mi primo encontré en la fiesta.*「私のいとこにパーティーで会ったよ」，*Al maestro saludó en la plaza.*「先生に彼は広場で挨拶した」，*Todo el sitio conozco.*「その場所はくまなく知っているよ」などの場合であるが（Frago y Franco, 133），スペインの標準語なら，これらの例文では動詞の直前に lo（あるいは le）が入ることになる．

## 6) 再帰代名詞

　代名動詞（再帰動詞）の ustedes に対する肯定命令の表現では，接続法現在の三人称複数の活用形の語末に再帰代名詞 se が付加される（前接 enclítico の用法）．しかし今日のスペインでは大衆のあいだで，活用形の語尾 -n が語末に移動する現象が見られる．たとえば siéntense.「あなた方，お座りください」が siéntesen になったり，díganme.「あなた方，私に言ってください」が dígamen になったりする（ラペサ，515）．

　この現象がスペイン系アメリカの広い地域にわたって俗語表現として観察されている．上記の例なら siéntesen のほかに siéntensen のように，活用形の語尾 -n が語末に移動するのではなく，語末にコピーされるような用法もある．ほかにも demen（=denme）「あなた方，ください」，delen（=denle）「あなた方，彼に与えてください」，súbasen または súbansen（=súbanse）「あなた方，お上りください」，cállesen, cállensen（=cállense）「あなた方，お静かに」などとなる．低社会層と関連づけられるものの，アンティル諸島やコロンビアの内陸部，アルゼンチンでも観察されている（Vaquero, II, 22）．

　また，再帰代名詞の三人称前置詞格の sí にも一般的なスペイン語と異なる用法が広く観察されている．スペイン語では一般的に，再帰代名詞 sí は主語が三人称の文のなかで主語と同一のものを指示しつつ前置詞とともに使われる．たとえば「彼女は自分のためにそれをほしがっている」なら，lo quiere para sí となる．しかしスペイン系アメリカでは，lo quiere para ella のように，この代名詞が再帰形でなくて単なる前置詞格の代名詞である現象が広く観察されている．だから「彼はそれを持っていった」は lo llevó consigo と

も lo llevó con él とも言われることがある (Vaquero, II, 22).★

再帰代名詞については，さらに，接続法を使う肯定の命令表現において，動詞の語末に付加されるのではなく，¡se siente! (=¡siéntese!)「あなた，お座りください」，¡nos quedemos aquí! (=¡quedémonos aquí!)「ここに留まりましょう」，¡nos vayamos! (=¡vámonos!) (あるいは ¡vayámonos!)「さあ，参りましょう」，¡nos sentemos! (=¡sentémonos!)「座りましょう」のように，動詞の前に置かれるという (後接 proclítico の) 用法がある．アルゼンチンのトゥクマンでの観察が報告されている (Frago y Franco, 133).

## 5．名詞の性

Montes はアメリカ・スペイン語の名詞の性について，検討すべき2種類の項目をあげている．性の揺れと珍しい女性形のことである (上記第1節).

### 1) 名詞の性の揺れ

スペインでもスペイン系アメリカでも，母音の e や子音で終わる名詞の性は揺れつづけてきたし，今日でも揺れている．

Montes が紹介している最初の例 calor については，中世では語尾 -or の名詞はほとんど女性形として扱われていたことを忘れてはならない．今日のスペインでは男性形扱いが標準的である (labor, flor「労働，花」は女性形).またスペインでは，costumbre は女性形扱いが普通である．そして azúcar はスペインで男性形でも女性形でも使われるが，定冠詞としては el が多く，定冠詞と形容詞が付けば el azúcar morena のような組み合わせになる．

スペインでは radio は性別で異なった語義を表現しているが (la radio「(受信機や放送の) ラジオ」，el radio「半径」)，スペイン系アメリカでは「ラジオ」が el radio であったり la radio であったりする (Montes 氏によると，コロンビアでは el radio は「受信機」を，la radio は「ラジオ局」を意味するそうである)．スペインで男性形扱いが標準的な clima「気候」は el clima となったり la clima となったりするし，「パジャマ」も el piyama, la piyama

---

★ Takagaki et al. (61) によれば，現代スペインの若者のなかにも José compra el libro para él.「ホセはその本を自分のために買う」と言う者が多いようである．

となる(「パジャマ」はスペインでは文字のyがjになって,男性形扱いのpijama).

## 2) 女性名詞の定冠詞

　スペインの標準語では,語頭の音節に強勢のある女性形の名詞で a- や ha- で始まる場合,それに伴う定冠詞は la でなくて el である.現代スペイン語では定冠詞の el は男性単数形の名詞を修飾することになっているが,女性形名詞を修飾する定冠詞 el は,歴史的には女性形定冠詞の変種である.すなわち,ラテン語の女性形単数の指示詞 illa が変化して原初スペイン語の ela になったが,この女性形定冠詞は母音で始まる名詞を修飾するときに el になり,その他では la になる傾向があった.それゆえ古スペイン語では定冠詞の女性形に el と la の2種類があって,それらが混用されていた (el espada「太刀」, la puerta「戸口」).中世スペイン語の末期(16世紀初頭)でも el espada と la espada が平行して生き残っていた.そして次の時代である黄金世紀になると,定冠詞の la が女性形を特徴づける語形であるとみなされるようになり,el espada の使い方は少なくなってゆく.そして el のほうは現在のような使い方に限定されていった.すなわち,母音 a で始まる女性形の名詞で,とくに a が強勢を帯びている場合に,それにつく定冠詞として残ることになった(当時は el altura「高さ」,el arena「砂」の用法も残っていたが,しだいに el agua「水」や el águila「鷲」の用法に限定されてゆく)(ラペサ,203, 289, 415).そして現代の標準語では女性名詞 hacha「斧」に定冠詞がつけば el hacha になるし,hambre「空腹」は女性名詞で el hambre になって,Es mucha el hambre.「とても空腹だ」となる.

　他方,現代のスペイン系アメリカでは,el hacha と la hacha が共存しているし,Es mucho el hambre. とともに Es mucha la hambre. という言い方も観察されている(Vaquero, II, 13).(Montes 氏によれば,コロンビアではスペインの標準語と同じように el hacha pesada「重い斧」になる.)

　「橋」の意味の名詞 puente は,スペインではかつて女性形 la puente であったが,現代の標準語では男性形 el puente であり,一部の方言に女性形の使い方が残っている.そして一方,スペイン系アメリカでは女性形ででも男性形ででも使われている.さらに,「気候」の意味の名詞 clima は,スペインでは男性形であるから el clima となるが,アメリカ・スペイン語では el clima も

la clima も使われている．

## 3）性別による違いの表現

このように男性形ででも女性形ででも使われる名詞は，その多くが自由に選択されているが，その違いによって何らかの相違を表現していることもある．

（1）**地理的相違**：国のなかでも地方によってどちらかの性が優勢になっていることがある．たとえば南米のコロンビアで使われる azúcar であるが，この国の沿岸部では女性形で使用され，内陸部や高地のアンデス地方では男性形が優勢である（Montes, 1992, 531）．

（2）**意味的相違**：男性形でひとつの意味を表現し，女性形で別の意味を表現しているケースもある．たとえば名詞の chinche は，スペインでは男性形・女性形の両性で使われ，語義には「ナンキンムシ」や「画鋲」がある．この両性性と両義性はスペイン系アメリカでも同様であるが，「画鋲」が男性形であることが多い．そしてチリでは el chinche「画鋲」，la chinche「ナンキンムシ」という使い分けが教養語のレベルで観察されているし，el pelambre「陰口」，la pelambre「髪（の束）」の区別もある（Rabanales, 568）．そしてコロンビアの大西洋沿岸部では el costumbre「習慣」，la costumbre「月経」の使い分けがある（Montes, 1992, 531）．

## 4）名詞化した過去分詞

動詞から派生した名詞の性については，今日のスペインの標準語で女性形が使われているのに，スペイン系アメリカではスペインの古典期(16-17世紀)と同じように男性形が使われているという現象がある．スペインでは la vuelta「（勘定の）おつり」，la llamada「呼びかけ」だが，アメリカ・スペイン語ではほぼ全域でそれらの同義語として el vuelto, el llamado が使われている．

## 5）語形の創造

名詞のなかには，その語形を見ても，指示されている人間が男性なのか女性なのかが判別できないものがある．その場合，スペインではその語尾を女性形独特の形にしたり (huésped「客」＞huéspeda「女性客」, comediante「コ

第3章　アメリカ・スペイン語の形態統語法

メディアン」＞comedianta「女性コメディアン」, bachiller「高校卒業生」＞bachillera「高卒女子」), あるいは語尾が –a の名詞には男性形独特の –o の語形を作ったりしている (modista「女性服デザイナー」＞modisto「男性の女性服デザイナー」など). スペイン系アメリカでも同様の語形を作っている. たとえば hipócrita＞hipócrito「男性の偽善者」, feroz＞feroza「(女性形) どう猛な」, servicial＞serviciala「(女性形) 世話好きな」, federal＞federala「女性の連邦主義者」, sujeto＞sujeta「人物（女性）」, pleitista＞pleitisto「訴訟好きな男性」, bromista＞bromisto「冗談好きな男性」, pianista＞pianisto「男性ピアニスト」などである（ラペサ, 625).

　アメリカ・スペイン語では, 語尾で被指示者の性が不明の名詞の形を女性形特有の語尾に変えるケースとして, 上記の例や Montes の例のほかにも, 一般的に dependiente＞dependienta「女店員」, diablo＞diabla「女の悪魔」, estudiante＞estudianta「女学生」, marchante＞marchanta「女性の顧客, お得意さん」, ministro＞ministra「女性の大臣」, pariente＞parienta「親戚の女性」, presidente＞presidenta「女性社長」, sirviente＞sirvienta「女性の使用人」などが使われているし, アンティル諸島やその周辺地域などでは loro＞lora「雌のオウム」, testigo＞testiga「女性の証人」, yerno「娘の夫」＞yerna「息子の妻」（＝nuera）なども普通に使われている. これらの造語は一般語に限らず教養語でも使用されており, さらにそのうちのいくつかはスペインでも使われている.

　アメリカ・スペイン語では, 逆にスペインの標準語では女性形しかない名詞（両性通用語 sustantivo epiceno）から男性形を作る現象も広い範囲で観察されている. たとえば cabra＞cabro「雄のヤギ」, oveja＞ovejo「雄のヒツジ」である. スペインでもこれらの動物の性別を表現することがあるが, その場合,「ヤギ」なら, 両性通用語の一般的な雌雄の区別方法に従って, 雌が la cabra hembra という言い方で表示され, 雄は la cabra macho, あるいは el cabrón, el macho cabrío の言い方で示されるし,「ヒツジ」なら, 雌が oveja, 雄が carnero のように区別する.

　Frago y Franco は, スペインにおける両性通用語からの面白い造語の例を紹介している. 1992年の「セビリア万博」のとき, azafata「コンパニオン」とともに azafato「男性コンパニオン」が使われていたそうである（123).

## 6）性の呼応の欠如

　文法上の性が文中で呼応しない現象が，先住民語との二言語併用地帯で観察されている．この現象には数の呼応の欠如も伴っている．

　ペルーやボリビアのアンデス地域にはスペイン語とケチュア語・アイマラ語との二言語併用地帯がある．この先住民の両言語の文法には性・数の区別がないため，その地帯で使われるスペイン語の文中で性・数の呼応が見られないことがある．たとえば，ペルーのアンデス地域では mi *niñez* fue *rústico*「私の子供時代はがさつだった」(Caravedo, 732) などが聞かれるし，ボリビアでは *Una lápiz roto* le había dado.「折れた鉛筆を彼に与えた」，Ha venido *el granizada*, dice.「霰まじりの嵐が来たと言っている」，Pásame*lo estas naranjas*.「そのオレンジをこちらに渡してくれ」(Mendoza, 486) などが聞かれる．パラグァイでもグァラニー語との接触によって，スペイン語との二言語併用地帯で性・数の呼応のない表現が聞かれる．この先住民語にも性・数の文法範疇がないので，その影響であると考えられる．camisa blanco などの例が報告されている (Granda, 688)．

　Mendoza はこれらの現象を，「中間言語としてのカスティリア語に関する素描」Esbozo del castellano como interlecto という題名の節（480以降）で紹介している．問題の現象は，かなりの数の先住民人口を含む国々の標準的な規範になっているのではなく，スペイン語を学ぶ先住民系の人たちのあいだで観察される方言的な用法として理解される．★

## 6．名詞の数

　名詞の数の表示について，Montes はそのアメリカ・スペイン語独特の複数形に言及している（この章の第1節「はじめに」）．

　コロンビアでは，沿岸部では複数形の語末の -s の発音が省略されることで複数形の形態素が表示されず，単数形と同じ語形で発話されているし，内陸部では複数形の語尾として -s, -es, -ses が並存しているが（「父親」の papá

---

★　中間言語とは，第二言語（外国語）を学習するときの，その学習の過程が進んだ段階を指す専門用語である．学習者が主として母語の言語構造の特徴に無意識に影響され，第二言語の習得が不完全になっている段階の言語である．

がpapás, papaes, papases），その使い分けは地域的差異よりも社会層的差異に関連している度合いが大きい（Montes, 1992, 531）．また，スペイン系アメリカにおける複数性の表示方法の概略については，すでに第2章の第2節「母音」の第2項で説明した．本節では文法上の数に関するその他の現象を紹介することにしよう．

　なお，先住民諸語との接触地帯における数の表示の不十分さについては，前述の第6項「性の呼応の欠如」も参照してほしい．

## 1）複数形名詞の扱い

　スペイン語には双数的な意識で使用される複数形名詞がいくつかあるし（calzones「半ズボン」, pantalones「ズボン」, tijeras「鋏」, tenazas「ペンチ」など），語源的理由で複数形になっている名詞もある（paraguas「傘」, sacacorchos「栓抜き」, abrecartas「ペーパーナイフ」など）．これらの名詞はこのままの語形で使われたり，複数形語尾をはずして単数形で使われたりする．この揺れはスペイン系アメリカのみならずスペインでも方言的なバリエーションとして観察されている．

　ペルーの沿岸部のスペイン語では，この語形の違いが指示物の単数・複数の違いに連動していることが報告されている．すなわち，1本の傘ならparagua, 複数本の場合にはparaguasというように使い分けるのである（Caravedo, 726）．この使い分けはメキシコでもいくつかの地域で観察されている（Vaquero, II, 16）．

## 2）文中の名詞の数

　スペインでは，主語が複数の文のなかで，主語の指示する人たちが各人それぞれ同一の身体部位や道具に動作を及ぼすとき，あるいは行為が複数の対象者に作用して対象者のそれぞれの身体部位や所属物に影響を与えるとき，その身体部位などを指す名詞は一般的に単数形で表示される．たとえばpidieron la palabra levantando *el brazo*「彼らは手をあげて発言を求めた」, doblaron *la rodilla*「彼らはひざまづいた」, aquellas quejas nos partían *el alma*「私たちはその悲痛な叫びに胸の張り裂ける思いをした」などである．この種の直接補語の表示は，かつては複数形のほうが多かった．そして現在のアメリカ・スペイン語でも複数形が非常に多い．たとえば　los peones movieron *las cabezas* y se miraron「人夫たちは首を振って、たがいに見つめあった」, los paisanos se quitaron *los sombreros*「土地の者たちは帽子をぬいだ」, y volvieron a beber hasta que se le hincharon *los vientres*「そして彼らは、腹がふくれるまで飲みなおした」などである（ラペサ, 624-5）。

### 3）単数表示の複数形

　スペインの中世や黄金世紀には、単数の指示物の名詞を複数形で表示する用法があった。たとえば la casa「（単数形）家」の意味で las casas と表示するのである。そしてこの用法が南米南部や中米の一部にも観察されている。広く使われている表現に los campos (=el campo)「野原」, los pagos (=el pago)「支払い」があるが、por estos pagos (=por este pago)「この支払いで」という言い方は今日のスペインでも日常的に使われている（ラペサ, 625）。

## 7．語形成と派生

　すでに紹介したように（第1節「はじめに」の第6項）、Montes はアメリカ・スペイン語における接尾辞の使用に関して、示小辞、示大辞、比較級、最上級の語形と意味表示を調べる必要があると指摘している。Montes はさらに名詞の語形成に関する検討事項を挙げている（同上の第7項）。接頭辞や接尾辞の付加、複合、隠喩の利用、省略による語形成などである。
　アメリカ・スペイン語の語形成と派生語形成については Frago y Franco (124-131) が Alvar (1992) や Kany (1960a など) を踏まえてコンパクトにまとめているので、以下にそれを参考にしつつ、用例の紹介には Miyoshi (2004a) のデータを加えて語形成と派生の概要を紹介しよう。

### 1）語形成の手段

　アメリカ・スペイン語の語形成の手段は、基本的には時代とともに変化している。まず、征服期と入植活動の初期には自分たちが持ってきたスペイン語（自分たちの世襲財産としての言語　español patrimonial）を活用する (vaca marina「海の雌牛（マナティー）」など) が、つぎの時代には先住民語を採用し (manatí「マナティー」)、さらにはスペイン語や既存の先住民語系の借用語を派生させてゆく。

第3章 アメリカ・スペイン語の形態統語法

　先住民諸語からの単語の採用については，本書の第1章第4節第1項の第2点「先住民語の採用」で触れたように，すでにコロンブスがいくつかを記録していることを思い出してほしい．また，先住民語から借用したアメリカ・スペイン語の語彙も時代が進むにつれて語形成の原資となるが，その様子は第4章で具体的な例を紹介しよう．★

## （1）世襲言語の活用

　例外はあるものの，新大陸の事物への命名は，最初，世襲言語のスペイン語が活用された．コロンブスが到着するまでは未知であった土地の目新しい事物には，その形態・様相・用途などがスペイン人がスペインで使用したり目にしていたりする事物と似ている場合には，その名前が適用された．iguana「イグアナ」を sierpe「蛇」とか culebra「小型の蛇」と，maíz「トウモロコシ」を panizo「粟」と，canoa「カヌー」を almadía「いかだ」と，楽器の quena「ケーナ」を flauta と，marimba「マリンバ」を atabal「(小太鼓の) アタバル」と，puma「ピューマ」を león「ライオン」と，jaguar「ジャガー」を tigre「トラ」と，zarigüeya「オポッサム」を zorra「雌キツネ」と，coyote「コヨーテ」を adive「ジャッカル」（こちらはアジア・アフリカが原産地）と，tapir「バク」を danta「ヘラジカ」と呼んだり，新たな居住地に故郷の地名を与えて Nueva España「新スペイン」（メキシコ副王領）とか Nueva Granada「新グラナダ」（南米北西部の副王領）とか Nueva Galicia「新ガリシア」（メキシコ副王領の西部）と命名した．

　この種の情報は新大陸の事績を書きとめた年代記作者たちの著述から集めることができるが，その内容を検討して，新大陸に独特の動植物や事物・現象の命名の時代的変化をたどった研究に Alvar (1992) がある（本書の第1章第4節の第2項でも簡単に紹介した）．Alvar によると，植民地時代の初期には上記のようにスペイン語を活用したが，命名の次の段階では，一方でそのようなことばに de la tierra「この土地の」とか de las Indias「インディアス・新大陸の」という修飾語をつけてアメリカ大陸のものであることを示し，他方で de España「スペインの」や de Castilla「カスティリアの」を付けてスペイン側のものであることを示した．よく知られている conejillo de In-

---

★　なお，アメリカ・スペイン語における命名の手段であるが，そのためのスペイン語の活用や先住民語の採用の詳細については，Buesa y Enguita が詳しいし興味深い．

dias「新大陸のウサギ」（ケチュア語系である可能性の高い cuy やトゥピ語系であるはずの cobaya が同義語の「モルモット」）のほかに，ratón de Indias「新大陸のネズミ」(hutía「フチアクーガ」），camisa de la tierra「土地のシャツ」(huipil「（インディオ女性の上着の）ウイピル」）があるし，「ブタ」cerdo を puerco de Castilla「カスティリアのブタ」と呼ぶことで puerco (pécari「ペッカリー」）と区別したり，oveja（「ヒツジ」）がアルパカやビクーニャを指す危険性があるので，それを oveja de España「スペインの oveja」と呼んで区別した．

## （2）語義の変化

　スペイン系アメリカでは，世襲言語として持ち込まれたスペイン語の語彙の一部が，新たな土地のさまざまな事情によってその語義を変えていった．アメリカに最初に到達したコロンブスたちはてっきりインド大陸に到着したものと思い，その土地の人を indio「インド人」と呼んだが，そのことでこの単語の語義が「アメリカ先住民」に変わったし，南米北部や中米やカリブ海域では四季のかわりに雨期と乾期が繰り返すことから，verano「夏」が「乾期」に，invierno「冬」が「雨期」にその語義を変えている．また，tortilla「卵焼き」はメキシコなどでおなじみの「トルティヤ」（トウモロコシ粉のせんべい）を意味している．あるいは，中世スペインでは「財産」を意味していた hacienda は新大陸で「家畜」の意味になった．lobo「オオカミ」は「黒人と先住民の混血児」その他の複雑な混血の人間を指すことになったし，volcán「火山」は「（アンデスの夏の雪解けの）洪水」や「土石流」のほかに，中米やカリブ海域で「大量」（un volcán de…「大量の〜」）の意味にもなっている．

## （3）複合語

　単語を組み合わせることで新たな名前を作る仕組みも利用された．寄生植物の一種が agarrapalo (agarrar「しがみつく」＋palo「木」），ナンキンムシ(chinche) が chupasangre (chupar「吸う」＋sangre「血」），刺のある植物が arañagato (arañar「ひっかく」＋gato「猫」），といった面白い名前もあるが，それらはほとんどがスペイン系アメリカの全域で使用されるというわけではなく，それぞれの地方に独特のことばとなっている．たとえば porsiacaso（＜por si acaso「（副詞で）万一のために」）はアルゼンチンとかベネズエラで旅行者の非常食であったり，correcorre（＜corre「走れ」）がカリブ海域で「逃

亡」の意味になったり，ペルーでは「ただ飯の機会を逃さない者」がhueleguisos (holer「におう」＋guiso「料理」) と呼ばれたりしている．

## 2) 接辞による派生

スペイン系アメリカにおける語形成で一番よく使われる手段は派生である．その派生手段の多くはスペインの標準語とも共通である．まず接頭辞の種類を見てみよう．

（1）接頭辞

A．a-：動詞の形成に多用され，起動相や様態の変化を示す．スペイン系アメリカで広く使われている aindiarse「インディオ indio のようになる」，acholarse「チョロ，メスティソ cholo のようになる」など．

B．des-：スペインと同様，「外れる」などの意味を加えて動詞などを形成する．広い地域で使われる動詞では desbarrancar「突き落とす」（＜barranco「絶壁」），名詞では destapador「栓抜き」（＜tapa「栓」）などがある．

C．en-：様相の変化などを示して動詞を形成する．encamotarse「惚れる」（＜ナワ語系の camote「つかぬまの恋」＜「サツマイモ」），メキシコで使われる enchinar「(髪を) 巻き毛にする」（＜ナワ語系の chino「巻き毛」），北米・中米で使われる enchinchar「いらいらさせる」（＜chinche「ナンキンムシ」），名詞では中米・北米で使われる enchilada「(トルティヤに具を入れた食べ物の) エンチラダ」（＜ナワ語系の chile「トウガラシ」）などがある．

（2）行動や効果を示す接尾辞

A．-ada：動詞から名詞を派生するときによく使われる．たとえば広く使われる atracada「満腹」（＜atracar「満腹させる」），北米・中米・南米北部で使われる vacilada「ばか騒ぎ」（＜vacilar「ばか騒ぎする」），あちらこちらで使われる mudada「引っ越し」（＜mudar「移転する」），fregada「迷惑」（＜fregar「困らせる」），hablada「強がり，叱責，あてこすり」（＜hablar「話す」）などがある．しかし中米・南米で使われる chanchada「卑劣な手口」（＜chancho「ブタ」）のように名詞から名詞を派生するときにも使われる．

B．-aje：それほど造語力は大きくない．南米南部で使われる tiraje「(煙

突の）吸い込み口」（＜tirar「（煙突が空気を）吸い込む」）など．

C．-ar / -ear：スペイン語でよく使われる動詞形成の接尾辞であるが，後者のほうが大衆的であり，一層よく使われる．音声変化して -iar になることも多い．よくつかわれる garuar「霧雨が降る」（＜garúa「霧雨」），南米南部で使われる noviar「恋人になる」（＜novio, novia「恋人」），チリの pololear「恋人になる」（＜pololo, polola「恋人」），南米の lechar「（牛の）乳をしぼる」（＜leche「牛乳」），コロンビアやアンティル諸島の一部で使われる salpiquear「（水などを）はねかける」（salpique「しぶき」），その他多数．

D．-dera：スペイン系アメリカの一般語でよく使われる名詞形成の接尾辞である．繰り返しの行動，延長された行為，わずらわしい行為などを表す．たとえば北米や南米北部で使われる bebedera「酒びたり」（＜beber「酒を飲む」），北米や中米の fregadera「度重なる迷惑」（＜fregar「困らせる」），中米や南米のいくつかの国で使われる habladera「陰口，うわさ」（＜hablar「話す」）などがある．

E．-dura：動詞から名詞を派生させる力の強い接尾辞である．zafadura「脱臼」（＜zafarse「脱臼する」），ベネズエラで使われる exageradura「誇張」（＜exagerar「誇張する」），メキシコで使われる lascadura「擦り傷」（＜lascar「引っかく」），南米の各地で使われる sacadura「抜き出し」（＜sacar「抜き出す」），スペイン系アメリカの広い地域で使われる asoleadura「日射病」（＜asolear「日光にさらす」）などの例がある．

F．-ón：動詞から多くの名詞を派生させている．たとえば北米・中米で使われる agarrón「つかみ合いの喧嘩」（＜agarrar「つかむ」）や南米南部以外で使われる jalón「引っ張ること」（＜jalar「引く」），スペイン系アメリカで広く使われる sacudón「激震」（＜sacudir「揺さぶる」），machucón「ぶつかり合い」（＜machucar「ぶつけて傷める」），zambullón「（水中への）飛び込み」（＜zambullir「飛び込む」），lastimón「怪我」（＜lastimar「傷つける」）などである．

(3) 仕事や代理業務を意味する接尾辞

A．-dor, dora：基語である動詞が表わす行為の実行者や場所を表現する．たとえばメキシコの amansador「調教師」とアルゼンチンの amansadora「（役所の）待合室」は動詞 amansar「（動物を）慣らす，（気持ち

を）和らげる」から派生している．ほかに広い範囲で使われる botador「浪費家」（＜botar「浪費する」），lavadora「洗濯機」（＜lavar「洗う」），entrador, dora「元気な，活発な」（＜entrar「入り込む」），南米南部やベネズエラで使われる salidor「散歩好き」（＜salir「出かける」）などがある．

B．-ero, ra：スペインと同じようによく使われるが，名詞からの派生が目立つ．その派生語には，広い地域で使われる cafetalero, ra「コーヒー園の農夫・農婦」（＜cafetal「コーヒー農園」），メキシコでよく使われる abarrotero, ra「食品業者」（＜abarrotes「食料品」）や bolero「(人)靴磨き」（＜bola「靴墨」），アンティル諸島や南米で使われる manisero, ra「(人)ピーナッツ売り」（＜maní「(タイノ語系で)ピーナッツ」），南米北部の cacahuero「カカオ栽培業者」（＜ナワ語の cacáhua「カカオの木の多い土地」），中米・南米でよく使われる pulpero, ra「食料品店の店主」（＜pulpería「食料品店」），スペイン系アメリカで広く使われる fondero, ra「安食堂の主人」（＜fonda「安食堂」）などがある．

C．-ón, ona：アメリカ・スペイン語でかなりの造語力を持つ形容詞形成の接尾辞であり，例としては南米北部の conversón, sona「話好きな」（＜conversar「会話する」），カリブ海域や中米で使われる huyón, yona とか huilón, lona「逃げ腰の，臆病な」（＜huir「逃げる」），メキシコやベネズエラの echón「空威張りの」（＜echarse「突進する」）などがある．

**（4）集合や豊富さを表現する接尾辞**

A．-ada, -aje, -erío：これらが代表的な接尾辞であるが，-aje, -erío が蔑称的なニュアンスを持っているのに対して，-ada はその点が中立的であるという違いがある．muchacho「子供」の集合名詞としては muchachada がよく使われる．ほかに，コスタリカの chapulinada「子供たち」（＜ナワ語系の chapulín「子供（←「バッタ」）」）などがある．-aje の例としてはアルゼンチンなどで使われる家畜関係の名詞 hembraje「(家畜の)雌の群れ，女の集団」（＜hembra「雌」），borregaje「子羊の群れ」（＜borrego, ga「子羊」），vacaje「牛の群れ」（＜vaca「雌牛」）があるし，-erío の例としては各地で使われる negrerío「黒人の集団」（＜negro「黒人」，平行して同義の negrería も使われる），南米南部の palabrerío「おしゃべり」（＜palabra「ことば」），中米でよく使われる genterío「群衆」

（＜gente「人びと」）などがある．

　B．-al：植物の群生地などを表現するので，この接尾辞を持つ派生名詞は栽培地を指すことが多い．スペインの標準語にも maizal「トウモロコシ畑」（＜maíz「トウモロコシ」），arrozal「稲田，水田」（＜arroz「米」）などがあるが，スペイン系アメリカにはプエルトリコや南米南部で使われる malezal「雑草地」（＜maleza「雑草」），中米やメキシコの cacaotal「カカオ農園」（＜cacao「カカオ」），南米南部で使われる yerbal「マテの木の林」（＜yerba「マテの木」）などがある．栽培地のほかにも，スペインの標準語である dineral「大金」（＜dinero「お金」）と同義語の platal（＜plata「お金」），tierral「砂ぼこり」などがある．

（5）容量を表現する接尾辞

　-ada：スペインと同様の語形成をする．アメリカ・スペイン語に見られる例としては，南米南部で使われる baldada「バケツ一杯分」（＜balde「バケツ」）や ponchada「ポンチョで包める量，大量」（＜poncho「ポンチョ」）などがある．

（6）道具や装置を表現する接尾辞

　A．-dor：それほど造語力は大きくないものの，南米南部の arreador「（御者などが使う）長い鞭」（＜arrear「（家畜を）誘導する」），広く使われる elevador「エレベータ」（＜elevar「高くする」），カリブ海域や南米北部の regador「ジョウロ」（＜regar「水をまく」）などがある．

　B．-dera：南米北部で使われる agarradera「（容器の）取っ手」（＜agarrar「つかむ」），南米南部の salivadera「たん壺」（＜salivar「つばを吐く」）などがある．

（7）衝突を示す接尾辞

　A．-ada：スペインの標準語と同じように語形成する．アメリカ・スペイン語には pechada「胸や肩の衝突」（＜pecho「胸」），cachada「角の一突き」（＜cacho「（動物の）角」）などがある．

　B．-azo：スペイン系アメリカで大きな造語力を発揮している．メキシコなどで使われる cachazo「角の一突き」（＜cacho），かつては広い地域で使われていた macanazo「棍棒による殴打」（＜manaca「（先住民が使っていた武器の）棍棒」），南米の suelazo「転倒」（＜suelo「地面」），南米南部の fuetazo「鞭打ち」（＜fuete「鞭」）などの例がある．

(8) 基語の動詞の行為が行われる場所を示す接尾辞

　-dero：スペイン系アメリカでも造語力があるが，派生語の多くは特定の地方や社会層に限定して使われている．たとえば広い地域で使われる bramadero「(畜殺する家畜をつなぐ) 杭」(＜bramar「(動物が) 鳴く」)，ウルグァイの隠語になっている enterradero「隠れ家」(＜enterrar「埋める」) などがある．

(9) 基語の名詞の販売場所を指す接尾辞

　-ería：これも造語力が大きい．たとえば中米や南米で使われる boletería「切符売り場」(＜boleto「切符」)，pulpería「食料雑貨店」(＜pulpa「骨なし肉」)，chichería「チチャ屋」(＜チブチャ語系の chicha「(トウモロコシの) チチャ酒」)，南米南部の churrasquería「シュラスコ食堂」(＜churrasco「(あぶり肉の) シュラスコ」) などがある．

(10) 基語の名詞の意味を属性に持つ道具などを示す接尾辞

　-era：南米南部で使われる heladera「冷蔵庫」(＜helado「アイスクリーム」)，lapicera「シャープペンシル」(＜lápiz「鉛筆」)，leonera「(刑務所の) 雑居房 (←「ライオンの檻」)」(＜león「ライオン」) などがある．

(11) 基語の指示する特徴を好む様子，それが過度である様子を示す接尾辞

　A．-ero, ra：スペイン語としては新しい語形成手段であり，主として形容詞を作る．たとえばスペイン系アメリカで広く使われている gallero, ra「闘鶏好きな」(＜gallo「雄鶏」)，lisurero, ra「厚かましい」(＜lisura「無恥」)，suertero, ra「幸運な」(＜suerte「幸運」)，チリの fallero, ra「よくサボる」(＜falla「欠乏」) などがある．

　B．-oso, sa：スペイン系アメリカの広い地域で形容詞や名詞の新語を作っている．それらは brilloso, sa「よく輝く」(＜brillo「輝き」)，filoso, sa「刃の鋭い」(＜filo「刃」)，よく知られた molestoso, sa「迷惑な」(cf. molestia「迷惑」)，南米南部の amarilloso, sa「黄色い」(＜amarillo「黄色」)，angurrioso, sa「食いしん坊の」(＜angurria「空腹」)，demoroso, sa「のろまな」(＜demora「遅滞」)，メキシコやペルーの resabioso, sa「悪い癖のついた (動物)」(＜resabio「悪い癖」) などである．

　C．-udo, da：造語力は強いが，強調や軽蔑のニュアンスを伴うこともある．主として形容詞を作る．たとえばスペイン系アメリカで広く使われている macanudo, da「すばらしい」(＜manaca「(先住民が使っていた

武器の）棍棒」)，trompudo, da「唇の厚い」(＜trompa「厚い唇」)，platudo, da「大金持ちの」(＜plata「お金」)，カリブ海域や南米で使われる agalludo, da「大胆な，勇敢な」(＜agallas「勇気」)，中米・南米の espinudo, da「刺の多い」(＜espina「とげ」)，南米で使われる filudo, da「刃の鋭い」(＜filo「刃」) などがある．

D．-ura：形容詞から名詞を派生させる接尾辞である．例としては中米・南米で使われる carura「高値」(＜caro「(値段が)高い」)，メキシコや中米・南米北部の sabrosura「うまさ」(＜sabroso「おいしい」)などがある．副詞からの派生もある．南米北部で使われている lejura「僻地」(＜lejos「遠くに」) など．

## 3）示大辞・示小辞による派生

　アメリカ・スペイン語では一般的に，公式の発話では使われないような示小辞の派生語がよく使われる．とくに文学表現などに接尾辞 -ito がついた副詞の callandito「おし黙って」(＜callando＜callar「黙る」) や corriendito「小走りで」(＜corriendo＜correr「走る」)などが現れていれば，まず中南米文学の作品であると言えるほどである．「やわらげ表現」atenuación を意図する傾向が強いことと関係がある（Vaquero, II, 26）．

　また，示小辞の -illo, -ete, -ín はほとんど使われない．使われるときには，後述のように基語の語義と異なった意味をあらわすことばを多く作っている（ラペサ，626）．示小辞といえば，筆者はラペサ教授の授業で聞くことができた「男性よりも女性がよく使い，スペインよりもスペイン系アメリカでよく使われる」という意味の指摘が忘れられない．

　示大辞や示小辞の用法については次のような特徴がある．

### (1) 示大辞 aumentativo

A．-azo, za：スペイン系アメリカの各地で形容詞を派生させているが，その多くが全域に通用するものではなく，特定の地方に限定して使われている．チリの tantazo, za「とても多い」(＜tanto「多くの」)や ocupadazo, za「とても忙しい」(＜ocupado「忙しい」) などである．南米南部の田舎では buenazo, za「とっても良い」(＜bueno「良い」)などが最上級の形態素 -ísimo の派生語（buenísimo）と平行して使われる現象が見られる．

B．-ón, na：例としては，よく知られた cimarrón, na「逃亡奴隷」（cima「頂上」から派生か？），facón「短刀」（＜faca「小刀」），南米南部の sacón「裾長の上着」（＜saco「ジャケット」）などがある．示大辞であるが，大衆語では皮肉の意味や示小辞のような意味を加えることがある．だからコロンビアの aburridón, na「少し退屈した」（＜aburrido「退屈な」），アルゼンチンの buenón, na「まあまあの」（＜bueno「良い」），chicón, na「まあまあ小さい」（＜chico「小さい」），lejón, na「少し遠くの」（＜lejos「遠くに」）などの意味を表現することがある．

（2）示小辞 **diminutivo**

A．-ico, ca：とくに中米やカリブ海域とその沿岸部で，別の示小辞(-ito)と一緒に使われることが多い．その現象からコスタリカの人々が隣国の人たちから tico, tica と呼ばれていることは良く知られている．例としては hermanitico, ca「友だち」（＜hermano「兄弟」），casitica「(小さな)家」（＜casa「家」）などがある．todo「すべて」はスペイン系アメリカの各地で toditito, toditico, toitico などの語形で使われている．また，基語の語末音節に子音の t が含まれているときにも，同音の重なりを避けるべく，この示小辞が使われる．その意味で carta「手紙」の示小語としては cartita よりも cartica が，gato「雄猫」なら gatito よりも gatico がよく使われる．

B．-ito, ta：示小辞ではスペイン系アメリカで一番よく使われているものとして，ahorita（＜ahora「今」）や todito（＜todo）などは良く知られている．ほかにも，南米南部の calesita「回転木馬」（＜フランス語系の calesa「二輪馬車」），nunquita（＜nunca「全然～ない」），チリで使われる同義の nunquitica，ウルグァイやベネズエラの futbolito「サッカーゲーム機」（＜fútbol「サッカー」），メキシコやエクアドルの nadita（＜nada「無」），アルゼンチンの allicito（＜allí「あそこに」）などが使われている．

C．-illo, lla：この示小辞は日常語での使用は少なく，動植物名などの形成に利用されている．aceitunillo（アンティル諸島の木）（＜aceituno「オリーブの木」），armadillo「アルマジロ」（＜armado「武装した」），cebadilla（キンポウゲ科の植物）（＜cebada「大麦」），南米でよく使われる frutilla「イチゴ」（＜fruta「果物」），granadillo「(キューバの)ジャケツイバ

ラ」（＜granado「ザクロの木」）, tigrillo「オセロット」（＜tigre「トラ」），zorrillo「スカンク」（＜zorro「雄キツネ」）などがある．★

## 8．動詞の形態統語法

　第3章第1節の「はじめに」で紹介したように，Montes が動詞の文法（形態統語法）について検討する必要があると指摘しているのは，事実の伝達や感情表現のために使われる時制とその意味，無人称表現での三人称動詞の複数形，動詞の迂言法の形や用法や意味である．以下ではこの3項目とその他，スペイン系アメリカにおける形態統語法の諸傾向を紹介しよう．

### 1）動詞の活用体系

　まず指摘されるのは，動詞の活用形がスペインの標準語では6種類であるのに，アメリカ・スペイン語では5種類であることだろう．本章の第2節「代名詞1」や第3節「ボス法と待遇表現」で解説したように，二人称複数の vosotros(tras) が使われず，複数の話し相手には敬称であれ親称であれ，ustedes が使われる．動詞 cantar「歌う」の直説法現在を例にすれば次のようになる．
スペインの標準語：canto, cantas, canta, cantamos, cantáis, cantan
アメリカ・スペイン語：canto, cantas, canta, cantamos, cantan．

### 2）接続法の用法

　接続法の使い方にもいくつか特徴的な現象がある．★★
（1）接続法過去の -se 型：
　アメリカ・スペイン語では接続法の過去時制の活用形（-ra 型と -se 型）について，-se 型の使用が一般的に極端に少なくなっており，公的性格の強い言語様態以外では -ra 型が好んで使われている．この現象はスペイン系アメリカのほぼ全域で見られる．

---

　★　スペイン系アメリカの諸都市における示小辞の使用状況を数的・質的に検討した研究に西村（2001など）がある．
　★★　福嶌（1997-2001）によれば，スペイン系アメリカにおける直説法・接続法の形態的・統語的機能には，スペインの標準的な用法と大きく違うところはない．

## 第3章　アメリカ・スペイン語の形態統語法

　たとえばメキシコの調査では，2種類の活用の型のあいだに見られる使用比率は，-ra 型が96.7%を占め，-se 型は3.3%であり，しかも後者の使用は公式様態に属していた（Moreno de Alba, 1993, 187）．

　この現象はアメリカ・スペイン語に限ったことではない．使用比率こそこれほど高くはないものの，スペインでも起こっている．この点に関して Rojo y Viega (2910) は，接続法過去のこのふたつの型は接続法独特のモーダル（叙法的）な内容を表現する場合，今日ますます等価になってきており，それゆえスペインでもスペイン系アメリカでも話しことばでは -ra 型を普及させ，-se 型を推敲度の高い文体だけに使用するような傾向がある，と述べている．

（2）-ra 型の意味：

　書きことばのレベルであるが，接続法過去時制に使われる -ra 型の活用形が直説法の過去時制や過去完了時制と同じ意味を表現している現象がある．この用法はスペインよりもスペイン系アメリカでいっそう深く根づいている（ラペサ，631）．用例としては Seguí las recomendaciones que me dijera mi padre la noche anterior. (標準語では me había dicho mi padre)「私は父が前夜言ってくれた勧めに従った」をあげておこう（Frago y Franco, 148）．

　直説法過去完了の代替表現ということでは，Frago y Franco (148-9) は Quesada Pacheco (1996, 110) が中米のスペイン語における完了過去時制の例としてあげた Vinieron a llevarse lo que ellos dejaron.「彼らは置いていったものを取りに来た」を引用しているが，さらに，スペインでも一般的な同種の代替表現の Se sintió mal porque comió mucho.「彼はたくさん食べたので気分が悪くなった」という例文を紹介し，同様の文意の Se sintió mal porque había comido mucho. との違いは，話し手が2種類の過去時の行為のあいだに時間的な差を認めるかどうかにかかっている，という可能性を示唆している．話し手がそのような時間差を意識していないなら，代替表現ではなくなる．

　-ra 型はさらにその機能を拡大し，接続法の現在完了時制や，疑念表現の過去未来や直説法現在時制の代替をすることができる（¿Qué hago?「私は何をしようか」の意味の ¿Qué hiciera? など）．また，スペイン系アメリカの大部分において，後時過去（過去の1時点からあとに起こる行為）の意味のとき

には接続法現在と競合しているので Fui a verla para que me preste un libro.「私は本を貸してもらうために彼女に会いに行った」のような表現が可能であるが，そうすることによって時制の伝統的な対応関係（主文の動詞が完了過去なら従属文の動詞は接続法過去）がくずれてしまっている（ラペサ，631-2）．

（3）直説法との交替：

スペインの標準語では接続法が使われるような文脈で直説法が，また反対に直説法のかわりに接続法が使われることがある．たとえば懐疑文では

  Quizá llueve mañana.（← llueva）「多分，明日は雨だろう」
  La saludaremos cuando llega.（← llegue）「彼女が来たら挨拶しよう」

このような法の交替の現象に関する研究の結果，どこでも書きことばではスペインの標準的な用法の通りであるが，話しことばでは教養階級でも好みが地理的に分かれるようだ，ということがわかった．メキシコ市ではマドリードやセビリアのように接続法が好まれるが，カラカスやサンホアンやリマでは直説法の使用のほうが頻度が高く，ボゴタや南米南部ではその中間の様相を見せている（Frago y Franco, 149-50）．★

## 3）直説法未来形の衰退

アメリカ・スペイン語の文法を解説する研究書の多くにおいて，その特徴のひとつとして，直説法未来時制の活用形がほとんど使われないという現象があげられている．Montes の3番目の現象には，この活用形のかわりに動詞の迂言形式が使われることが含まれているから，それにも関連する現象である．この現象については Moreno de Alba（1993, 182-4）が簡潔に紹介してくれているが，それを要約すると以下のようになろう．

この現象は，未来時制の活用形が死滅したということを意味するのではなく，ほかの時制の活用形ほどの効力がない，という事態を意味している．全般的に検討してみると，話しことばでよりも書きことばで使われることが

---

★ Lope Blanch（1990b）はメキシコのスペイン語について，感情動詞・可能の動詞・疑いの動詞に導かれる従属節や関係節において直説法の動詞が現れている例文を提示し，スペインの中世や現代における直説法の用例も紹介している．そしてメキシコでは，感情動詞の場合には過去や現在の実現が確認できる行為の場合にだけ直説法が現れる，と観察している．

## 第3章　アメリカ・スペイン語の形態統語法

多く，その記述資料での使用量は発話資料における量の倍ほどになっている．

　動詞の活用形が使われなくなってくると，べつの表現手段によってその時制の意味が表現されるが，アメリカ・スペイン語の場合，そして程度は低いもののおそらく一般的なスペイン語において，直説法未来時制の活用形は「ir＋a＋不定詞」という迂言形式によって，そして現在時制の活用形によって代替されている．これらの3種類の表現形式について，たとえばメキシコでの調査によって得られた使用頻度の割合は，ほかのスペイン系アメリカの国々のスペイン語にも通用するはずであるが，メキシコの話しことばでは未来時の行為を表現する場合の約半数は迂言形式で表現されている．4分の1は直説法現在で，そして残りの4分の1が未来時制で表現されていた．この表現手段の選択に関しては，その動機なり文脈なりの規則性を見つけることは困難だと思われる．

　他方，未来時制の活用形の衰退はスペインでも観察されるが，その度合いはスペイン系アメリカでのほうが大きい．

（1）**未来時制の意味**：未来時制は未来時の出来事のほかに，何種類かのモーダル（叙法的）なニュアンスを表現している．そしてその表現の頻度はスペイン系アメリカのほうがスペインよりも大きい．たとえば

　A．現在時の行為に関する蓋然性，仮定，あるいは推測：
　　¿No estarán vacías esas cajas?「それらの箱は空ではないだろうか」
　B．譲歩：
　　Será bonita, pero no me gusta.「きれいではあろうが，私は好きでない」
　C．疑い：
　　No sé quién escribirá mejor.「もっと上手に書く人がいるかなあ」
　D．感嘆：
　　¡Ay, cómo serás!「まあ，あなた，なんて人なの！」

のような表現が見られる．

（2）**未来完了時制の意味**：複合時制の未来完了（habré　cantado）（←cantar「歌う」）の衰退は，単純時制の未来（cantaré）よりも一層進んでいる．その衰退は話しことばに限らず，書きことばでも起こっているようである．たとえばメキシコの調査では，使用された一定数の動詞の活用形のなかで未来完了時制の占める割合は0.03％であった（15,880例の

なかの6例のみ）．この時制が表現しているのは圧倒的にモーダルなニュアンスである．たとえば
A．過去時の行為に関する推測，蓋然性：
Lo habrás visto muchas veces.「君は何度も彼を見たはずだ」
B．過去時の行為に関する疑い：
¿Se lo habrá llevado?「彼はそれを持っていったのではなかったか」
であるが，このようなニュアンスは完了過去，tener＋不定詞とか ir＋a＋不定詞のような迂言形式で代替される傾向がある．

## 4）過去未来の時制

　アメリカ・スペイン語では過去未来時制の cantaría の活用形もその使用が少なくなっている．上記の第3項と同じように Moreno de Alba (1993, 184) によると，その使用状況は次のようになる．

　未来時制ほどは衰退していないものの，過去時の行為に関する表現（過去未来，すなわち過去の1時点から見てそのあとに起こる行為）では，その使用が少なくなっている．しかしモーダルな（叙法的な）ニュアンスの表現ではそれほど衰退していない．過去未来の行為を表現する場合，この時制は未完了過去の時制か，未完了過去の ir＋a＋不定詞という迂言形式によって代替される．たとえば Le dije que vendría.「私は彼に，（その人は）やってくるだろうと言った」が Le dije que venía. とか Le dije que iba a venir. とかで表現される．過去未来の時制形は，メキシコで実際に使用された例を調査すると，過去時の行為（過去から見た未来）を表現する例は全体の1割しかなく，その9割はモーダルなニュアンスを表現していた（たとえば条件節＋帰結節でできている条件表現の帰結節だけで示される丁寧表現の Yo le aconsejaría que...「私ならあなたに〜を忠告するのですが」などであるが，過去未来時制によるこのニュアンスの表現はスペインでも普通に行われている）．★

　過去未来の複合時制（habría cantado）は，実際には全スペイン語圏で使

---

★　Demello (1997a) はスペイン系アメリカの教養口語における法助動詞 deber, poder, querer が条件表現の帰結節において過去未来形であるか接続法過去（-ra 型）であるかを調べている．それによると，deber と poder は過去未来形が圧倒的だが，querer では接続法過去形のほうが多い（43）．

用されていない直前過去（hube cantado）についで，その使用が少ない．書きことばでもわずかである．そしてこの現象はすでに16世紀のスペインでも観察されていた．この時制を代替しているのは

  A．接続法の過去完了時制：
　　Si hubieras venido, te *hubieras divertido*. （← habrías divertido）
　　「君は，もし来ていたなら，楽しめたでしょう」
  B．直説法の現在時制：
　　Si hubiera estado yo, no te *pasa* nada. （← habría pasado）
　　「もし私がいたなら，君には何も起こらなかっただろう」
  C．未完了過去の ir＋a＋不定詞の迂言形式：
　　Si no vinimos, *íbamos a quedar* mal. （← habríamos quedado）
　　「もし私たちが来ていなかったなら，不都合なことになっただろう」
などである．

## 5）単純時制好み

　世界のスペイン語に共通の現象のひとつとして，直説法の複合時制である現在完了（he cantado）よりも単純時制の完了過去（canté）を好む傾向がある．スペインの標準語では，終わっている行為が現在からどれほど遠いかということよりも，現在を含んだ時間帯で起こったという意識があれば現在完了形になる．だから一般的に，現在を含む時間帯を示す副詞表現を伴えば現在完了形が使われる．しかし過去の時間帯を意味する副詞表現が伴えばその行為は現在とは切り離されるため，完了過去で表現される．

　しかしながら北アメリカ（メキシコ）やコロンビアなどでは，問題の行為が現在を含む時間帯で起こったのか，あるいは現在と切り離された過去時で起こったのか，ということは表現の対象になっていない．現在を含む時間帯での行為でも完了過去が使われ，Hoy llegué tarde.「私は今日，遅刻した」とか Este año no pude ir.「私は今年，行けなかった」などと言う．反対に現在完了はスペインの標準語と違って，過去時に始まったが継続している行為を表現するので，この両方の時制は交替可能ではなく，相補的である．このような継続相（現在完了）と完了相（完了過去）の違いがあるということで，現在完了の用例が少なくなるが，それは現在完了が使われなくなっているということではなく，それに対応する行為の意味領域が限定されているだ

けである (Moreno de Alba, 185-7).★

このように行為の意味領域が異なる点では，プエルトリコのスペイン語もよく似ている．過去の点的な行為は完了過去で表現され(comió「彼は食事した」)，繰り返しの行為 (ha llamado「彼はたびたび電話した」) や現在まで続いている行為 (ha mejorado「彼は良くなってきている」) や，まだ行われていない行為 (no ha llegado「彼はまだ着いていない」) は現在完了で表現される (Vaquero, II, 29).

完了過去時制による現在完了時制の代替という現象は，古カスティリア語にあったし，今日ではイベリア半島北部やカナリア諸島の諸方言にも起こっている (ラペサ，630)．

## 6) 代名動詞（再帰動詞）

スペインの標準語では再帰代名詞と一緒に使われない動詞が，アメリカ・スペイン語ではそれを伴うことが多い．enfermarse「病気になる (=自動詞の enfermar)」，treparse「よじ登る (=自動詞の trepar)」，recordarse「思い出す (=自動詞・他動詞の recordar)」，tardarse「時間がかかる (=自動詞の tardar，無人称表現ではない)」，robarse「奪う (=他動詞の robar)」などがある (Vaquero, II, 29).

ラペサ (630) はほかに soñarse「夢を見る (=自動詞・他動詞の soñar)」や devolverse「どこかの場所に戻る」，およびその同義語の regresarse を紹介し，後者の2語は再帰代名詞なしの他動詞用法があって，それと区別するために再帰動詞になっていることに注意を促している．そして Me *regresaron* los diez pesos pagados más.「私は余分に払った10ペソを払い戻しても

---

★ Lope Blanch (1991, 131-143) はこれらの用法を詳細に検討しているが，その注2でメキシコのスペイン語を研究するときに留意すべき重要な点を指摘している．この国では書きことばと話しことばがかなり違っているという点である．それによると，メキシコでは書きことばはスペインの標準語に準拠しており，教養文語における平準化を見せていて，この2種類の時制の使い方はスペインの標準語と変わらない．しかし話しことばでは独特の使い方をする．そこでは，現在完了時制が消えつつあるのでもなく，それと完了過去時制が混同されているわけでもない．この2種類の時制の使い方がカスティリア語の使い方と異なるだけだ，ということである．そういうことならば，Moreno de Alba が指摘している両時制の使い分けも，メキシコの話しことばに見られる現象であることになる．

らった」という例文を紹介している．スペイン系アメリカでは regresar が「戻す」の意味で（スペインでは自動詞で「戻る」），そして devolver はスペインと同様に他動詞で「戻す」という意味で使われている．

## 7）無人称表現と受動表現

　アメリカ・スペイン語では広い地域において，行為者が不明か，わかっていても表示の必要がなくて被動作主が複数名詞である場合，スペインの標準語では一般的に無人称表現（se＋三人称単数形の動詞＋複数形の名詞句）になるような文脈でも，受動表現（se＋三人称複数形の動詞＋複数形の名詞句）がそれと並行して使われる．この並行使用はスペイン系アメリカの全土で観察されるが，これまでの調査資料によれば，三人称複数形の動詞を使うほうが優勢になっている．たとえば Se vende / Se venden diarios.「新聞が売られている」，Se alquila / Se alquilan habitaciones.「部屋が貸し出されている」，Se arregla / Se arreglan zapatos.「靴が修理される」などのようにである．ブエノスアイレスの教養語では，おおよそ無人称表現が3分の1，受動表現が3分の2を占めている（Fontanella, 1992, 154）．

## 8）無人称表現の動詞

　haber と hacer を使って表現される無人称文において，これらの動詞は，スペインの標準語では三人称単数形で使用される．問題は，動詞の後ろに現れる名詞句が複数形のときには動詞も三人称複数形になる現象である．
　haber は時制によって受容度に違いがあるようである．現在時制では hay のかわりの一人称の複数形 habemos，過去時制では hubo のかわりの hubieron，そして特に habían がよく使われる．三人称の現在時制では hay のかわりの hain はそれほど使われない．hacer も同様で，よく使われるのは Hacen / Hacían / Hicieron / Han hecho muchos años que llegó aquí.「彼がここに着いてから何年もたっている / たっていた / たった / たった」である（Vaquero, II, 29-30）．ラペサ（630）の例文をあげておこう．

　　　Hubieron desgracias.「不幸なことがあれこれあった」
　　　Habían sorpresas.「驚くことがいくつかあった」
　　　En la clase habemos cuarenta estudiantes.
　　　「教室には（私も含めて）40人の学生がいる」

概説　アメリカ・スペイン語

¿Quiénes hayn adentro?「なかにはだれがいるのか」★

## 9）動詞の迂言法

　アメリカ・スペイン語の特徴のひとつとして，動詞の迂言形式を好むという傾向がある．その使用頻度も形式の数もスペインの標準語より大きい．以下ではその形式のいくつかを Vaquero（II, 30-31），Frago y Franco（147-8），ラペサ（632-3）などを参考にしつつ紹介しよう．★★

（1）**haber＋de＋不定詞**：アルゼンチンではこの迂言形式で過去の行為が遂行直前であった状態を表現する．

Hube de viajar, pero no se dieron las condiciones adecuadas.
「私は旅行に出るところだったが，条件がそろわなかった」

　　また，スペイン系アメリカの広い領域で，直説法未来時制が表現している意味（未来時の行為や現在時の蓋然的な行為）を担うことがある．

Vamos pronto, hijita, que los bebés han de estar llorando.
「さあ娘や，赤ちゃんたちが泣いているだろうから急いで行こう」

（2）**ir＋現在分詞**：現在時の点的な行為を表わす．スペイン系アメリカで広く観察されている．

¡Cómo le va yendo!「お元気ですか」
Voy acabando.「私は終わったところです」
Voy llegando.「私は着いたところです」

---

★　Demello（1991）は，無人称表現の haber の複数形について，スペイン語圏の11の都市における教養口語での出現状態を調査し，その結果を報告している．彼の結論によると，複数形での使用はスペイン系アメリカの諸都市に共通して起こっているが，他方，スペインの教養口語には現れていない．だからスペイン系アメリカでは，この複数形は非教養語のレベルだけでなく，教養語のレベルででも使われていることになる．現れている活用形では三人称の habían が他をおさえて圧倒的に多い．一人称複数の活用形のなかでは habíamos の使用が目立つが，habemos や debemos haber もあった．

　また筆者の個人的な経験であるが，2002年にコスタリカのサンホセ市でタクシーに乗ったとき，運転手にその国のタクシー台数を ¿Cuántos son actualmente los taxis en San José? とたずねたら，Habemos dos mil, tres mil... という答えが返ってきたことが思い出される．

★★　動詞 ir を使う迂言形式の地域バリエーションについては Aoto の研究が興味ぶかい．

— 138 —

（3） **estar＋現在分詞**：行為の進行相ではなくて点的な行為を表現する．
　Estoy saliendo a las cinco de la tarde.「私は午後の5時に出かけます」
　Mañana le estoy llamando a las ocho.「私は明日8時に電話しますよ」
　Estaré saliendo mañana.「私はあした出かけるつもりです」
　Estuve saliendo a la una.「私は1時に出かけました」
（4） **saber＋不定詞**：soler「よく～する」の意味になる．
　Pedro sabe comer tarde.「ペドロはたいてい夕食が遅い」
　Pedro sabía comer tarde.「ペドロはたいてい夕食が遅かった」
（5） **dar＋現在分詞**：コロンビア南部などでは命令表現に使用される．
　Déme trayendo…「私に～を持ってきてくれ」
　Dame haciendo mi trabajo.「私の仕事をやってくれ」
（6） **現在形の ir＋y＋現在時制の動詞**：コロンビアや中央アメリカでは未来時制の代わりになっている．
　No se levante, porque va y se cae.「倒れるだろうから，立たないで」
（7） **起動相の意味の迂言形式**：
　Dice a gritar.「彼は叫び始める」
　Agarró a caminar.「彼は歩き始めた」
　Se largó a llorar.「彼は泣き始めた」
　Cogió a insultarme.「彼は私をののしり始めた」
（8） **acabar＋de＋不定詞**：コロンビアではこの形式が特別な意味もなく使われる．
　¿Cómo le acaba de ir?（＝¿Cómo le va?）「お元気ですか」

# 9．前置詞

　Montes によると，前置詞の用法について調べるべきは，hasta や a，そして接続詞 que の前に前置詞 de を置く用法と置かない用法などである．なお，このケ用法とデケ用法については，第11節の第3項で扱う．

## 1）desde と hasta

　前置詞の desde と hasta は，スペインの標準語では本来「行為の始点と終点」を示すときに使われるが，北米・中米・南米北部ではそのような意味を

概説　アメリカ・スペイン語

帯びず，単に特定の時を表示するという用法がある．たとえば desde el lunes llegó は「月曜日から」ではなくて「彼は月曜日に着いた」という意味になるし，hasta las doce almorcé は「12時まで」ではなくて「私は12時に昼食をとった」，volveré hasta que pase el invierno は「私は冬が終わる頃に戻ってくるよ」という意味で使われる．desde のこの用法はキューバ（denge とか dengue になる）やプエルトリコでも観察されているし，古くはスペインの16世紀末にも用例が見られる（ラペサ，634-5）．

（1）**desde**：

　この前置詞の特別な用法は，ラペサは上記のように特定の時を表示すると解釈しているが，Moreno de Alba (1993, 194) は余剰の前置詞であると解釈している．なるほど，彼の例文の Llegó desde ayer.「彼は昨日着いた」もラペサの例文も前置詞なしで成立する．★

（2）**hasta**：

　メキシコのスペイン語の研究ではこの前置詞の非常に珍しい用法に関する見解が何点か発表されている．

　Moreno de Alba (1993, 193) によれば，北米，中米，南米北部のあちらこちらで使われている hasta の特別な用法であるが，文中の否定語（no）がしばしば省略されるので，省略されていないときに表示する「終点」の意味だけでなく，「始点」の意味も表現することになる．そこで，Fulano desayuna hasta las doce. という文は「某氏は12時に朝食をとり始める」とも「12時に朝食を終える」とも解釈できるし，La tienda abre hasta las ocho. なら，「その店は8時に開く」とも「8時に閉まる」とも受け取れる，ということになるという．しかしながらこのような曖昧さは，文脈と一般常識があればかなり回避できる性格のものであろう．

　また，Lope Blanch (1990c) によれば，hasta のこの用法はスペインでも古くから記録されているし，スペイン系アメリカでは19世紀から目立ってきている．この hasta が使われるのは述部が肯定文であり，その動詞の意味は完了相のアスペクトである場合に限られる．そして特定の時を強調して「〜に

---

★　この解釈は，すでに Kany (1969, 421) に見られる．また Moreno de Alba は，注79にて，この用法も標準用法（está aquí desde ayer「彼は昨日からここにいる」）と共存していることに注意を喚起している．

第3章　アメリカ・スペイン語の形態統語法

なってようやく」というニュアンスを含みつつその時を「～に」という意味で示す用法である．注意すべきは，この特別な用法も常に標準的な「～まで」という意味の用法と共存しているということである．

　とはいえ，上記の店の例文では，動詞 abrir が「開き始める」という起動相的な意味で解釈されれば開店のことになるし，「開いている」という継続相的な意味の解釈なら閉店ということになる．起動相（完了相）の解釈のときに特定の時を示す問題の hasta が使われることになり，継続相の解釈の場合にはスペイン語の標準的な「～まで」という意味の hasta が使われることになる．動詞の多くでこのような両義の解釈が可能であるから，この特別用法のことを知らない人なら，文脈がわかっていても時として誤解が生じるであろう．

　ペルーでは，沿岸部の北部と南部でhastaの意味が反対になっている．Cierran hasta las doce. では，北部では「そこは12時に閉まる」となるが，南部では「そこは12時に開く」となる（Vaquero, II, 35）．後者は標準用法である．★

　hasta には，さらに，スペインとも共通の興味深い現象がある．主節が否定文でその述部が完了相の意味のとき，hasta que で導かれる従属節に，意味的には価値のない no，いわゆる虚辞の no が入るという，ほぼ全スペイン語圏に見られる現象である．たとえば Todos se quedaron hasta que se acabó el vino.「みな，ワインがなくなるまで留まった」の主節が否定文になり，「だれもワインがなくなるまで留まらなかった」という意味の文になると，標準的な用法では Ninguno se quedó hasta que se acabó el vino. となるが，hasta que の節に副詞の no が現れ Ninguno se quedó hasta que no se acabó el vino. となることがある．Manuel Seco (1998) はこの両方ともスペインでは規範的であるとしている．★★

---

　★　この用法は標準型の形式である no... hasta の否定語が省略されて起こるという解釈もあるが，筆者は Miyoshi (2005d) にて，それは hasta の副詞的な「～さえ」という意味の標準的な用法がその機能を拡大したものであろうという仮説を発表した．
　★★　この，いわゆる虚辞のno については，主節の否定表現が引き金になって従属節にもno が現れるという解釈があるが，主節が肯定文の場合にも現れるという現象があることから，筆者は Miyoshi (2005c) において，主節のアスペクト性（否定文にはアスペクト性がみとめにくい）によって生起するのではないかという仮説を紹介した．

## 2）省略される前置詞

　スペインの標準語では使用されているのにスペイン系アメリカでは省略される前置詞がある．Moreno de Alba（1993, 194）に従って解説しよう．
（1）**de**：acordarse de ～「～を覚えている」が de を省略して使われている．No me acuerdo la fecha.「私はその日付を覚えていない」．
（2）**con**：obsequiar con ～「～を贈る」は，普通，贈る相手が直接補語になる他動詞で Me obsequió con un libro.「彼は私に本を贈ってくれた」のように使われるが，con なしで使われて，贈るものが直接補語の他動詞になって Me obsequió un libro. のように言われることがある．また，soñar「夢に見る」は自動詞で，夢の内容は前置詞 con とともに表示されるが，この前置詞が省略されることがあるので，Soñé contigo.「私は君の夢を見た」が Te soñé. になる．
（3）**a**：invitar「招待する」は相手が直接補語になり，Te invito a una copa.「君に一杯おごるよ」のように招待する内容は前置詞 a で表示されるのが普通であるが，それが省略され，Te invito una copa. のようになる．

## 3）代替される前置詞

　スペイン系アメリカでは，スペインの標準語で使用されている前置詞のかわりに別の前置詞が使われることもある．上記第 2 項と同じく，おもに Moreno de Alba（194）に従って解説しよう．
（1）**a**（← **de**）：aprender「学ぶ」は，教えてくれる相手は前置詞 de で表示されるが，それが a になることがあり，Juan aprende a su papá.「ホアンは自分の父親から学ぶ」となる．
（2）**a**（← **de**）：「～とは異なった」の意味は普通，distinto de... で表現されるが，その前置詞が a になって，Esto es distinto a aquello.「これはあれと違う」のようになる．
（3）**a**（← **en**）：スペインの標準語では，動詞 entrar「入る」の入る場所を en で表示することが多いが，それが a になって，Juan entra a la casa.「ホアンはその家に入る」のように使われる．
（4）**a**（← **por**）：trabajar「働く」の目的は por で表示されるが，それが a になって，Trabajo a realizarlo.「私はそれを実現させるために働く」と

なる.

（5）**de**（← **en**）：quedar「とどまる」を使って同意を表現するとき，その内容は前置詞 en で表示するのが普通であるが，それが de になるので，Ellos dos quedaron de verse.「ふたりは会うことにした」のように言われる．

（6）**en**（← **de**）：examinarse「試験を受ける」のときの科目は普通，de で表わされるが，その前置詞が en になることがあり，Me examiné en matemáticas.「私は数学の試験を受けた」となる．

　Vaquero (II, 35) はこの代替の例として，プエルトリコの次のような言い方を紹介している．El ambiente *en* los Hobbie Cats era mi favorito.「ホビーキャッツの雰囲気が私は好きだった」, Los sucesos más interesantes *en* la Biblia eran…「聖書にある最も面白い出来事は～であった」, Las cinco *en* la tarde.「午後の5時」.

（7）**en**（← **por**）：スペインの標準語では，1日の時間区分を表わす単語が定冠詞とともに文中に現れるとき，それに前置詞 por をつけて副詞句とし，その時間帯を por la mañana「午前中に」, por la tarde「午後に」, por la noche「夜に」のように表現する．しかしスペインの古典期やアメリカ・スペイン語では por のかわりに en が使われるので，en la mañana, en la tarde, en la noche のようになる (Pavón Lucero, 617)．

　Vaquero (II, 35) はプエルトリコの Tenía preferencia *en* ellos.「その人は彼らをひいきにしていた」という用例を紹介している．

## 4）人間の直接補語につく a の省略現象

　スペインの標準語では直接補語が人間を指せば，その直前に a を置かなくてはならない．その省略現象に触れておこう．Vaquero (II, 34-5) に従う．

　この現象はアンティル諸島のほかにもボリビアなどで報告されているし，ベネズエラではその省略が間接補語にも及んでいる．

　　Contrató [a] un abogado. (プエルトリコ)
　　「彼はひとりの弁護士と契約した」
　　Y [a] el autor lo han pescado no más. (ボリビア)
　　「そして犯人はあっさり釣り上げられた」
　　[A] Nosotros no nos daba tiempo. (ベネズエラ)

「私たちには時間がなかった」

## 10．その他の品詞の用法

### 1）副詞
　いくつかの副詞がスペインの標準語とは異なった使われ方をしている．それらについてラペサ（634）などを参照しつつ説明すると以下のようになる．
（1）**siempre**：スペインと同じ意味の「いつも」のほかに，「ついに，とうとう」の意味で使われる．そこで ¿Siempre fueron al cine anoche?「彼らは結局，昨夜映画に行ったのか」とか ¿Siempre saldrá de la ciudad mañana?「彼はついに，あした町を出るのか」のような言い方が聞かれる．南米北部など．
（2）**recién**：スペインの標準語では過去分詞の前に置かれて「～したばかり」の意味で使われるが，スペイン系アメリカでは recién habíamos llegado「私たちは着いたばかりでした」のように「いますぐ，～するとすぐ」の意味で使われる．また時を表わす副詞をしたがえて「まさに，単に」のような意味で使われることもある．recién entonces「まさにそのとき」とか recién ahora「ほんの今さっき」のようにである．南米南部など．
（3）**mero**：この単語はスペインの標準語では「単なる」のような意味で使われるが，メキシコや中米では「まさに，きっかり」の意味の副詞・形容詞となり，文の焦点化要素として mero en frente de nosotros「まさに我々の前で」のように使われる（Kovaci, 775）．
（4）**cómo no**：これはアメリカ・スペイン語を特徴づける肯定表現の副詞である．スペインの標準語の ¡Claro!「もちろん」に相当する．
（5）**acá と allá**：場所指示の副詞は，スペインでは aquí「ここに」が使われるような文脈に acá が，allí「あそこに」が使われるようなところに allá が使われる（Frago y Franco, 144）．しかしながら，aquí-acá, allí-allá のペアはそれほど画然としたニュアンスの違いに対応しているとは思われない．普通，スペインの標準語では aquí, allí は具体的な場所を指し，acá, allá は漠然とした場所をさすというものの，身近な場所を指示するときに acá は頻繁には使われず，もっぱら aquí が使用されるし，

— 144 —

同様に話し手からかなり離れた場所を指すには allí が多用され，allá は場所指示のほかに距離的なニュアンスをも含んでいると思われる。なぜならば，La estación está más allá del río.「駅は川の向こうにある」と言えるからである。

（6）**medio**：medio は副詞「いくぶん，なかば」でもあり形容詞「半分の」でもあるが，スペイン系アメリカの広い地域で，この副詞の意味で形容詞として使われ，それが修飾する相手の名詞と性・数の一致を見せている。たとえば media tonta「いくぶん馬鹿な」，medios dormidos「なかば眠っている」，medias distraídas「なかばうわの空の」などのように使われる（Vaquero, II, 33）。

（7）**como**（**que**）：この語（句）は副詞的な働きをして，やわらげ表現 atenuación の構文を作ることがある。yo como que me voy「私は，まあ，おいとましましょう」，era como sucia「汚いといえそうであった」のようにである。また，蓋然性のニュアンスを表現して como que quiere llover「降りだしそうですね」のような言い方をする（Vaquero, II, 33）。

## 2）副詞的な表現 diz que

　diz que は，スペインでは古い無人称表現の形式であって現在も方言のなかに残っているが，スペイン系アメリカでは dizque, desque, isque, es que, y que のような語形で存続していて，スペインよりもひんぱんに使用されている。

　　Ya desque están formando los comités.
　　「もう委員会を作りかけているそうだ」（ラペサ，633）。

## 3）形容詞の副詞的用法

　形容詞を文中で副詞として使用する現象はスペインでも観察されているが，その度合いはスペイン系アメリカのほうが高い。ラペサ（627）の例文をいくつか紹介しておこう。

　　Nos íbamos a ir *suavecito*.「私たちはゆっくり進んでいった」
　　¡Qué *lindo* habla!「なんと可愛らしい話し方をすることか」
　　*Fácil* se va hoy de la capital a Flores.
　　「きょうび，首都からフロレスへはなんなく行ける」

Vaquero (II, 32) は，形容詞が複数名詞とともに使われていて両者のあいだに数の一致が見られないことで明白に副詞的用法であることがわかる例の，arregla las cosas bonito「ものをきれいに片付けている」をあげている．

## 4) 接続詞

スペイン系アメリカの諸方言で観察される接続詞の珍しい用法をいくつか紹介しよう．Moreno de Alba (1993, 194-5) を参考にする．

( 1 ) **(a) lo que**：時を表現することがあるので，A lo que di la vuelta, me robaron.「私は一回りしたときに盗まれた」のように使われる．

( 2 ) **cada que**：cada vez que とか siempre que「～するときはいつも」のかわりに使われる．たとえば Cada que llueve, me duelen las piernas.「雨が降るといつも脚が痛む」など．

( 3 ) **cosa que**：目的的意味の接続詞（para que とか a fin de que）のかわりをするので，Ven temprano, cosa que no llegues tarde a la reunión.「集会に遅れないために，早めにいらっしゃい」などと使われる．

( 4 ) **de que**：時とか動機を示す接続詞として使われ，De que a mí me gusta algo, lo compro.「なにか気に入るものがあったら買いますよ」となる．

( 5 ) **desde que**：論拠を示す接続詞として使われる．ya que とか puesto que「～であるからには」と同義である．たとえば Desde que no estás de acuerdo, me voy.「君が違う意見であるのなら，私は失礼するよ」のようになる．

## 5) 間投詞

呼びかけの間投詞 ¡che! は，今日，南米の南東部にあるラプラタ地方やイベリア半島のバレンシアで話しことばの特徴になっている．筆者も留学先のボゴタで散歩中に，アルゼンチンから赴任してきたばかりの教授に遠くから ¡che, vo(s)! と声をかけられたことを覚えている．これは15-17世紀にイベリア半島の文学表現で頻繁に使われた間投詞 ¡ce! の系統であろう（ラペサ，635）．

## 6）比較級語の表現

比較級語の使い方についてもアメリカ・スペイン語で目立つ現象がある．

（1）**比較級語の重複使用**：これはスペインでも平俗語で起こっているが，やはりスペイン系アメリカでも教養階級の人たちが使うのは珍しく，大衆的な用法である．比較級表現では más mejor（más「一層多く」＋mejor「一層よい」），menos peor（menos「一層少なく」＋peor「一層悪い」），más primero（más＋primero「一番の」）などがあるし，絶対最上級の表現では muy mucho（ともに「とても」），muy grandísimo（muy＋grande「大きな」＋-ísimo 絶対最上級の接尾辞）などがある．

（2）**限定の表現**：

A．no más：比較級語を含むこの副詞句はスペインでも限定的な意味で使用されているが（a usted no más「あなただけに」など），スペイン系アメリカでは意味領域を拡大して，一種の強調の意味を表現している．たとえば allí no más「まさにあそこで」，hable no más「思い切ってお話しください」のような使い方がある（ラペサ，634）．

　この副詞句は1語に扱われて nomás とも記述される．そしてたいていは文末に置かれ，限定の意味の焦点化要素 focalizador として機能すると解釈することができる（Kovacci, 775）．

　また，チリのサンティアゴの教養口語スペイン語におけるこの副詞句の用法を検討してみると，この首都ではスペインで一般的な同義語句の nada más と平行して使われているが，頻度はこれの倍近くになっている．またその使用者は大衆層に限らず，教養階級の人たちも頻繁に使用している（Miyoshi, 2000, 10）．

B．más nada など：比較級語の más に否定語が後続する語連続がある．否定語は nada のほかに ninguno, ninguna, nunca, nadie などが使われる．この現象は19世紀にコロンビア人の Cuervo もその存在を指摘しているが，現在ではカナリア諸島やカリブ海域とその周辺地域で頻繁に観察されるようである．アメリカ・スペイン語ではこの地域の特徴的な要素になっている．しかしカラカスの教養語を調査したところ，そこでは nada más と並行的に使用されている．用例としては No he hecho más nada de importancia.「私は重要なことはそれ以上していません」，Ella era la única que vivía ahí, ahí no vivía más nadie.「彼女はそこに住ん

でいるただひとりの人でした，そこには彼女以外はだれも住んでいませんでした」などがある（Miyoshi, 2001）．

　この語順は，スペインの標準語での否定語前置の語順が逆転したものだという解釈がなされているし（Sánchez López, 2586），スペイン語の一般的な傾向に従っているだけだ（Álvarez, 1987, 23）という指摘もある．más nada の語連続の現象は，比較級語の前と後ろという位置には特別な意味があるので（前には比較の結果の差が，後ろには比較の内容が表示される），じつに興味深い奇妙な現象である．

C．最上級の表現：

　最上級の表現で，従属節に含まれる比較級語が主節のほうに転移する用法がある．カリブ海域やカナリア諸島で活発に使われているが，南米南部でも観察されている．たとえば，スペインの標準語の El más viejo no es el que más sabe.「一番の年寄りが物事を一番よく知っている人ではない」が El más viejo no es el más que sabe. となったり，Eso es lo que más me gusta de Antonio.「それがアントニオのことで私が一番好きなことだ」が Eso es lo más que me gusta de Antonio. のようになる現象である．しかしこの más の移動が可能なのは，比較級語が単独で使用されている場合であるから，El más viejo es el que más historias sabe.「一番の年寄りは一番多くの話を知っている人だ」のように形容詞のときには移動しない（Brucart, 480-1）．

# 11．文の組み立てなど

　Montes はアメリカ・スペイン語における文の配置などについて，等位節・従属節・条件節・副詞節の扱い方，SVO とか OVS などの語順，化石化した強調文のような項目を検討するべきであると述べている（本章の第1節「はじめに」）．ここでは文の組み立てに関するいくつかの特徴を紹介しよう．

## 1）主格人称代名詞の位置

（1）疑問文の場合：アンティル諸島に特徴的な現象として，疑問詞と動詞のあいだへの主格人称代名詞の挿入がある．パナマやベネズエラといったカリブ海沿岸部でも観察されている．たとえば ¿qué tú dice(s)?「君は

何を言っているのか」，¿por qué usted quiere que las cosas sucedan así?「あなたはなぜ，物事がそんな風になればいいと思っているのか」，¿cómo tú te llama(s)?「君の名前は？」，¿dónde yo estoy?「ここはどこ？」などであるが，これらの文ではスペインの標準語の場合，主語はたいてい動詞のうしろに置かれる．この現象はラプラタ地方にも起こっているし，またスペインではレオン地方の北部やバレンシア地方やカナリア諸島にもあるし，スペインの古典期の作家にも用例がある（ラペサ，628）．

（２）不定詞の主語：また，不定詞の意味上の主語は，スペインの標準語では不定詞の後ろに置かれるが，カリブ海域では不定詞の前にくることがある．たとえば al yo venir「私が来るとき」，al tú decirme eso「君がそれを私に言うとき」，sin ella saberlo「彼女がそれを知らないままに」などである（Vaquero, II, 19）．

（３）従属節の場合：スペインの標準語では従属節の主語は動詞のうしろに置かれる．カリブ海域におけるスペイン語での，従属節における主語の位置（動詞に先行する）について，その主語が代名詞のとき（前２例）と代名詞でないとき（残りの３例）の興味深い例文があるので紹介しておこう（Suñer, 2181）．

Yo no sé quién tú eres.「君がだれだか，私は知らない」
No han decidido qué él va a hacer allá.
「彼にあそこでなにをさせようとしているのか，決まっていない」
Yo no sé qué la muchacha quería.
「その娘は何がほしいのか，私にはわからない」
Ellas no saben qué ese método les está haciendo.
「彼女らはその方法が自分たちに何をしてくれるのか知らない」
Le preguntó qué ese hombre le ha quitado a eso.
「彼はその人に，その男がそこから何を取り除いたのかとたずねた」

## ２）焦点表示の動詞 ser

　Montes が化石化した文型としてあげている強調表現である．対比による表現である．ベネズエラで動詞の ser がその直後に来る隣接要素に焦点を当てるために使われている．強調される要素には文脈のなかにその対立項が存

在する．この国ではアンデス地方から広まったようである．社会層全般において一般的に使われているが，とくに若者や庶民層によく聞かれるものの，公的な演説や書きことばには現れない（Bentivoglio y Sedano, 1992, 792-3）（例文の訳のなかのカッコは可能な対立項のひとつ）．

Se dedicaron fue a trabajar.
「彼らがやろうとしたのは（勉強ではなくて）仕事だった」
La llamé fue en la mañana de antier.
「彼女に電話したのは（昨日ではなくて）一昨日の朝だった」
Teníamos era que preparar una comida especial.
「私たちがしなくてはならないのは，（部屋の掃除ではなくて）特別な食事を作ることだった」

## 3）ケ用法とデケ用法

　ケ用法 queísmo とは主文の動詞に伴う前置詞 de, a, en, con や de que の de を省略する現象であり，デケ用法 dequeísmo とは接続詞の que によって導入される従属節の前に不要な前置詞 de を挿入する現象である．アメリカ・スペイン語におけるこれらの現象を，Fontanella（1992, 160-165）を参照しながら紹介しよう．★

---

★　メキシコ市の大衆語における前置詞 de の異例な用法を調べた報告がある．Arjona Iglesias の研究である．彼女は，この研究対象のスペイン語では de の省略や付加が起こるのは que の前だけではないということで，queísmo, dequeísmo という呼称を不適当としつつ次のような調査結果を報告している．
　まず，慣例通りの呼称を使えば，ケ用法は当該文脈の用例の多くで起こっているわけではなく，237例のうちの26％に過ぎなかった（最大の出現率は acordarse de などの前置詞を伴う代名動詞の場合で41％，つぎが (estar) seguro de などの形容詞の場合で31％，そして darse cuenta de のような動詞＋名詞の場合で28％）．デケ用法も1,190例のうちの9％にしか起こっていない（最大の出現率は ser 動詞につながる名詞節の前という文脈で30％，つぎが接続詞句の así es que「それで～」，antes que「～のまえに」などの場合で27％）．出現率はケ用法のほうがはるかに大きい．
　特定表現で気づかれるのは，darse cuenta de…「～に気づく」の de, acordarse de…（+que）「～を思い出す」の de がほとんど省略されていることと，教養語ではケ用法の出現率が大衆語の半分ほどになるものの(17％)省略の起こる表現は大衆語と同じく darse cuenta と acordarse だ，ということである．また，デケ用法では接続詞句のなかで así es de que… での de の機械的な付加が目立つ．その出現率は大衆語で9％だが，教養語では1％と格段に低くなる．

第3章　アメリカ・スペイン語の形態統語法

（1）**ケ用法**：今日ではカリブ海域，ベネズエラ，そして南米南部でその使用が報告されている．教養語レベルでも次のような用例において観察される．

　El mundo les daría la impresión que era... （カラカス）
「世界は〜であるという印象を彼らに与えるでしょう」
　Nosotros nos damos cuenta que... （ブエノスアイレス）
「私たちは〜ということに気づいています」
　No resulta difícil en el caso que se decida... （メキシコ市）
「〜が決められる場合には，困難なことにはならない」

　　この構文には歴史的な連続性が認められる．というのも，中世スペイン語でも使用されていたからである．そしてスペインでは16世紀末ごろから前置詞の de が導入され始め，その後，前置詞をつけるのが規範的になっていった．しかしながら，その規範は一般化することがなかったので，今日でも全社会層で，そして最高度の文体においても両方の用法が共存している．

　　前置詞 de の省略という現象は，上記用例の2番目のように，動詞句 (darse cuenta de...) が要求する場合にも起こっている．この省略が起こる動詞句には enterarse que...「〜に気づく」，olvidarse que...「〜を忘れる」などもある．

（2）**デケ用法**：この用法はメキシコやカリブ海域，南米北部のコロンビアやベネズエラ，中部のボリビアやペルー，南部のチリやアルゼンチンなどで報告されている．しかし南米南部では社会的に低いものだという評価を受けている．話しことばでは教養階級のスペイン語でも使われ，つぎのように不要な de が入っている．

　Pienso de que... （ブエノスアイレス）「〜と思う」
　Ya yo le había dicho de que... （カラカス）
「私はもう彼に〜といっておいた」

　　アルゼンチンでは17世紀初頭の作家から記録されているし，その後も記録が見つかっている．

　　この挿入が起こる動詞には ver「見る」，decir「言う」，pensar「考える」，creer「信じる」，opinar「意見を述べる」などがあるし，lo que pasa es de que...「実は〜なんですよ」，lo cierto es de que...「確かなこと

— 151 —

に，～なんですよ」などでも起こっている．★

## 4）強調構文

　Es entonces que llegó.「彼が着いたのはその時です」とか Es por usted que lo digo.「それを申し上げるのはあなたのためなのです」のような構文がスペイン系アメリカで頻繁に使われ，大衆のあいだに深く根づいている（スペインの標準語では Es entonces cuando llegó. とか Es por usted por el que lo digo. になる）．この構文はスペインの古典期（16-17世紀）にも使われていたし，現在もイベリア半島北西部で生きている．だからスペインの古い構文であるという可能性がある一方で，フランス語の構文 c'est alors que…「～なのはその時である」とか英語の構文 It's because of you that I am saying that.「私がそれを言っているのはあなたのためなのです」の影響も考えられる（ラペサ，633-4）．

　ほかにも Quesada Pacheco (2000, 98) は，Fue allí que yo empecé a estudiar.「あそこが，私が勉強を始めた場所です」(cf. Fue allí donde yo…）という例文をあげている．

　これらの構文は，英文法では分裂文（英語で Cleft sentence）と呼ばれ，文の構成要素のひとつを強調する構文である．上記の例文であるが，ラペサの場合にはもともと単純な Entonces llegó.「彼はその時着いた」，Lo digo por usted.「私はあなたのためにそう言うのです」という文があって，それぞれ entonces と por usted を強調したいときの構文である．また，Quesada の場合には Yo empecé allí a estudiar.「私はあそこで勉強を始めました」のような文があって，allí を強調するときに例文のようになる．しかしスペインの標準語では，それぞれ筆者がカッコのなかに示した注記のような構文が使われ

---

★　Gómez Torrego (1999) がケ用法とデケ用法について詳しく述べている．彼によると，ケ用法は古スペイン語の書きことばの時代から観察されていて，スペイン語では比較的正常な現象である．あるインフォーマント調査によるとデケ用法は7割近くの人が避けるべきだと判断しているが，このケ用法がだめだとする人は2割もいなかったという (1241)．反対にデケ用法は比較的最近の現象であるかもしれないし，その起源については意見が分かれている．スペインでは一番頻繁に観察されるのがアンダルシア地方である．スペイン系アメリカにおいては，デケ用法がスペインよりも出現率が高いことには意見の一致が見られ，この用法が広まったのは南米南部からであると思われている．そして若い世代のほうが高齢者よりも頻繁に使っている (2130-3)．

第3章　アメリカ・スペイン語の形態統語法

る。

　Butt y Benjamin (389-393) が分裂文について，以下のようにわかりやすく解説している。彼らによると，スペインの標準語では，この強調構文には2種類の語順があるので，単純な文 Compré este coche.「私はこの車を買った」の este coche を強調したいときには Es este coche el que compré. とか Este coche es el que compré.「私が買ったのはこの車です」になる。しかし Es este coche que compré. は使われない（筆者が指摘するまでもないが，この語順だと「（それは）私が買ったこの車です」のような解釈が可能になる）。

　同様に Lo hizo esa chica.「その娘がこれを作った」なら Es esa chica la que（または quien）lo hizo. とか Esa chica es la que（または quien）lo hizo. になるし，Lo dijo usted.「あなたがそれを言いました」なら Fue usted el que（または quien）lo dijo. とか Usted fue el que（または quien）lo dijo. になるし，また，Esto me da más rabia.「私はこれが一番嫌いです」なら Esto es lo que más rabia me da. とか Lo que más rabia me da es esto. になる。

　注意すべきは，動詞 ser でつながれるふたつの文構成要素は文法的に同じ働きをするものでなくてはならないことである（上記3例の文では，ふたつの名詞句が ser でつながれる）。だから，分裂文の前半の要素に前置詞が付いていれば，後半の要素にも同じ前置詞を付けなくてはならない。そこで単純な文 Tienes que hablar con ella.「君は彼女と話さなくてはならない」の con ella を強調したいときには Es con ella con la que（または con quien）tienes que hablar.「君が話さなければならない相手は彼女です」になる。しかしアメリカ・スペイン語では，前半の要素が前置詞をともなう場合，話しことばで目立つが書きことばでも，上記の con la que（または quien）のかわりに que だけを使う。だから Butt y Benjamin によると，単純な文が

　　Desde esta ventana se ve el mar.「この窓から海が見える」なら
　　Es desde esta ventana desde donde se ve el mar.（スペイン）
　　Es desde esta ventana que se ve el mar.（スペイン系アメリカ）
　　「海がながめられるのはこの窓です」になる。

　（Desde esta ventana es desde donde se ve el mar. は，スペインでは可能だがスペイン系アメリカでは避けられるかもしれない。）同様に
　　Decidió cambiar de empleo por este motivo.

— 153 —

「彼はこの理由で職を変えることにした」なら

Era por este motivo por el que decidió cambiar de empleo.（スペイン）
Era por este motivo que decidió…（スペイン系アメリカ）

「彼が職を変えることにしたのはこの理由でした」になる．

また，アメリカ・スペイン語におけるこの構文の que は，非公式な発話なら関係副詞の cuando, donde, como で構成される時や場所や様態の副詞節にも及ぶ．だから単純な文が Ocurrió aquí.「それはここで起こった」なら，Fue aquí donde ocurrió.（スペイン），Fue aquí que ocurrió. または Aquí fue donde ocurrió.（スペイン系アメリカ）「それが起こったのはここでした」となる．そして単純な文が Hay que hacerlo así.「それはそのようにしなくてはならない」なら，スペインでは Es así como hay que hacerlo. に，スペイン系アメリカなら Es así que hay que hacerlo. とか Así es como hay que hacerlo.「それをするべきやり方はそれなのです」となる．アメリカ・スペイン語では，cuando のかわりの que の用例としては Naturalmente tenía que ser en ese momento… que sonara el timbre.「当然，ベルが鳴ったのは（～）その時でなくてはならなかった」があるし，por lo que のかわりの que の用例には Fue por eso que no te llamé antes.「前もってお電話しなかった理由はそのことでした」がある．

## 5）関係詞 que による代替の現象

アメリカ・スペイン語における分裂文の強調構文において，関係詞 que がそのほかの関係詞のかわりをする現象を，すぐ上の第4項で見てきたが，Quesada Pacheco（2000, 98）によれば，同様の代替現象が形容詞節においても起こっており，その使用頻度はスペインよりも高いという．そして次のようは例文を紹介している（カッコのなかの注記は筆者のもので，スペインの標準的な言い方のひとつ）．

El día que fueron a pasear…（El día en que fueron… ）
「彼らが散歩に出かけた日は～」
El país que van a ir a vivir es Honduras.（El país al que van… ）
「彼らが今度移っていって住む国はホンジュラスです」
Tengo un niño que le gustan mucho los plátanos.（un niño al que… ）
「私にはとてもバナナの好きな男の子がいる」

Ahí hay una hendija que salen las ratas. (una hendija de la que…)
「あそこにネズミが出入りする細長い裂け目がある」
　この代替現象もフランス語の影響によると解釈されることが多いが，ロマンス語に内在する傾向のひとつであるとする見方もある．

## 6）随格の等位語扱い

　Camacho (2669-70) によれば，前置詞 con によって導入される随格が等位語の1種として扱われる現象がある．随格の等位語扱い coordinación comitativa という用法である．たとえば
　　Con mi hermana nos fuimos a París.「私は姉とパリに行った」
　　Resolvimos el problema con Marta.
　　「私はマルタとその問題を解決した」
などの構文のことであるが，文意にはふたりが参加し（私と姉，私とマルタ），con によって導かれる随格の句があたかも主語の指示対象の一部になっているかのように，動詞が複数の活用形になっている．この構文は，主語となる entre A y B「AとBが（協力して）」と同じく，協力関係を表現する述部の場合でないと成立しない（Camacho の2667ページにある例文は Entre la madre y el hijo sostenían la casa.「母親と息子がその家を守っていた」）．
　この用法は『エルシドの歌』の時代から記録されており，スペインでは少なくとも18世紀まで頻繁に使われていたが，現在ではその使用がカタルニア語の影響のある地域のスペイン語に限定されている．そしてスペイン系アメリカでは南米の各地やグァテマラでその使用が報告されている．スペインでは古くなった統語法がスペイン系アメリカに残っている現象として解釈されよう．

## 7）英語の影響

　プエルトリコでは英語との接触が多いため，その影響のうかがえる現象が観察されている．Vaquero (II, 31-32) がこの地域で英語の影響を受けたと思われる統語法について解説しているから，その現象のいくつかを紹介しよう．
　彼女はまず，スペイン語が英語の影響をどのような仕組みで受け入れたのかに注目する．そして，スペイン語にひそんでいる統語法の可能性のひとつ

が英語の影響で強まったと思われる統語的合流 convergencia sintáctica の現象と，スペイン語にはそのような可能性がないときに英語の統語法を模倣することで起こる，標準規範からの逸脱ともいえる統語的干渉 interferencia sintáctica の現象とを分けて説明している．

(1) **統語的合流の現象**

A．直説法好み：接続法も直説法も許容されるような文では直説法が好まれるので，No creo que *viene* hoy.「私は彼が今日来るとは思わない」（規範的には venga）のような表現が聞かれる．(cf. 8, 2),(3))

B．受動構文の多用：受身の意味は，スペインの標準語では一般的に，三人称が主語の文なら再帰受動文（En este barrio *se construyeron* tres edificios grandes.「この地区に3棟の大きな建物が建てられた」）で，一人称や二人称の（意味上の）主語の文なら三人称複数形の動詞（Anoche *me robaron* el coche.「私は昨夜，車を盗まれた」）などで表現することが多く，受動構文（ser＋過去分詞）はあまり使われないが，プエルトリコではそれが頻繁に使用される．たとえば，最初の文なら，En este barrio fueron construidos tres edificios grandes. のようになるだろう．

C．進行相でない動作の estar＋現在分詞による表現：estar の後ろに語が挿入されたりして使われる．だから Su corazón *late* bien.「彼の心臓はうまく鼓動する」の意味で *Está* su corazón *latiendo* bien. と言われたりする．(cf. 8, 9),(3))

(2) **統語的干渉の現象**

A．現在分詞の名詞的用法：現在分詞は標準的なスペイン語では文中で副詞として機能するが，それが名詞として働く現象がある．たとえば Lo que hace es *comparando* muestras.「彼がしているのは見本の比較検討である」など．

B．現在分詞の形容詞的用法：本来は文中で副詞にしかならない現在分詞を形容詞として使用する現象のことである．だから Ella quería saber cuáles eran mis compañeras *enseñando* español.「彼女はスペイン語を教えている私の同僚がだれであるかを知りたがっていた」などと言われる．

C．節のかわりに不定詞構文を使用する現象：不定詞の直前にはその意味上の主語が人称代名詞で表示される．たとえば

A ellos les gustaba la forma de *yo hablar*.
「彼らは私の話し方が気に入っていた」
No veía la hora de *nosotros regresar* a Puerto Rico.
「彼には私たちがプエルトリコへ戻る時間がわからなかった」
Allí ponían unas piedras para *uno poder pasar*.
「あそこには人が通れるように石がいくつか置かれていた」
である（意味上の主語の位置については上記第1項の第2点を参照のこと．）

## 12. アメリカ合衆国のスペイン語文

　英語の影響は当然のことながらアメリカ合衆国の自由連合州であるプエルトリコで見られるが，この島ではスペイン語が依然として社会的に優位を占めているので，その影響はそれほど大きくはない．他方，アメリカ合衆国のスペイン語話者（ヒスパニック）たちは社会的に少数派であるので，彼らのスペイン語は英語の影響をまともに受けている．英語の影響は彼らのスペイン語文の組み立てにどのような作用を及ぼしているのであろうか．

　アメリカ合衆国におけるヒスパニックのスペイン語を詳しく研究しているSilva-Corvalán (1992) が，その統語法全般について解説している．そのうちの興味深い現象をいくつか要約して紹介しよう（彼女は用例の発話者 informante について，移民の1世・2世・3世の区別を明示している）．

### 1）語のレベルの借用

　彼女によると，語のレベルなら，ヒスパニックのスペイン語に見られる英語の影響は4種類に分けることができる．語の借用，語の語義借用，名詞句の語義借用，節・句の語義借用である．前3者は本書の第4章第5節で扱うことにして，ここでは4番目の借用の現象を紹介する．

　節・句の語義借用 calcos léxico-semánticos とは，統語法のレベルの語義借用である．ヒスパニックが自分たちのスペイン語文の語順や単語同士の選択制限などにおいて，英語のパターンを採用する現象である．そのパターンには以下の6種類がある．

　（1）**第1型**：節を構成する要素のひとつが，それに対応する英語の語義を

受け入れる．たとえば，スペイン語の tiempo「時間」は継続する時を表現するが，ときには英語の time が持っている瞬時の意味を獲得して，en otra ocasión とか otra vez「別の機会に」の意味で otro tiempo (empecé...)「別の機会に（私は〜を始めた）」が使われる（2世の例）．

あるいは，スペイン語の atrás「うしろへ」は空間的な場所に言及するが，英語の to call back「呼び返す」の back にあるような「返却，返答」の意味を獲得して，traer a alguien para atrás「だれかを連れ戻す」のように使われる．

(2) 第2型：節を構成する要素のひとつが別の要素との結びつきにおいて，それに対応する英語での結びつきにおける語義（標準スペイン語にはない語義）を受け入れる．たとえば，疑問詞 cómo は標準スペイン語では様態をたずねるのに使われるが，gustar「喜びを与える」とともに使われて量的な程度をたずねることがある．英語の How did you like it?「それは（どの程度）面白かった？」の影響で，¿Cómo te gustó? が使われる（2世の例）．

(3) 第3型：前置詞句での前置詞選択に及ぼす英語の作用である．英語の on time「定刻に」の影響で，それと同義のスペイン語 a tiempo のかわりに，para llegar allá *en tiempo*「時間通りにあそこに着くために」のような言い方が生まれる（3世）．

(4) 動詞と主語：2世・3世のスペイン語に見られる現象であるが，動詞の主語との関係における英語の影響である．よく出される例はスペイン語の gustar である．この動詞には文法上の主語（事物）が後置され，動詞に前置される間接補語（人）が意味上の主題になる．しかし英語の to like の影響で，I like it. の意味が Yo gusto eso.（標準語なら Me gusta eso.）のようなスペイン語で表現される．（この場合の gustar は自動詞であるが，この動詞は自動詞として前置詞 de をともない，Yo gusto de eso.「私はそのことを楽しむ」の使い方があるし，「〜を味わう」という意味の一般的な他動詞の用法もある．）

(5) 名詞と形容詞：スペイン語は名詞と形容詞の組み合わせなどの場合，語順で特別なニュアンスを表現する．形容詞が名詞に先行するときには話し手の主観的な判断が反映されることもあるが，英語では標準的にこの語順になるので，スペイン語がそれに影響されて，この語順の構文が

第3章　アメリカ・スペイン語の形態統語法

特別なニュアンスなしに使われる．英語の That's a different generation.「それは別の世代だ」が Esa es una *diferente generación*. となるような影響である（3世の例）．

（6）**定型構文**：スペイン語にはない定型構文が英語から借用される．たとえば英語の that is why...「だから～だ」の構文が引き写されて，That is why I want a child. に相当する *Eso es por qué yo quiero un hijo.*「だから，私は子供がほしいの」のような言い方が生まれる（3世）．ついでながら指摘するが，Silva-Corvalán がこの用例に付けている標準スペイン語は Por eso es que yo quiero un hijo. であるが，これはアメリカ・スペイン語の標準構文であり，スペインの標準語では Por eso es por lo que yo quiero un hijo. となるであろう（上記第11節の第4項を参照のこと）．

## 2）コードスイッチ

　移民の1世のスペイン語には気づかれないが，2世以降に頻繁に起こる現象として，コードスイッチがある．同一人物のひとつの発話のなかでスペイン語と英語が混在する現象である．その理由としては文法上の要因も対話機能上の要因も考えられる．スペイン語で話しているとき，自分の発話のなかの特定の英語の表現に相当するスペイン語がわからなかったり，英語で耳にした他人の発話を直接話法でそのまま導入したり，生き生きとした表現をするために部分的に英語を使ったりする．たとえば移民3世で，スペイン語を習得したがしばらく使わないで忘れてしまい，再度学習している（サイクル型二言語併用現象 bilingüismo cíclico の）人のスペイン語に Y la señora que *my grandmother worked for* tenía *twenty-seven rooms, you know, and we had our own house - in the back, where we lived at*, y - mi abuelito no pagaba renta.「で，祖母が仕えていた婦人は27部屋持っていて，私たちにはその奥に自分たちの住む家があったし，それで，祖父は家賃を払っていなかった」のような用例がある．

## 3）動詞の体系

　アメリカ合衆国のスペイン語では，単純化，一般化，消失のような理由によって起こる動詞体系の変化がすぐに気づかれる．動詞の体系に見られる変

種の幅は，変化が起こっていない標準体系から，不定詞と現在分詞とともに直説法の現在時制と完了時制と未完了時制の活用をするだけという種類までさまざまである．移民1世のスペイン語はスペイン系アメリカのどこかの標準体系を保っているが，2世や3世になると未来時制の活用形が欠けるし，過去未来や直説法過去完了の活用形が失われ，3世のスペイン語には複合時制の活用形が現れない．単純化の傾向によって起こる現象には，接続法を直説法で代替する現象や完了過去形と未完了過去形との対立の喪失があるが，後者の場合，静態の意味の動詞では未完了過去の活用形が好まれ，動態の意味の動詞では完了過去の活用形が好まれる．だから，ser「～である」，estar「いる」，tener「持つ」，haber「存在する」，poder「できる」，querer「望む」などで過去時の行為を表現するときには，それぞれ era, estaba, tenía, había, podía, quería が使われ，ir「行く」，correr「走る」，hablar「話す」などで過去時の行為を表現するときには，それぞれ fue, corrió, habló の活用形が使われるという傾向がある．

## 4）動詞 estar の使用領域の拡大

　動詞の estar が ser の使用領域に侵入している．属辞補語が形容詞である場合に ser を使うかわりに estar を使うという現象が観察されている．この estar の拡大現象はメキシコ系ヒスパニックのスペイン語にだけ起こっており，プエルトリコ系やキューバ系の人たちのスペイン語では観察されていない．

　歴史的に見ると，スペイン人が新大陸へ入植した初期のスペイン語では，今日のスペインの標準語では estar が要求される構文にも ser が使われるという事情があったが，その後，estar が使用領域を拡大してきたようである（Fontanella, 151）．Silva-Corvalán があげている用例には

　　　[su nariz] está un poco grande（1世）「彼女の鼻は少し大きい」
　　　la mía [mi nariz] está chistosa（2世）「私の鼻はこっけいです」
　　　el otro ['bedroom'] está pequeño（2世）「もうひとつの寝室は小さい」
　　　（恋人である女の子の肌色のことで）[la muchacha] está muy clara, como mi papá（2世）「（その娘は）色が父と同じようにとても白い」
　　　yo estoy muy inteligente（3世）「私はとても頭が良い」

などがある．

アメリカ合衆国以外のスペイン系アメリカでは，この拡大現象がメキシコで観察されている．合衆国のスペイン語に見られるこの現象はメキシコにその起源があるという推理も成り立つが，このスペイン語のふたつの動詞に対応する英語は to be ひとつだから，英語に囲まれたヒスパニックのスペイン語でふたつの動詞が中和する現象には，英語の影響が間接的に作用した可能性もある．

## 5）従属節を導く que の省略

スペイン語の統語法において英語の直接的影響がうかがえる現象のひとつに，従属節導入の que の省略がある．英語では従属節を導入する接続詞も関係詞も省略できるからである．Yo creo [que] inventaron el nombre.「彼らがその名前を作ったのだと思うよ」のタイプの省略であるが，この現象は新たな規則の導入ではなく，むしろ英語に似た構文を好む傾向から起こるのであろう．

スペイン語ではもともと，Deberían tomarse precauciones, pues se cree [que] podrían ir armados.「彼らは武装している可能性があるので，予防策を講じるべきであろう」のタイプの，接続詞 que の省略ができるから，この現象は新たな規則の導入には当たらない．しかしながら標準語では，Te agradezco el regalo que me enviaste.「送ってくれたプレゼントに感謝するよ」のタイプの，関係詞の que は省略できないが，それは合衆国のスペイン語でも同様である．非文法的である El nombre inventaron era extraño.「(El nombre que [ellos] inventaron... の意味なら）彼らが作った名前は奇妙であった」のタイプの省略は，二言語話者のスペイン語にも見られない．

## 6）文構成要素の語順

スペイン語の文構成要素の語順は語用論的な意味の規則によって決まるが，これも英語の影響によって変化する可能性がある．

標準的なスペイン語では，語順が SV [主語－述語] でも VS でも可能だが，主語によって指される要素を文脈に新たに導入するときには VS になる．しかし英語にはこのような柔軟性がない．だから英語の影響で，SV の構文を多用する傾向が生まれる．移民3世の二言語併用者のスペイン語の例を紹介しておこう（「主格人称代名詞の位置」については上記第11節第1項を参照の

こと).

　　Una vez estaba en una gasolinera aquí *y una señora llegó ahí*. Yo estaba ahí esperando, estaban trabajando en el carro. *Una señora entró* y me preguntó si conocía…「あるとき，私はここのガソリンスタンドにいたのだが，ある婦人がそこに着いた。私はそこで待っていて，店の者は車の中で仕事をしていた。ひとりの婦人が入ってきて，私に～を知っているかとたずねた」。

# 第4章　アメリカ・スペイン語の語彙

## 1．はじめに

　第4章ではアメリカ・スペイン語の語彙について解説する．本章の基本的資料となるのはラペサの第17章「アメリカ・スペイン語」の134節「語彙」である．そこでは以下のような特徴が論じられている．
- A．スペインのスペイン語との対比によって生まれる特徴：たとえば，いわゆる古語(スペインでは使われなくなっている語彙)，アンダルシア語系語，カナリア語系語，イベリア半島西部諸語系語など．
- B．語義変化によって生まれる特徴：新大陸の目新しい事物によって引き起こされた語義変化，新大陸で語義が変わった水夫用語，各国の特別な語義変化，タブー語忌避のための婉曲表現，隠語など．
- C．新語としての特徴：派生語尾による新語など．
- D．外国語系という特徴：イタリア語系語，英語系語，フランス語系語など．
- E．南北アメリカの先住民語系という特徴：タイノ語系語，カリブ諸語系語，ナワ語系語，ケチュア語系語，グァラニー語系語など．
- F．アフリカ諸語系の特徴．

　以下ではこれらの特徴について Montes などの説明を加えつつ解説してゆくが，その前に以下の2点をお断りしておく．
　本書では，アメリカ・スペイン語の特徴的な語（単語や熟語），すなわち語彙の分野での americanismo を「ラテンアメリカ語」と呼ぶことにする．
　また，誤解を避けるため，語彙学の基本的な条件をひとつ確認しておきたい．たいていの単語は語形と語義で構成されるセットであるから，単語のバリエーション（変異性）は，あくまでも特定の語形と特定の語義とのセットを単位として論じなくてはならない．語形も変化するし，語義も変化するか

らである．この章のなかで使っている単語ということばは，基本的に，特定の語形・語義のセットのことであると理解していただきたい．★

## 1) ラテンアメリカ語

　アメリカ・スペイン語の語彙の特徴（南北アメリカ的性格）は，普通，その音声・音韻や形態統語法を論じたときと同じように，現代スペインの一般的な標準語の語彙との違いを手がかりにして論じられる．第1章第5節の第1項で紹介したように，この南北アメリカ的性格を持つラテンアメリカ語について研究するときには，基本的に，その性格が歴史的・生成的な種類の特徴から浮かびあがる場合と，単語の用法をスペインの標準語の用法と対比することで気づかれる違いから浮かびあがる場合とを分けて考えるほうがよい．すなわち，通時的な特徴と共時的な特徴とに大別するのである．（「南北アメリカ的性格」に関する基本的な考え方については，すでに第1章第5節の第2項で紹介しておいた．）

## 2) 通時的な特徴

　スペイン語がアメリカ大陸で発展してゆく過程でさまざまな変化が起きたことは，容易に想像できるであろう．その変化には，スペイン語が接した自然環境などの言語以外の影響によって起こるスペイン語の変化と，異言語からその話者との直接的接触により，また文化的な情報源としての接触により，借用語とか語義変化とかの言語的要因による変化とが考えられる．

　まず，スペイン語には新大陸アメリカの大自然や先住民文化との接触が起こったので，スペインの征服者や入植者は未知の事物に自らの言語を合わせなくてはならなくなった．スペイン語はその言語以外の要因によって変わってゆき，スペインの一般的な標準語と異なる特徴が濃くなってゆく．スペインから運びこまれた言語が新たな意味を表現するようになる，いわゆる語義変化が起こる．同時に語形も，外界の多様性を表現するために変化してゆく．この種の語義変化と語形変化が，言語以外の影響によって起こる代表的な変

---

★ なお，スペイン語文化圏の主要都市における教養階級のスペイン語語彙に関する対照研究に浦和幹男（第X章「教養スペイン語の語彙に関する5都市比較研究」）がある．日本の学生にとって，アメリカ・スペイン語の語彙に関する研究の基礎資料のひとつとなるであろう．

化となる．
　また，先住民諸語との接触によって相互の影響が起こり，スペイン語は多数の先住民語系の単語を借用してきた．植民地時代にはアフリカの黒人奴隷が搬入されたが，それによって，スペイン語はいくつかの地方で彼らの言語の影響を受けることになる．そして独立時代に入ると，ヨーロッパをはじめ世界各国からの移民を受け入れることで，彼らの言語からも影響を受けた．これらの影響に由来する語形や語義の変化もアメリカ・スペイン語の特徴となる．

## 3）通時的特徴の生成要因

　アメリカ・スペイン語の通時的な特徴となる変化の要因については，Monte (1995) がいくつか列挙している (173-4)．モンテス氏が筆者に直接教えてくれた内容を加えてそれらを紹介し，解説しよう．いずれも上記の語形変化と語義変化という広義の現象のどちらかに属しているといえる．

（1）**外的要因による語義変化**：スペインと共通の語形でありながら，その語義が変化している現象である．たとえば invierno の語義は「夏」から「雨季」に，そしてさらに「雨，にわか雨」に変化しているし，fresno は木の名前としてヨーロッパの「トネリコ」を指していたが，新大陸ではスペイン系アメリカ原産の木を指している．

（2）**語形成の多様性**：語形成の動機にはいろいろあるが，動機は同じでも使われるようになった語形が地方ごとに異なることがある．たとえば俗語のレベルであるが，睾丸を意味することばが語形を変化させて愚かな行いや発言を表現する語群の例として，コロンビアの güevonada, パナマの huevada, アルゼンチンやチリの cojudez, boludez がある．おそらくこれらは pendejo「恥部，陰毛」で起こったスペインでの語形成（→ pendejada「愚考，馬鹿な発言」）の動機と同じ要因で起こった現象であろう．

（3）**タブー語の出現**：アメリカ・スペイン語では，いくつかのことばが南北アメリカで性的な語義を帯びたので，その伝統的な意味での使用もタブーとなっている．そのため，伝統的な意味を表現するには別のことばを使わなくてはならない．たとえば，ラプラタ地方などでは coger が性的な意味「性交する」を帯びたため，「つかむ」という意味は coger でな

くて agarrar で表現しなくてはならないし，また別の地方では huevo が「睾丸」の意味を帯びているので「玉子」を huevo でなくて blanquillo と呼ばなくてはならないし（メキシコなど），papaya が「女陰」をも意味する地方では「パパイヤ」を papaya でなくて lechosa とか fruta bomba で表現しなくてはならなくなっている（カリブ海域や中米など）．

(4) **隠喩による語義変化**：スペインで始まったと推測されうる変化の caliente「熱い」→「立腹した」，calentura「熱さ」→「立腹」，verraco「種豚」→「勇敢，力の強さ，立腹」などがあるし，南北アメリカの自然界の事物を表示することで根っからのアメリカ的性格を帯びていることばからの隠喩による aguacate「アボカド」→「警官」，yuca「ユカいも」→「生活の糧」(conseguir la yuca「糊口をしのぐ」)などの語義変化もある．

(5) **接尾辞による語形成**：アメリカ・スペイン語に独特の接尾辞もあるが，スペインにもみられる接尾辞のなかに南北アメリカにおける造語力が特別に強いものがある．たとえば，-ada（行為のニュアンスで，pendejada「馬鹿げたこと・ことば」，alcaldada「市長の職権乱用」，refregada「こすりつけ」など），-dera（繰り返しのニュアンスが加わり，pensadera「思案」，habladera「うわさ」，calladera「沈黙」など），-ero (villero「田舎町の人」，cascarero「殻の山，こそ泥」，bochinchero「(人)けんか好き」，maicero「トウモロコシ業者」など)とかである．（本書ではこのテーマを，すでに第3章第7節で扱っている．）

(6) **独特な熟語表現など**：単語の意味を表現する熟語が多いことにも注意する必要がある．たとえば morir「死ぬ」の意味の熟語 parar las patas, colgar los guayos, colgar los tenis などや，examinar「調べる」の意味の echar un vistazo, nadar「(プールで)泳ぐ」の意味の darse un piscinazo などである．ほかにも擬似接尾辞 (-teca による miniteca「(祭りなどでの)録音音楽担当者グループ」，llantoteca「タイヤ販売店」，serviteca「(自動車の)サービスステーション」)，技術用語，提喩法による語形成などがある．

## 4）共時的な特徴

現代語の用法においてスペインの標準語との対比によって浮かびあがる特

徴のことである．まず，南北アメリカでは使われているのにスペインで一般的には使用されていないことばが考えられる．この場合，アメリカ・スペイン語のことばの同義語がスペインに存在するものと存在しないものとがある（ここで言及する「同義語」は，厳密には「類義語」となろう）．つぎに，その語形が両方で使われていることばでも南北アメリカにおける語義が異なる単語が浮かびあがる．この場合，スペインには同形異義語が存在することになる．さらに，おなじ語形・語義の単語が両者で使われていても，スペイン系アメリカにおける使用頻度が目立って高いという特徴がある．スペインに同義語が存在する場合とアメリカでの使用頻度が高い場合には，いわゆる南北アメリカにおける使用語の「特別な好み」という観察のしかたが可能になる．

## 2．第4章での分析資料

筆者は現代アメリカ・スペイン語の典型的な語彙，すなわち「ラテンアメリカ語」の特徴に関して詳細な検討を行なったことがある（Miyoshi, 2004a）．この第4章ではその分析結果を利用しながらアメリカ・スペイン語の特徴的な語彙について解説する．

### 1）「ラテンアメリカ語基礎語彙」LBA

筆者はまず，1990年代にスペインで出版された5種類のスペイン語辞書を利用して検討対象の単語集を用意した．その5種類の辞書は学習用であり，監修者と辞書名をあげれば以下のようになる．

 Maldonado González, *CLAVE. Diccionario de uso del español actual.*
 Steel, *Diccionario de americanismos. ABC of Latin American Spanish.*
 Sánchez Cerezo, *Nuevo diccionario esencial de la lengua española.*
 Gutiérrez Cuadrado, *Diccionario SALAMANCA de la lengua española.*
 Alvar Ezquerra, *Diccionario manual ilustrado de la lengua española.*

これらの辞書のうち，まずCLAVEに出ている南方語（イベリア半島南部，カナリア諸島，スペイン系アメリカで広く使われる単語）を選び出した．1,500

強の語形・語義のセットが見つかった．つぎに，選び出されたセットについて，ほかの4種類の辞書のうちの2種類以上に共通するものを選びだした．他方，Steelの語彙のうち地名系詞を除いた分（約2,300セット）をチェックし，そこに出ている語形・語義のセットのなかで，そのほかの4種類の辞書のうちの2種類以上と共通する単語を選び出した．その両者を合計すると981セットになった．この単語集を「ラテンアメリカ語基礎語彙」Léxico Básico de Americanismos (LBA) と命名し，現代アメリカ・スペイン語基礎語彙の検討のための資料として発表した（Miyoshi, 2002a）．本書ではこの単語集をLBAと呼ぶことにする．いいかえれば「ラテンアメリカ語」の基礎語彙の1例である．本書の巻末に付録として，簡単な語義をつけて紹介する．なお，有限個の単語を基礎資料にしたのは，さまざまに指摘されているラテンアメリカ語の言語的特徴のそれぞれについて，量的な計測を通してその重要度を計るためである．

## 2) ラテンアメリカ語の特徴

この研究においては，ラテンアメリカ語の諸特徴を，アメリカ・スペイン語自身のなかで見られる特徴（すなわち通時的特徴）とスペインの標準語との対比によって浮かびあがる特徴（すなわち共時的特徴）とに二分して分析した．本書ではそれぞれの特徴を4種類に要約し，以下のように分類してみよう．

前者の特徴としては単語の起源がある（下記の(1)）．そして後者の特徴としては，いわゆる古語としての性格(2)，スペインの標準語との同音異義語性(3)，スペインの標準語との同義語性(4)がある．そしてそれぞれの特徴の内容は以下のようになっている．なお，スペインの標準語とは異なる語形成もラテンアメリカ語の特徴になるが，その詳細については，第3章の第7節「語形成と派生」を参照されたい．

(1) 単語の起源という特徴

LBAはこの特徴によって次のように分類される．

A．アメリカ先住民語系語（アラワク語系語，カリブ語系語，その他のアンティル諸島系語，ナワ語系語，ケチュア語・アイマラ語系語，その他の先住民語系語，先住民語系である可能性のある語）．

B．アフリカ語系語．

第4章　アメリカ・スペイン語の語彙

　　C．ヨーロッパ語系語（ポルトガル語系語，フランス語系語，イタリア語系語，英語系語，その他のヨーロッパ語系語）．
　　D．ヨーロッパ以外の外国語系語．
　　E．スペインの方言系の単語（アンダルシア語系語，カナリア語系語，イベリア半島西部語系語，イベリア半島北東部語系語，水夫用語系語，隠語系語，その他の起源の語）．
（2）**スペインでの古語的性格という特徴**：スペイン系アメリカでしか使われていない語形・語義のセット，スペインでは古語になっているセット，そしてスペイン系アメリカでもスペインでも使われるセットに分類する．
（3）**同音異義語性という特徴**：スペインにスペイン語起源の同音異義語が存在する語，スペインにスペイン語以外の起源の同音異義語が存在する語に注目する．
（4）**同義語性という特徴**：スペインにスペイン語起源の同義語が存在する語，スペインにスペイン語以外の起源の同義語が存在する語に注目する．

## 3）LBAにもれている基礎的なラテンアメリカ語

　LBA（ラテンアメリカ語基礎語彙）は辞書の情報から集められた，スペイン系アメリカで特徴的に使われるスペイン語の単語集である．それゆえ，辞書に掲載されている情報の性質上，つぎの2種類の語彙は，スペイン系アメリカの先住民語系の単語であってもLBAにはもれてしまうことがある．
（1）**動植物名**：スペイン語の一般的な辞書では，スペイン系アメリカに独特の動植物名の場合，見出し語の次に定義が示されている．動植物名はスペイン人でも，専門家たちがその指示対象を指したいときには使わなくてはならない．スペインでは一般的に使用されていない名称でも，それが日常的に使われている地域に関する情報が掲載されていないことがある．そのような単語はLBAに拾いあげることができない．
　　たとえば，DRAE（アカデミアの辞書）のなかで「（実）ルクモ」の意味の lúcuma を引くと "(Del quechua *rucma*). f. Fruto del lúcumo. ‖ 2. lúcumo"「（ケチュア語 rucma から）．女性形．ルクモの実．2．ルクモ」となっており，「（木）ルクモ」の意味の lúcumo を引くと，"(De *lúcuma*).

― 169 ―

概説　アメリカ・スペイン語

m. Árbol de Chile y del Perú, de la familia de las Sapotáceas,..."
「(lúcuma から). 男性形. チリとペルーのアカテツ科の木で，～」となっていて，品詞の次に記述される「主たる使用地域」の略字が出ていない. だからそのままでは LBA には拾いあげられない. しかしこれらは努めて含めるようにした.

(2) **スペインでも一般的に使われているラテンアメリカ語**：参考にした辞書は現代の使用地域に関する情報が含まれているので，それを手掛かりにして集めた. それゆえ，アメリカ先住民諸語に由来する単語でもすでにスペインで一般語として使われている場合，使用地域に限定がなくなるので，LBA に集められた単語のなかには入ってこない.

そのような理由で LBA からもれてしまった単語のほとんどは，B. Steel (1999) の付録の第 3 部にまとめられている. ラテンアメリカ語の基礎語彙というのであれば，それらも含めなければならない. 75 語である. 以下に，簡単な語義 (現代スペイン語のもの) をつけて紹介しよう. 本書では由来の系統別に並べかえた. 語源の指定は Steel のものであり，(?) の印は語源が確定していないことを示す.★

A. アラワク語系 (28 語)：batata「サツマイモ」，boniato「サツマイモ」，butaca「肘掛け椅子」，cacique, cacica「(地方の)有力者」，caimán「(ワニの)カイマン」，caníbal「食人種」，canoa「カヌー」，caoba「マホガニー」，carey「ウミガメ」，cayo「砂地の小島」，ceiba「カポックノキ」，

---

★ これらの単語の語源については，以下の諸点を考慮しなければならない. Steel が疑問符をつけたもの以外にも，注意するべき語源指定がいくつかある. それらについて DRAE が記述している語源を紹介しておこう. とくに tabaco や plátano の語源指定については，間違いであるとまで言えよう.

　boniato (カリブ語系)，butaca (カリブ語の方言のクマナゴト語系)，caníbal (caríbal<caribe「アンティル諸島を支配していた種族名」)，caoba (カリブ語系)，cayo (アンティル諸島系)，colibrí (カリブ語系)，hamaca (語源指示なし，Corominas (1967) ではタイノ語系)，henequén (おそらくマヤ語系)，mangle (カリブ語系かアラワク語系)，pita (語源不詳)，plátano (ラテン語系，「プラタナス」の語形の借用)，sabana (カリブ語系)，tabaco (アラビア語系)，tiburón (語源不詳)，jojoba (語源指定なし)，tocayo, -ya (語源指示なし)，chirimoya (スペイン系アメリカ起源)，petunia (トゥピ語由来のフランス語系，植物は南アメリカ原産)，barbacoa (おそらくタイノ語系)，macuto (アンティル諸島とベネズエラの単語)，gaucho (語源指定なし)，poncho (語源指定なし)，coca (ケチュア語・アイマラ語系).

第4章　アメリカ・スペイン語の語彙

colibrí (?)「ハチドリ」, comeján「シロアリ」, enagua(s)「アンダースカート」, guayaba (?)「グアバ」, hamaca「ハンモック」, henequén (?)「リュウゼツラン」, huracán「ハリケーン」, iguana「イグアナ」, maíz「トウモロコシ」, manatí「マナティー」, mangle「マングローブの木」, pita「リュウゼツラン」, plátano「バナナ」, sabana「サバンナ」, tabaco「タバコ」, tiburón「サメ」, yuca「ユカイモ」.

B．ナワ語系 (16)：aguacate「アボカド」, cacao「カカオ」, chicle「チューインガム」, chihuahua「(犬) チワワ」, chocolate「チョコレート」, coyote「コヨーテ」, jojoba「(低木の) ホホバ」, malacate「ウインチ」, nopal「ウチワサボテン」, ocelote「(大山猫の) オセロット」, petate「(シュロの) ござ」, peyote「(サボテンの) ペヨテ」, quetzal「(鳥の) ケツァル」, tiza「チョーク」, tocayo, -ya「同名異人」, tomate「トマト」.

C．ケチュア語系 (11)：alpaca「アルパカ」, caucho「ゴム」, chirimoya (?)「チェリモヤ」, cóndor「コンドル」, guanaco「グアナコ」, guano「(肥料の) グアノ」, llama「リャマ」, pampa「(大草原の) パンパ」, puma「ピューマ」, quina「(樹皮の) キナ」, vicuña「ビクニャ」.

D．トゥピ・グァラニー語系 (8)：jacarandá「(植物の) ジャカランダ」, jaguar「ジャガー」, mandioca「キャッサバ」, maraca「マラカス」, petunia「ペチュニア」, tapioca「(澱粉粉の) タピオカ」, tapir「バク」, tucán「(鳥の) オオハシ」.

E．カリブ語系 (6)：anón, anona「バンレイシ」, barbacoa「バーベキュー」, curare「(毒矢の毒の) クラレ」, macuto「リュック」, papaya「パパイヤ」, piragua「丸木舟」.

F．マプチェ語 (アラウコ語) 系 (3)：boldo「(高木の) ボルド」, gaucho「ガウチョ」, poncho「ポンチョ」.

G．アイマラ語系 (2)：chinchilla「(動物の) チンチラ」, coca「コカノキ」.

H．マヤ語系 (1)：cigarro「葉巻きタバコ」.

# 3．単語の起源という特徴

起源という歴史的な属性によってアメリカ・スペイン語の特徴的な単語と

なることばがある．起源となる言語にはいろいろあるが，起源という特徴だけでラテンアメリカ語になるのは，南北アメリカの先住民諸語系のことばだけである．その他の言語に由来する単語は，スペインで使われていないとか，スペインよりも使用頻度が高いとかの理由によってラテンアメリカ語としての特徴を獲得する（アメリカ・スペイン語がその他の言語から借用した語彙については，第1章第4節の第3項「スペイン語がアメリカで接触した言語」において簡単に説明しておいた．参照されたい）．

## 1）アメリカ先住民語系語

南北アメリカの先住民の諸言語がスペイン語に与えた言語的影響のなかで最大の痕跡を残しているのは，その語彙においてである．

スペインも含めて使用される一般スペイン語において，先住民諸語のなかで一番古くて中心的な貢献をしたのはアラワク語族のなかのタイノ語である．サントドミンゴやプエルトリコで話されていた．スペイン人が最初に遭遇した先住民の言語であったため，スペイン人がそこで学んだことばは，スペイン人がそれ以降に接することになる先住民たちの同義語よりも優先的にスペイン語に組み込まれた（一般スペイン語におけるアラワク語系語の重要性については，本章の第1章第4節の第3項，および第2節第3項の第2点を参照のこと）．しかしスペイン人の到来から1世紀もすると，タイノ語の話者はスペイン人が強制した重労働や彼らが持ち込んだ病原菌によってほぼ絶滅し，現在その話者はいない．おなじカリブ海域ではカリブ語からもいくつかのことばが採用された．そしてスペイン人は北米（メキシコのアステカ王国など）への征服活動のあとナワ語からも採用し，南米中部（インカ帝国など）の征服のあとケチュア語からも多くのことばを採用した．時期的には少し遅れるが，南米南部の西側（チリ）にも入植し，その地のアラウコ語に接したし，東側（パラグァイ）ではグァラニー語に接し，いくつかの先住民語を借用した．以下にラペサ（602-3）から，一般スペイン語に含まれる代表的な先住民語系語を引用して紹介しよう（その多くは第1章の第4節第3項の例と重複している）．

### （1）一般スペイン語に入っている代表的な先住民語系語

A．タイノ語系語：スペイン人が最初に取り入れた先住民語である．canoa「カヌー」, cacique「族長」, bohío「掘立て小屋」, maíz「トウモロ

第 4 章　アメリカ・スペイン語の語彙

コシ」, batata「サツマイモ」, carey「べっ甲」, naguas（または enaguas）「(複数形)ペチコート」, sabana「平原」, nigua「砂蚤」, guacamayo「金剛インコ」, tabaco「タバコ」, tiburón「鮫」, yuca「ユカ芋」などがある．また，maíz や cacique や hamaca「ハンモック」は，サントドミンゴ（エスパニョラ島）で取り入れられたあと，スペイン系アメリカの各地に広がっていった．なお，DRAE では，batata は patata から派生したことになっているし，tabaco は（語義はアメリカ原産の植物を指すが，語形は）アラビア語起源であり，hamaca には語源の記述がない．

B．カリブ語系語：この系統の単語には caimán「(ワニの) カイマン」, caníbal「食人種」, loro「オウム」, piragua「丸木舟」, butaca「肘掛け椅子」などがある．なお，DRAE によれば，caníbal は「アンティル諸島の未開人」を意味する caríbal が変化したものであり，後者はカリブ海域や南米北部に居住していた種族名の caribe「カリブ」に由来する．だから，caníbal の「食人種」という語義は，のちに派生したことになる．

C．ナワ語：aguacate「アボカド」, cacahuete「ピーナッツ」, cacao「カカオ」, chocolate「チョコレート」, hule「ゴム」, petate「ござ」, nopal「サボテン」, petaca「タバコ入れ」, jícara「(瓜の容器の)ヒカラ」, tiza「チョーク」, tomate「トマト」などがある．なお，「ピーナッツ」は，スペインでは cacahuete であるが，メキシコではナワ語に一層近い語形の cacahuate が使われている．

D．ケチュア語系語：アンデス山地に特有のラクダ科の動物の名前がいくつか含まれている．代表的なのは llama「リャマ」, alpaca「アルパカ」, vicuña「ビクニャ」, guano「(海鳥の糞の肥料である) グアノ」, cóndor「コンドル」, mate「マテ茶」, papa「ジャガイモ」, pampa「(大草原の)パンパ」, carpa「テント」などである．日本語では vicuña は「ビクーナ，ビクーニャ」と，llama は「ラマ」とも呼ばれている．

E．グァラニー語系語：多くはない．mandioca「キャッサバ」, ombú「(大木になる) オンブー」など．

(2) アメリカ・スペイン語で広く使われている先住民語系語

ラペサはまた，スペインでは知られていなくてもスペイン系アメリカで一般的に使われているものとして，以下の先住民語系語をあげている．アラワク語系の ají「トウガラシ」, iguana「イグアナ」, ナワ語系の guajolote「七面

— 173 —

鳥」，sinsonte「(鳥の) マネシツグミ」などである．
　そして南米大陸で一般的なものに，ケチュア語系のchina「先住民の女性」，chacra「農園」，choclo「(軟らかい)トウモロコシ」，グァラニー語系のtucán「おおはし鳥」，ñandú「アメリカ・ダチョウ」，yaguané「スカンク」，tapera「廃墟」，アラウコ語系のmalón「(先住民の) 急襲」などがある．

## (3) LBA の先住民語系語

　LBA (981語のラテンアメリカ語基礎単語集)にはスペイン系アメリカで広く使われている先住民語系の単語が141語含まれている．ほぼ原音のままで借用されたものに限っており，スペイン語に定着したあとでスペイン語の形態素によって変形したものや語義が変わったものは，原則的には除外されている．なお，語義については本書の付録を参照してほしい．

　A．アラワク語系語 (8)：ají; bahareque; bajareque; cazabe; jaiba; macana[B]; maguey; manigua.

　B．カリブ語系語 (6)：arepa; auyama; catire, ra; cocuyo; guayuco; totuma.

　C．その他のアンティル諸島系語 (5)：カリブ海域の先住民語に由来するはずであるが原語が判明しない．buitre; esquife; cayuco; corotos; zamuro.

　D．ナワ語系語 (46)：ケチュア語・アイマラ語系語についで多い．achiote; ahuehuete; amate; atol(atole); cacahuate; camote; chamaco, ca; chapulín; chiche[B]; chilpayate, ta; chongo; comal; cuate, ta[A]; ejote; elote; equipal; galpón; guacal[B]; guacamole; guajolote; huacal; huipil; huisache; jacal; jícara; jitomate; mecapal; mecate; metate; mezcal; milpa; molcajete; nixtamal; ocote; olote; papacho; papalote; pepenar; petate; pinol (pinole); popote; tamal; tecolote; tianguis; tlapalería; zacate[A].

　E．ケチュア語・アイマラ語系語 (最多の61)：この2種類の言語はよく似ており，語源がどちらの言語であるかの判定が困難であるため，ひとつの言語として扱う．achura; anticucho; cachaco; calato, ta; callampa[A]; cancha[A]; cancha[B]; carpa; chacra; charqui; chasca; chasqui; chiche[A]; chilca; chinchulines; chingana; chino, na[B]; chiripá; choclo; chonta; chullo; chuño; chupe; chuspa; cochayuyo; coto; cuy(cuye); guaca;

guacho, cha; guagua^A; guampa; guasca; huaca; huacho, cha; huaico; huaino; huayno; humita; lúcuma; mate; mote; ñapa; ojota; opa; pachamanca; palta; papa; pascana; pilche; pirca; poroto; quirquincho; rocote(rocoto); runa; soroche; tambo^B; totora; vincha^A; yapa; yaraví; zapallo である。★

F．その他の先住民語系語（13）：その他の先住民語系の単語をここに集めた。マヤ語系が cenote, チブチャ語系が chicha, アラウコ語系が coipo; diuca; guata; huiro; laucha; ruca, グァラニー語系が gurí, gurisa; ñandubay; ñandutí; yarará, タラスコ語系が huarache.

G．先住民語系である可能性のある語（2）：原語は確定できないが，南北アメリカの先住民語に由来すると思われる単語で cambur と jíbaro, ra.★★

## 2）アフリカ語系語

歴史的な事情からアフリカ語の影響を一番強く受けてきたのはアンティル諸島である。しかしながら現在，アンティル諸島の一般的なスペイン語に生きているアフリカ語系語はきわめて少ない。その様子を見てみよう。

### (1) 代表的な単語

アメリカ・スペイン語に入ったアフリカ語起源の単語で代表的なものは，植物や果実の名前（malanga「ニシキイモ」，banana「バナナ」），飲食物名（funche「トウモロコシパン」，guarapo「サトウキビの酒」），楽器や舞踊の名

---

★　chiche は，DRAE ではナワ語系語としてひとつの見出し語で扱われていて，語義のなかには形容詞の「小さい，かわいい」とか，名詞の「（女性の）胸」，「オモチャ」，「小さくてきれいなもの」が含まれている。ナワ語でははっきりした語源（chichi）が記録されているので，「（女性の）胸」という語義とその語形のセットはこの先住民語からの借用語であろう。しかし「小さい，かわいい」，「オモチャ」，「小さくてきれいなもの」などの語義は，はたしてナワ語系であると言えるのであろうか。筆者は Miyoshi(2003c)において，これらの語義はケチュア語系ではないかという仮説を提案した。ケチュア語にも chichi に近い発音の語形があり，その語義が「とても小さい，細かい」であるからである。LBA ではその解釈に従って，chiche^A「オモチャ（など）」と chiche^B「（女性の）胸」に分け，それらをアメリカ・スペイン語がそれぞれ別の先住民語から借用したとする。

★★　先住民語系語のさまざまな言語的特徴については，Miyoshi の (2002b) と (2003b) で詳細な検討を行なった。

— 175 —

前（bongó「ボンゴ」, conga「コンガ」, samba「サンバ」, mambo「マンボ」），そしてさまざまな名詞（macuto「背負い袋」, bembe「厚い唇」, burundanga「がらくた」），いくつかの形容詞（matungo「やせこけた」），少数の動詞（ñangotarse「しゃがむ」）などである．アフリカ語系語であるとされている単語にはその語源が不確かなものもあるが，ブラジルからラプラタ地方やペルーにまで広がっている mucamo「下男，ボーイ」とその女性形の mucama も，おそらくアフリカ語系であろう（ラペサ，605-6）．なお，mucamo, ma はブラジルのポルトガル語からその周辺のスペイン語圏に入ったことから，本書ではポルトガル語系であるとする．

### （2）LBA のアフリカ語系語

LBA に含まれるアフリカ語系の単語の数は予想以上に少なかった．4語の candombe; chévere; guarapo; milonga である（全体の0.4%）．このうち，candombe と milonga は問題なくアフリカ語系であり，南米南部（アルゼンチンなど）で使われている．残りの chévere と guarapo も，おそらくアフリカ語系であろう．

アフリカ系の黒人が多数住んでいるのはカリブ海域とその周辺部である．16世紀の初頭から19世紀末までの奴隷貿易によってキューバなどへ連れてこられた人たちの子孫である．現在は南米北部の太平洋沿岸部にも彼らの居住地がある．また，今日では彼らの姿が集団で目につかないメキシコや南米の中部・南部にも，かつての副王領時代にはかなりの数のアフリカ系の奴隷が住んでいた（Granda, 1978, 185）．現在 milonga などのアフリカ語系の単語がアルゼンチンなどで使われているのは，そのような歴史的事情によってである．

### （3）アンティル諸島のアフリカ語系語

アフリカ諸語の影響が一番強く残っていそうなアンティル諸島でも，現在まで生き残って使われ続けているアフリカ語系語はわずかである．

López Morales (1998, 100-103) によれば，キューバのハバナで録音調査された教養語発話（12時間分）にはアフリカ語系語が4語しか現れていない（conga, majá, malanga, ñame）．また，ドミニカ共和国での調査では，アンティル諸島のスペイン語の3大中心地であるドミニカ，キューバ，プエルトリコに共通のアフリカ語系語は6語であった（bachata, bemba, bongó, guinea, mambo, ñame）．

第4章　アメリカ・スペイン語の語彙

　上記の3大中心地のひとつであるプエルトリコでは，アフリカ語系のことばは基礎語彙（4,330語）のなかに1語（mangó）しか含まれていないし，サンホアンの教養語彙（8,956語）のなかには15語しか含まれていない（0.17%弱）．また，言語地図の資料にも同じく15語含まれているが，この両者に共通するのは changa（げっし目の昆虫の名），chango（サルの一種の名），chiringa「凧」，gongolí（蛆虫の一種の名），guineo「（生食用の）バナナ」，mangó「（果物の）マンゴ」，monga「不快感，軽い風邪」の7語である．（Vaquero, II, 53-4）．

## 3）ヨーロッパ語系語

　ヨーロッパの諸言語から直接的に移民によって，また間接的に文化的影響によって，さまざまなことばがアメリカ・スペイン語に入ってきた．スペイン系アメリカにだけ入ってきたものが多いが，なかにはスペインにも入っている単語がある．後者の場合，南北アメリカにおける使用頻度が目立って高くなければラテンアメリカ語には認定されない．ラペサ（639）はヨーロッパ語系語について以下のように説明している．

### （1）一般的な説明

　ラプラタ地方はあらゆる国からの移民を受け入れたが，その結果，アルゼンチンのスペイン語にはイタリア語をはじめさまざまなヨーロッパ語に由来する語彙が豊富に含まれている．★

　他方，アメリカ合衆国の南部やメキシコ，中米などでは，アングロサクソンの影響で多くの英語系の単語が導入された．たとえば，overol「つなぎの作業服」（＜英語の overall），chompa「ジャンパー」（＜jumper），cloche「クラッチ」（＜clutch），troque「トラック」（＜truck），aplicación「申請」（＜application）などである．なお，一般スペイン語の aplicación「適用」（など）には，英語の application にある「申請」の語義は含まれていない．

　また，19世紀にアメリカ大陸の文化のなかで優勢であったフランス志向に

---

★　Lodares（148と152）によると，1880年から1914年までにアルゼンチン鉄道会社が雇い入れたのは，英国人が3分の1，その他外国人が3分の1，アルゼンチン人が3分の1であった．1914年のブエノスアイレスでは，その人口の49%が外国から入ってきていた．また，1940年には，アルゼンチンの外国人の数はアメリカ合衆国のその数の倍になっていた．

概説　アメリカ・スペイン語

よって，かなりの数のフランス語系語が残ることになった．masacre「大虐殺」，usina「工場施設」，rol「目録」などである．

なお，DRAEでは，rolがふたつの見出し語になっている．ひとつは英語系で，「役割」という語義が与えてあり，もうひとつはカタルニア語系で，そこに「目録，リスト」の語義が含まれているものの，その語義も含め，どの語義にもラテンアメリカ語であるような指摘は見当たらない．

(2) LBAの場合

ラテンアメリカ語基礎語彙（LBA）には，スペイン語以外のヨーロッパ語系の語形・語義のセットが103種類含まれている．全体（981）の10％強である．その多くは移民たちの言語から借用されたものであるが，文化的・政治的な影響で採用された外来語も含まれる（語義については付録を参照のこと）．

　A．ポルトガル語系語 lusismo または portuguesismo (13)：casal; conchabar; garúa; íngrimo, ma; ipecacuana; mucamo, ma; pedregullo; petiso, sa[A]; petiso, sa[B]; petizo, za; pichincha; quilombo; tacho.

　B．フランス語系語 galicismo (22)：afiche; aló; bebe, ba; bretel; chofer; cotelé; decolaje; fifí; fuete; gamín; gripa; mimeógrafo; placard; recomendado, da; rotisería; soutien; tenida; tricota; usina; visa; vitrina. なお，chofer は語義がスペインの標準語と同じく「運転手」であるが，アクセントの位置が異なる．

　C．イタリア語系語 italianismo ( 9 )：altoparlante; fungir; grapa; laburar; laburo; mezanín; rostícería; salame; tratativas.

　D．英語系語 anglicismo (56)：ヨーロッパ語のなかでは英語が一番多くのことばをアメリカ・スペイン語に提供してくれている．ヨーロッパ語系語のなかではその半数以上（約54％）を占めている．automercado; baúl; bife; birome; blúmer; bluyín; box; cachar; carro; chomba; chompa; clóset; concreto; dentistería[A]; dentistería[B]; droguería; durmiente; elevador; financista; fólder; fono; foul; freezer; fuente de soda; gásfiter; guachimán; guagua[B]; güinche; kerosén (kerosene); lavaseco; living; manzana; mitín; motorista; nafta; overol; panqué; panqueque; pantaletas; pantimedias; parquear; plomero; pluma fuente; ponchar; pullman; querosén (querosene); reclamo; referee; rentar; reportar;

― 178 ―

reversa; rin; sánduche; sándwich; suspensores; zíper.★
  E．その他のヨーロッパ語系語（3）：ラテン語系の acápite と barata，ドイツ語系の chop である．

## 4）ヨーロッパ以外の外国語系語

　LBA のなかにはヨーロッパ語系語以外の外国語に由来することばがひとつだけ含まれていた．ペルーやエクアドルで使われている中国語系の chifa「中華料理店」である．

## 5）スペインの方言系の単語

　スペインの標準語以外の言語様態（スペイン語の二次的言語様態，すなわち諸方言）から一般的なアメリカ・スペイン語に入ったことばも，スペインとスペイン系アメリカの規範的な言語様態（標準語）を比較するとき，スペインでは使われていないがスペイン系アメリカでは使われているという相違によって，ラテンアメリカ語になる．そういう種類の語彙について，ラペサ（636-8）の紹介を中心にして説明すれば，以下のようになる．

（1）アメリカ・スペイン語のなかの代表的な方言系語
  A．アンダルシア語系語 andalucismo：まず，スペインと植民地アメリカとがつながるルートはイベリア半島南部に起点があったことから，現在のアメリカ・スペイン語にはアンダルシア語系のことばが豊富に含まれている．その代表的なものに amarrar「しばる」，calderetero「釜職人」，guiso「煮込み料理」，juma（または jumera）「酔い」，limosnero「物乞い」，ñoña「排泄物」，panteón「墓地」などがある．
  B．カナリア語系語 canarismo：カナリア諸島は長いあいだそのルートの中継地であったことから，多くのことばが植民地に運ばれた（そしてこの諸島の人的な貢献も小さくない）．とくにカリブ海域にその影響が残っている．カナリア語系の単語に atacarse「体の不調を感じる」，en-

---

★　LBA の英語系語（56語）のなかの次の5語は，参照することのできたスペイン語の資料には英語系語であるという指摘は見つからなかった．筆者は独自の調査によって英語系語であると仮定している．それらは baúl, dentistería[A], dentistería[B], pantaletas, suspensores である（Miyoshi, 2004d）．
　なお，コロンビアにおける英語系語の研究には村上（2002など）がある．

sopar「ぬらす」, botarate「浪費家」, cerrero「粗野な」, parejero「馴れ馴れしい人」, mordida「噛み付き」がある．

なお，ensoparはイベリア半島西部語系という解釈も可能である．

C．イベリア半島西部語系語 occidentalismo：16世紀にはイベリア半島西部からも多くの人が新大陸に渡っていったので，その地方の諸語もアメリカ・スペイン語に入った．また，中世にはレオンからの移住者がエストレマドゥラを通ってアンダルシア西部に移っていったから，そこから新大陸に渡った人たちもレオン語系のことばを運んでいったし，レオンやポルトガルの人たちがカナリア諸島に移住していたので，新大陸に渡ったカナリアの人たちもレオン語系のことばを運んだ可能性がある．

確実にレオン語系であると思われる単語に，andancio「軽い流行病」, carozo「穂軸」, fierro「鉄」, furnia「天然の排水溝」, lamber「なめる」, peje「魚」, piquinino「小さな子供」があり，ガリシア語かポルトガル語に由来する単語には bosta「牛馬のふん」, cardumen「魚の大群」, laja「浅瀬」があるし，この系統のものである可能性が高いものに，カナリア諸島でも使われている botar「投げる」や soturno「陰気な」をはじめ，fundo「地所」, buraco「穴」, pararse「立っている」などがある．

D．水夫用語 marinerismo：新大陸に渡るには長い航海をする必要があった．イベリア半島の各地からそれぞれの方言を使う人たちが，海上で運命共同体を構成しつつ一緒に生活していくうちに，世話をしてくれる水夫たちのことばを自分たちの共通語として取り入れたであろう．陸地の生活が始まると，それらのことばを，新しい生活環境に応じて語義を変えつつ使いつづけた．たとえば，「入り江」の意味のフランス語 (havre) から入って「港」を意味していた abra が「山峡の間道」の意味で使われ，「船賃」の flete は「馬」の意味で使われるし，航海用の「乾パン」の mazamorra は先住民の作る「トウモロコシ粥」を意味するようになった．また，列車に乗るにも embarcarse「乗船する」が使われ，「入り江」の意味の ensenada は陸地の「牧場の柵囲い」を，「海浜」の playa は駐車場のような「広い平坦な場所」を指すようになった．

（2）**LBAのなかの方言系語**

LBAのなかには，以上のような特徴を持った単語として次のものが含まれている．全部で26語（語形と語義のセット）である．全体（981）の2.7%

弱である（語義は付録を参照のこと）．
  Ａ．アンダルシア語系語（4）：compadre; falluto, ta; salivadera; telera．
  Ｂ．カナリア語系語：なし．
  Ｃ．イベリア半島西部語系語（9）：aguaitar; arveja; botar; carozo; ensopar; esculcar; friolento, ta; lamber[A]; parado, da．
  Ｄ．水夫用語系語（13）：abarrotes; arrumar; bañadera; chicote; grampa; halar; lampazo; maroma; mazamorra; playa; rebenque; vararse; volantín．

## 6）婉曲表現・隠語系の単語

　スペインでは普通に使われている単語であるのに，スペイン系アメリカではみだらな語義が意識されるため，その使用が避けられるという現象がある．タブー語の現象である．たとえば，「つかむ」の意味の coger は「性交する」の語義が意識されて，アルゼンチン・メキシコ・ベネズエラ・キューバなどではその使用が避けられ，タクシーをつかまえるときなどには，スペインでのように coger un taxi とは言わず，coger のかわりに tomar とか agarrar が使われる．また，「終える」の意味の acabar はアルゼンチン・チリ・ニカラグアなどで「射精する」の意味が加わり，「貝」の意味の concha はアルゼンチンで「（女性の）性器」の意味になり，「くちばし」の pico はチリで「陰茎」を指し，「虫」の bicho もプエルトリコで「陰茎」の意味になるので，これらの単語は当該の地域において卑猥なことばとして受けとられ，その使用が避けられる（この点については本章第1節第3項を参照のこと）．

　また，不快なことやおぞましいことを直接表現せずに別のことばが使われるという，婉曲表現の例がアメリカ・スペイン語に目立っている．（Charles Kany の著書の1960b は1冊全部がこのテーマで書かれているほどである）．その結果，「殺す」の意味では matar のかわりに ultimar（一般語では「終える」），perjudicar（「害する」），dejar indiferente（「無関心のままに放置する」）などが使われるし，moreno「褐色の人」が negro「黒人」の意味で，そして trigueño「小麦色の人」が mulato「（白人と黒人の混血の）ムラト」の意味で使われる．アルゼンチンでは「汗をかく」の意味なら sudar のかわりに transpirar「発汗する」が使われる．また，スペイン系アメリカの広い地域で，「母

親」の意味の madre や「父親」の意味の padre が使われなくなっている．話し相手をおとしめるために相手の母親を侮辱する文句が使われるからである．そのかわりに mamá や papá が使われる（筆者にはコロンビアで，中年の男性が公式の場面で mamá ということばを使って話すのを耳にした経験がある）．

　ならず者の隠語も国によって異なり，その名称もいろいろある．メキシコではかつてシリゴンサ sirigonza と呼ばれていたし，ペルーではレプラナ replana，チリではコア coa であるが，ラプラタ地方のルンファルド lunfardo は多くの研究の対象となっている．これらの隠語から一般語に入ったことばも少なくない．

　なお，LBA の隠語系語 (14) にはルンファルドから一般語に入ったものが多い．bacán, na; boliche; bulín; cafiche; calote; chaveta; cocoliche; coima; enchastrar; linyera; liso, sa; milico; pibe, ba; pilcha．

## 7) その他の単語

　以上，さまざまな由来によってアメリカ・スペイン語に特有の単語（ラテンアメリカ語）になっていることばについて解説し，紹介してきた．LBA の場合，それらは合計290語になる．起源の特徴によってラテンアメリカ語であると認められるのは全体の約30%である．そして残りの691語（約70%）はその特徴を持っていない．しかしその語形とか語義はスペインの標準語で使われていない．どういう特徴でラテンアメリカ語になっているのであろうか．筆者は以下のような特徴に注目してそれらを分類した．数値からその傾向を推察してほしい．

（1）**基礎的なラテンアメリカ語ではない単語**：まず，そのうちの21語は基礎的な語彙であるとは判定できなかった．abundoso, sa「豊富な」など．

（2）**スペイン語から派生した単語**：スペインのスペイン語を基語にして南北アメリカで形成された語形・語義のセットである．237語あった（全体の約24%）．それらは名詞・形容詞が205語，動詞が29語，副詞が1語，間投詞が2語である．abajeño, ña「低地の」(← abajo「下に」) など．

（3）**スペイン語の語義が変化した単語**：スペインで使われるスペイン語が南北アメリカでその語義を変えたものが374語あった（全体の約38%）．名詞・形容詞が315語，動詞が47語，副詞や間投詞が12語である．alberca

「プール」(←「貯水槽」) など．
(4) 先住民語からの派生語：すでにアメリカ・スペイン語に組み込まれている先住民語を基語にして南北アメリカで形成された単語が40語ある．名詞・形容詞が25語，動詞が15語であった．lúcumo「ルクモ（木）」(←ケチュア語系のlúcuma「ルクマ（実）」) など．
(5) 先住民語の語義が変化した単語：アメリカ・スペイン語に入っている先住民語系語がその元の意味ではなく，べつの語義で使われている単語が20語あった．名詞が19語，形容詞が1語である．macana[A]「でたらめ」(←タイノ語系のmacana[B]「棍棒」) など．

　上記 (4) の「先住民語からの派生語」もこの語義変化の単語も，アメリカ・スペイン語の研究では普通，先住民語系という特徴の語彙のなかに含まれている．そのように扱えば，LBAでは先住民語系の単語 (141) にこれらの60語を加えた201語 (全体の約20%) が先住民語系語であるということになる．しかしアメリカ・スペイン語の語形成の活力や語義変化の様相を明らかにするためには，このように分類するほうがいいと思われる．

## 4．スペインの標準語との対比

　この節では，アメリカ・スペイン語の語彙について，現代スペインの標準語との対比によって浮かびあがる特徴を扱う．ラテンアメリカ語の共時的な特徴のことである．

## 1) スペインでの古語的性格という特徴

　スペイン系アメリカの一般的な語彙のなかには，スペインではもう使われなくなっていたり文学語としてのみ残っているような単語が含まれている．現在のスペインの標準語では使われず，アメリカ・スペイン語の標準語では使われる，ということでラテンアメリカ語とされる語彙のことである．

(1) ラペサの解説
　すぐに気づかれるのは，美しさを評価する形容詞として，現代スペインのようにbonitoやhermosoを使わず，スペインの17世紀によく使われたlindo「美しい」を使う現象であろう．また，スペインの黄金世紀 (16・17世紀) に

使われていたがそのあとで忘れられていった単語で，今日のスペイン系アメリカで普通に使いつづけられているものに，bravo「怒った」，liviano「軽い」，pollera「スカート」，recordar「目覚めさせる」，esculcar「詮索する」，aguaitar「見守る，待ち伏せする」，escobilla「ブラシ」，barrial「ぬかるみ」，vidriera「ショーウインドウ」，prolijo「細かい」，retar「叱る」，afligir「心配させる」，その他多数がある（ラペサ，635-6）.

## (2) LBA の古語

　この特徴の単語は，一般的に予想されることに反して，LBAにはほんの少ししか含まれない．「スペインでは古語になっている語形・語義のセット」としては56語（全体の6％弱）しかなかった．

　以下に，筆者がスペインの標準語で古語になっていると判断した56語を紹介する（Miyoshi, 2005d）．下線は次の第3点のLernerとの共通語である．

　acotejar「整理する」, aguaitar「待ち伏せする」, arveja「エンドウマメ」, botar「投げすてる」, botillería「飲み物の店」, bravo, va「怒った」, cacahuate「ピーナッツ」, canilla「蛇口」, cobija「ベッドシーツ」, coger「性交する」, comedido, da「親切な」, conventillo「大型のアパート」, damasco「アンズの実」, duraznero「モモの木」, durmiente「枕木」, empatar「接合する」, endenantes「以前に」, escaparate「たんす，ロッカー」, escribano, na「公証人」, esculcar「捜索する」, fierro「鉄」, filoso, sa「刃のとがった」, foja「ページ」, fonda「飯屋」, gis「チョーク」, góndola「乗合バス」, grama「芝生」, hato「牧場」, hijuela「田舎の農場」, intendente, ta「知事」, lamber[A]「なめる」, licenciado「弁護士」, llamado[A]「呼びかけ」, luego「早く」, luego luego「すぐに」, malhaya「（間投詞）ちくしょう」, misiá「奥様」, pileta「洗面台」, pollera「スカート」, ramada「小屋」, rancho「掘立て小屋」, recibirse「学位を取得する」, refacción「修繕」, regalón, lona「お気に入りの」, retar「言い争う」, saber「よく～する」, saco「ジャケット」, sardinel「路肩」, sencillo「小銭」, taita「父親」, temporario, ria「一時的な」, torreja「揚げパン」, ubicarse「位置する」, viaraza「突発事件」, vidriera「ショーウインドウ」, vuelto「お釣り」. なお，このなかの conventillo, góndola, misiá の3語はスペイン系アメリカでも古語的になってきている．

## (3) Lerner との対比

　アメリカ・スペイン語の古語については，Lerner の *Arcaísmos léxicos del*

## 第4章　アメリカ・スペイン語の語彙

*español de América* という古典的な研究がある．上記の LBA の古語のなかで Lerner も扱っているのは27語しかなかった．下線をほどこした単語である．

他方，LBA のなかには Lerner が扱っている古語と共通の語形を持つセットが60語見つかった．筆者はそのうちの27語しか古語として扱っていない．残りの33語のうち，21語は語義が南北アメリカで変化しているものであり，4語は依然としてスペインで一般的に使われており，8語は LBA での語義と異なったセットが問題にされていたので，対象外となる(Miyoshi, 2005d)．

## 2) 同音異義語性という特徴

スペイン語の語彙がアメリカ大陸でその語義を変えると，単純に考えれば，結果としてスペインに同音異義語が出現することになる．もちろん，スペイン系アメリカでスペイン語以外の言語に由来する同音の単語が使用され，スペインの標準語に偶然その同音異義語が存在する可能性もある．

### (1) 一般的な説明

すでに何度か言及してきたように，新大陸に運ばれたスペイン語がその語義を変える現象は，まず，征服時代と入植の初期に起こった．スペイン人たちは，それまで自分たちが見たことのない大自然の姿や事物の名前を，自分たちの母語の単語を使って命名しはじめたからである．たとえば，植物の「ビワ」の意味の níspero を使ってゴムの木の balata などを，「プラタナス」の plátano でバナナの木を，「プルーン」の ciruela でウルシ科の植物を指すようになった．また動物では「ライオン」の意味の león でピューマ (puma) を指し，「トラ」の tigre でジャガー (jaguar) を指すことにした (ラペサ, 602)．

そのほかにも，新大陸の事情によって多くのスペイン語がその語義を変えた．たとえば，「滞在，住居」の意味の estancia が「農場」に，「山間の道」の quebrada が「小川」に，「小道」の vereda が「歩道」に，「荒地」の páramo が「小雨」に，「冬」の invierno が「雨期」に，「夏」の verano が「乾期」に，「火山」の volcán が「地すべり」とか「山積み」(中米) になっている (ラペサ, 637)．

### (2) LBA の同音異義語

LBA のラテンアメリカ語では，スペインにスペイン語起源の同音異義語が存在する単語が437語あった．その割合は全体 (981語) の約45％に当たる．

— 185 —

半数近くの単語の語形が，スペインでもスペイン系アメリカでも使われているのにその語義が異なる，ということになる．ちなみに，スペインにスペイン語以外の起源の同音異義語が存在するものが11語あった．そのほかのラテンアメリカ語にはスペインに同音異義語が存在しない．

問題の11語は以下のものである．語形・語義，語形の系統，スペインでの語義を並べておこう．ラテンアメリカ語はアメリカ先住民語系が10語，英語系が1語であり，スペインの標準語はそれらの語義の変化したものが7語，別系統の先住民語系が1語，プロバンス語系が1語，フランス語系が1語，英語系が1語である．

galpón「小屋」，ナワ語系，「平屋の大きな家」．
jícara「木製の湯飲み茶碗」，ナワ語系，「ココア用の陶磁器のカップ」．
petaca「トランク」，ナワ語系，「皮製の大箱」．
cancha[A]「広場」，ケチュア語系，「運動場」．
cancha[B]「焼きトウモロコシ」，ケチュア語系，「運動場」．
mote「ゆでトウモロコシ」，ケチュア語系，(プロバンス語系の)「愛称」．
palta「アボカド」，ケチュア語系，「(エクアドル先住民の) パルタ」．
guata「腹部」，アラウコ語系，(フランス語系の)「綿の厚手のシート」．
jíbaro, ra「白人の農民」，先住民語系，「(エクアドルの) ヒバロ族」．
box「ボクシング」，英語系，(英語系の)「馬屋のストール」．
coyote「密入国の仲介者」，ナワ語系，「(動物の) コヨーテ」．

## 3）同義語性という特徴

同義語の定義や判定は難しいが，基本的には，多義語でもその語義のひとつが別の単語の語義と同じなら，その2種類の単語を同義語として扱うことにする．LBAを構成している語形・語義のセットのなかには，スペインにスペイン語起源の同義語が存在する単語が556語ある．全体（981語）の57%弱である．また，スペインにスペイン語以外の起源の同義語が存在するのは22語あった．その合計は578語になる（全体の6割弱）．

### （1）Kanyの一覧表

スペインに同義語が存在するということは，同義語のうちの一方をアメリカ・スペイン語が，そしてもう一方をスペインの標準語が使用する，ということを意味している．この現象を「単語の好み」というように解釈して，そ

## 第4章 アメリカ・スペイン語の語彙

のような同義語のペアを表にしたのがKany（1960a, 4-6）である．数え方で違いが生じるが，本書ではそれらを，つぎのような81種類のセットにして紹介する（最初がラテンアメリカ語，引用符つきのがスペインの標準語，そして語義）．

afrecho 'salvado'「（穀物の）ぬか」; agarrar 'atar'「しばる」; amarrar 'coger'「つかむ」; angosto 'estrecho'「狭い」; aparador 'escaparate'「ショーウインドウ」; apartamento 'piso'「マンション」; apurarse 'apresurarse'「急ぐ」; argolla 'anillo'「指輪」; arveja, alverja 'guisante'「エンドウマメ」; balde 'cubo'「バケツ」; bandeja 'fuente'「大皿」; boleto 'billete'「切符」; bolsa 'saco'「大袋」; botar 'echar, tirar'「投げすてる」; bravo, enojado 'enfadado'「立腹した」; cabello 'pelo'「毛髪」; cambiar 'mudar'「変える」; candela 'lumbre, fuego'「火」; carro 'automóvil'「自動車」; cartucho 'cucurucho'「円錐形の紙袋」; cocinar 'cocer'「煮る」; comercio 'tienda'「商店」; cuadra 'manzana'「（市街地の）ブロック」; cuarto 'habitación'「部屋」; chancho 'puerco, cerdo'「ブタ」; chapa 'cerradura'「錠」; charol, charola 'bandeja'「盆」; chico 'pequeño'「小さい」; chicote 'látigo'「鞭」; chulo 'bonito'「かわいい」; demorarse 'tardar'「遅れる」; departamento 'piso'「マンション」; despacio 'en voz baja'「小声で」; dirección 'señas'「住所」; elenco 'reparto'「配役」; elevador 'ascensor'「エレベータ」; enojarse 'enfadarse'「立腹する」; enojado 'enfadado'「怒った」; ensartar 'enhebrar'「糸を通す」; ensoparse 'empaparse'「ずぶぬれになる」; escaparate 'armario'「たんす，ロッカー」; esculcar 'registrar'「捜索する」; estampilla 'sello'「切手」; extrañar 'echar de menos'「いないのを淋しく思う」; flaco 'delgado'「やせた」; flojo 'perezoso'「怠惰な」; fósforo 'cerilla'「マッチ」; fregar 'molestar'「悩ませる」; friolento 'friolero'「寒がりの」; grama 'hierba'「草」; lechar 'ordeñar'「搾乳する」; lindo 'bonito'「かわいい」; liviano 'ligero'「軽い」; negocio 'tienda'「商店」; pararse 'levantarse'「立ち上がる」; pasto 'hierba'「草」; patada 'coz'「けりつけ」; pelearse 'reñir'「争う」; pelea 'riña'「けんか」; pellejo 'piel'「皮膚」; pena 'vergüenza'「恥」; pescuezo 'cuello'「首筋」; pieza 'habitación'「部屋」; pila 'fuente'「泉」; pitar 'fumar'「タバコをすう」; plata 'dinero'「お金」; pleito 'riña'「争い」; pollera 'falda'「スカート」; postergar 'aplazar'「延期する」;

— 187 —

概説　アメリカ・スペイン語

potrero 'dehesa'「放牧場」; rezongar 'refunfuñar'「不平を言う」; sacar 'quitar'「はずす」; saco 'americano'「ジャケット」; tierra 'polvo'「土ぼこり」; timbre 'sello'「切手」; tiquete 'billete'「切符」; tomar 'beber'「(酒を)飲む」; trepidar 'vacilar'「ためらう」; vidriera 'escaparate'「ショーウインドウ」; vitrina 'escaparate'「ショーウインドウ」; voltear 'volver'「振り向く」.

　このような「好み」の単語の一覧表は, 作成者によってラテンアメリカ語の使用地域とか頻度とかに関する判定が違うので, 構成が異なってくる. 上記はあくまで Kany が独自の判定で作成したペアの表である. ★

**(2) Kany と LBA**

　上記の Kany の同義語群のなかで LBA と共通しているラテンアメリカ語は, argolla, arveja, boleto, botar, bravo, carro, cuadra, chancho, charol, charola, chicote, departamento, despacio, elevador, ensoparse, escaparate, esculcar, estampilla, fregar, friolento, grama, pararse, pasto, pena, pitar, pollera, saco, tomar, vidriera, vitrina, voltear の31語である. これらは Kany のペアの数の半分以下になる.

**(3) Obediente の一覧表**

　Obediente も Kany と同じように, アメリカ・スペイン語とスペインの標準語で好んで使われる同義語のペアの一覧表を提示している (449). 表は35のペアでできているが, そのなかで LBA と共通のラテンアメリカ語は半数弱の15語しかない (bravo, carro, chequera, chofer, comida, estampilla, manejar, manubrio, media, papa, pararse, pena, plomero, tomar, vidriera). また, Kany の一覧表のペアと共通しているのも, 偶然であるが15語である (apartamento, apurarse, bravo, cocinar, demorarse, dirección, enojado, estampilla, fósforo, lindo, pararse, pelearse, pena, tomar,

---

★　好みによって使い分けるという同義語のペアについては, Kany の一覧表を検討している Sala たちの研究 (第2部の2.2.節) が興味深い. また, Molero の *El español de España y el español de América* は, 辞書の CLAVE を監修した Concepción Maldonado が構想を立てた外国人用のスペイン語学習参考書であるが, スペイン・アルゼンチン・チリ・メキシコ・ウルグァイ・ベネズエラで使い分けられている単語の, 非常に興味深い対照表である. 他方, おなじく興味深い資料に Ueda et al. の, スペイン語圏における語彙のバリエーションに関する研究 Varilex がある. 電子資料として公開されているので, ぜひ, アクセスすることをおすすめする.

vidriera).

　好みの同義語ペアの一覧表は，アメリカ・スペイン語の面白さをスペインの標準語と対比することによって明示的に紹介する資料としては興味深い．しかし，スペインの標準語は単一の言語様態において使用されているが，一方のラテンアメリカ語はその使用地域も頻度も基本語的性格も異なっており，その両者をつきあわせても，アメリカ・スペイン語の実態を示す客観的な資料にはなりにくい．他方，そのような同義語ペアを厳密に認定するには，同義語の定義そのものの問題や基礎的なラテンアメリカ語の定義などの問題を解決しなくてはならない．客観的に認められる一覧表の作成は困難を極めるであろう．本書では，LBA のラテンアメリカ語について，同義語と考えられる可能性のあるものの割合を提示するだけにとどめたい．

## 5．アメリカ合衆国のスペイン語の語彙の特徴

　アメリカ合衆国のヒスパニックたちが話すスペイン語は英語の影響を幅広く受けている．彼らはこの国に二言語話者として居住しているが，そのスペイン語は家庭的な事情や社会的な立場，また居住地などによって実に多様な方言群を構成している．この節では彼らのスペイン語に見られる英語系の要素の種類と，合衆国南西部の一般的な語彙を紹介することにしよう．

### 1）4種類の英語系要素
　すでに本書の第3章第12節で紹介したことだが，Silva-Corvalán (835) によると，二言語話者であるヒスパニックのスペイン語語彙を全体的にながめれば，そこには次のような4種類の英語系要素が含まれているという．
- （1）**語の借用 préstamos de una palabra**：スペイン語圏からの移民の1世に頻繁に見られる英語の影響であり，英語の単語(語義と語形のセット)そのものを取り入れる現象である．借用語—'英語'—（スペイン語での語義）—「日本語の訳」の順で代表的な例を紹介しよう．mapear 'to mop' (trapear el piso)「床を拭く」, sinke 'sink' (lavaplatos)「(台所の)流し」, troca, troque 'truck' (camión)「トラック」, so 'so' (así que)「だから」, marqueta 'market' (mercado)「市場」, obertain 'overtime' (tiempo

complementario)「超過時間」，bil 'bill' (cuenta)「勘定書」など．
（２）語の語義の借用 calcos de una palabra：移民の２世からは語義借用が増える．スペイン語の既存の単語に，それに類似する英単語の語義を新たに当てはめる現象である．代表的な例を，既存のスペイン語－'問題の英語'―（英語の語義に相当するスペイン語）―「日本語の訳（スペイン語の代表的な語義＋新語義）」の順で例を紹介しよう．moverse 'to move' (mudarse de casa)「移動する＋引っ越す」，atender 'to atend' (asistir)「補佐する＋もてなす」，aplicación 'application' (solicitud)「適用＋申請」（この借用には本章第 3 節第 3 項でラペサも言及している），colectar 'to collect' (coleccionar)「（寄付などを）集める＋（一般的に）収集する」，cartón (de leche) 'carton (of milk)' (caja [de leche])「厚紙＋（ミルクの）紙パック」，carpeta 'carpet' (moqueta, alfombra)「書類入れ＋じゅうたん」，grados 'grades' (calificaciones, notas)「（複数の）等級＋成績表」など．
（３）名詞句の語義の借用 calcos complejos：複数の単語で構成される句のレベルの語義借用である．スペイン語には珍しい熟語が形成される現象となる．例を（２）と同様の順でデータを並べれば máquina de contestar 'answering machine' (contestador automático)「答える機械＋留守番電話」，máquina lavadora 'washing machine' (lavadora de ropa)「洗う機械＋洗濯機」，escuela alta 'high school' (bachiller の一部)「高い学校＋高等学校」，días de semana 'weekdays' (días de trabajo)「週の日々＋就業日，平日，ウィークデー」（スペインでは普通，週の日々 días de semana が「平日」días de trabajo, días hábiles, días laborables と「休日・祝日」días de descanso, días feriados, días de fiesta, días festivos に分けられる）などがある．
（４）節・句の語義の借用：統語法のレベルの語義借用であるから，本書では第 3 章の第12節第 1 項で扱っている．

## ２）合衆国南西部のスペイン語の一般的な語彙

アメリカ合衆国の南西部に位置するアリゾナ，コロラド，ニューメキシコ，テキサス，ルイジアナの５州において，Manuel Alvar がスペイン語話者に対して語彙の使用状況を把握するためにアンケートを行なった．Encuestas del

第4章　アメリカ・スペイン語の語彙

Atlas Lingüístico de Estados Unidos である．102名のインフォーマントが協力した．

　注意すべきは，この調査の対象にはカリフォルニア州が含まれていないことである．Manuel Alvar (1996b, 91-2) によれば，ここには19世紀の初頭に4千人強のスペイン語話者と400人弱のアメリカ合衆国人，そして100人弱のメキシコ人が住んでいたが，そのスペイン語はスペイン系のものであった．しかし19世紀の中頃からゴールドラッシュによって大量の移住者の波が押し寄せ，その世紀の末ごろにはアングロサクソンの文化圏になってしまい，スペイン語は消えてしまった．そして20世紀に入るとメキシコからの移住者が新たに姿を見せるようになり，その流入は絶えることなく現在まで続いている．そのような歴史的事情であるから，この州のスペイン語は過去からこの土地で使い続けられてきた世襲財産としての言語ではなく，メキシコの各地から移住してきた人たちが話しており，統一的な言語様態に達しても，それは広い意味でのメキシコ語の1方言に過ぎない，ということになる．カリフォルニアで育ったスペイン語ではないので語彙調査の対象からはずされた．

　語彙論の専門家である Pedrero González は，Manuel Alvar の言語地図の作成に何度か協力してきたが，Alvar の上記アンケートの結果を統計的に処理することで，合衆国南西部のスペイン語の語彙の特徴を明らかにした．概念を12の語彙分野に分けて，それぞれの分野で基本的な語義について使用されている語形を調べたのであるが，全般的な傾向として，この地域のスペイン語の（調査された）語彙は64.3%がスペインのスペイン語と共通であり，15.3%がメキシコのスペイン語のもの，いわゆる古語が6.8%，ナワ語系語が3.5%，英語系語が4.9%，形成されたことばが4.4%であることがわかった．概念分野別に，インフォーマントの75%以上から同一の回答が得られた語形を紹介しよう（パーセントの高い順に並べる）．

　（1）人体の部位など：21語．「犬歯」colmillos；「口蓋垂」campanilla；「親知らず」muela del juicio；「（髪の色の）黒」negro（古語の prieto と答えた人は9.8%）；「X脚の（人）」zambo（メキシコ系の chueco は4.1%）；「吐く」gomitar（現代スペインの標準語では vomitar であり，gomitar は古語）；「やせた（人）」flaco；「親指」dedo gordo；「小指」dedo chico；「平手打ち」cachetada；「伸びをする」estirarse；「左利きの（人）」zurdo；「あくびをする」bostecear (bostezar は3.8%)；「頬」ca-

概説　アメリカ・スペイン語

chete；「太った（人）」gordo；「小便」orines；「首」pescuezo；「唾液」saliva（baba は21.4%）；「ストロー」popote（英語系の str6 と答えた人は13%）；「（先住民とスペイン人の混血の）メスティソ」mestizo；「薬指」dedo del anillo．

（2）衣装関係：11語．「ファスナー」zíper（cremallera は1.9%）；「エプロン」delantal；「（靴の）舌革」lengua；「ブレスレット」pulsera；「カフスボタン」mancuernas；「指輪」anillo；「腕まくりする」arremangarse；「パジャマ」payama（pijama が5.6%, camisón が9.3%）；「ズボン」pantalón；「ガーター」ataderas（ligas は18.8%）；「服飾デザイナー」costurera（modista は15.4%）．

（3）家，家庭：22語．「枕」almohada；「（電気を）消す」apagar；「掃く」barrer；「しみ」mancha；「トーストする」tostar；「料理する」cocinar（cocer は1.9%）；「（料理で）焼く」asar（cocinar は3.8%）；「煮る」hervir（cocer は1.9%）；「町」ciudad；「食事」comida（英語系の lonche は10.2%）；「灯心」mecha；「燃やす」arder；「（階段の）ステップ」escalón（英語系の estepes は1.9%）；「錠」chapa（cerradura は11.8%）；「（煙の）すす」hollín；「よごれる」mancharse；「手すり」barandal（pasamanos は2.0%）；「（ほこりを）払う」sacudir；「衣装だんす」ropero（clóset が10%, armario が6.7%）；「（煙突を）掃除する」limpiar（deshollinar は2%）；「（塩味の）干し肉」carne seca（cecina が10.5%で, charqui が1.8%）；「ベッド」cama．

（4）家族，日常生活，健康：6語．「埋葬する」enterrar；「（恐怖で）震える」temblar；「その気になる」tener un antojo（tener ganas は4%）；「双子」cuates（このメキシコ系語のかわりに gemelos と答えた人が18%）；「消化不良」indigestión；「丹毒」disipela（erispela は17.9%）．

（5）精神世界：3語．「クリスマス」Navidad（Christmas は11.1%）；「万聖節」día de Todos los Santos（万聖節は11月1日だが, 意味が11月2日の「万霊節，死者の日」と交差していて, día de los muertos と答えた人が10.6%, día de los difuntos が2.1%）；「聖水盤」pila．

（6）遊び，娯楽：3語．「（トランプを）切る」barajear（barajar は3.7%）；「（コマを）回す」bailar；「凧」papalote（cometa は11.1%）．

（7）職業，仕事：5語．「金敷（かなしき）」yunque；「（鍛冶屋の）炉」

— 192 —

fragua；「ふいご」fuelle；「鍛冶屋」herrero（古語の ferrero は9.5％）．

(8) **教育**：2語．「(私立の) 専門学校」academia；「幼稚園」kindergarden．

(9) **時，天候**：7語．「昨日」ayer；「雨」lluvia；「虹」arco iris；「一昨日」antier (anteayer は9.8％)；「雪が降る」nevar；「雷が鳴る」tronar；「(太陽が) 昇る」salir．

(10) **地形**．4語．「丘」loma；「小川」arroyo；「泉」ojo de agua；「穴」agujero．

(11) **農業**：7語．「(トウモロコシの) 粒を取る」desgranar；「トウモロコシ」maíz；「ピーナッツ」cacahuate (maní は2.2％)；「剪定する」podar；「若いトウモロコシ」elote (おなじくナワ語系の chilote は9.1％)；「押す」empujar (英語系の puchar は16.3％)；「発芽する」retoñar (brotar は23.5％)．

(12) **動物，家畜**：23語．「みみず」lombriz；「馬の尻」ancas；「鶏小屋」gallinero；「卵の黄身」yema；「馬のひづめ」pezuña (casco は8％)；「馬の尻尾」cola (rabo は9.6％)；「ハチドリ」chuparrosa (chupaflor は6.1％)；「雀」gorrión；「雌牛の乳房」ubre (chiche は11.5％)；「(雄牛が) 鳴く」bramar；「(雌牛が) 鳴く」bramar；「蝶」mariposa (palomita は13.2％)；「スズメバチ」avispa (abeja は7.7％)；「抱卵期の雌鳥」culeca；「ウサギ小屋」jaula (conejera は10％)；「ミツバチ」abeja (avispa は5.8％)；「鞍」silla；「馬の顔の突出部」hocico；「玉子」huevo (タブー語の代替語である blanquillo は19.6％)；「(料理する) 魚」pescado；「種馬」garañón (古語)；「子馬」potrillo (potro は11.8％)；「コンドル」zopilote (このナワ語系語のかわりにアンティル語系の aura と答えた人は17.8％，カナリア諸島のグァンチェ語系の guirre と答えたのはルイジアナ人で4.4％)；「たてがみ」clin (r と l の交差の例であるが，標準語形の crin と答えた人は10.2％)．

## 付録　ラテンアメリカ語基礎語彙（LBA）

abajeño, ña「低地の（人）」, abalear「銃撃する」, abarrotes「食料品」, abasto「食料品店」, ablande「慣らし運転」, abonero, ra「街頭の物売り」, abrochador, dora「ホッチキス」, abundoso, sa「豊富な」, acá「(指示詞 'éste' か 'ésta' のかわりに)この人」, acápite「段落」, achinado, da「先住民風の」, achiote「ベニノキ」, acholado, da「混血風の」, achunchar(se)「恥ずかしがらせる（がる）」, achura「（牛などの食用の）臓物」, achurar「刃物で傷つける，殺す」, acoplado「(牽引車につなぐ)トレーラー」, acotamiento「路肩」, acotejar「整理する」, aeromoza「客室アテンダント」, afanador, dora「(公共施設の)清掃人」, afiche「ポスター」, afilar「性的関係を持つ」, afuereño, ña「よそから来た（人）」, agachado, da「臆病な」, agauchado, da「ガウチョ風の」, agaucharse「ガウチョ風になる」, agringarse「北米人風になる」, aguaitar「待ち伏せる」, aguasarse「グァソ guaso のようになる」, aguatero, ra「(人)水売り」, agüita「ハーブの煎じ茶」, ahora último「最近」, ahuehuete「(ヌマスギ属の木)アウェウェテ」, aindiado, da「インディオに似た」, ají「トウガラシ」, ajiaco「チリソース」, alberca「(水泳用の)プール」, alcabala「検問所」, alcancía「献金箱」, alebrestarse「大騒ぎする」, alfajor「お菓子」, almacén「日用雑貨店」, aló「はい，はい！」, altoparlante「スピーカー」, amancay「キズイセン」, amarilloso, sa「黄色っぽい」, amarrete, ta「けちな」, amate「イチジク」, ambiente「部屋」, ameritar「受けるに値する」, ampolleta「電球」, andén「歩道」, andinismo「登山」, angurria[A]「強欲」, angurria[B]「空腹」, anticucho「串焼き肉」, antojitos「つまみ」, apapachar「愛撫する」, aplanadora「ロードローラー」, aplazar「落第させる」, apunar「高山病にする」, apuro「急ぎ」, arco「ゴール」, arepa「トウモロコシ・パン」, arete「イヤリング」, argolla「結婚指輪」, aro「イヤリング」, arquero, ra「ゴールキーパー」, arrecharse「興奮する」, arrecho, cha「興奮している」, arribeño, ña「山岳地方の（人）」, arriscar「逆立てる」, arrumar「積み上げる」, arveja「エンドウマメ」, asorocharse「高山病にかかる」, atol(atole)「(トウモロコシ・かゆの)アトル」, atorón「障害」, atorrante, ta「ぼんやりした」, aura「ヒメコンドル」, automercado「スーパーマーケット」, auyama

— 194 —

## 付録　ラテンアメリカ語基礎語彙（LBA）

「カボチャ」, aviso「広告」, azafate「大皿」, baboso, sa「のろまな」, bacán, cana「優雅な」, bahareque「土壁」, bajareque「土壁」, balacear「銃撃する」, balacera「銃撃」, balear「射殺する」, banca「議席」, bancada「議員団」, banqueta「歩道」, bañadera「浴槽」, baqueano, na「案内人」, baquiano, na「案内人」, barata「アブラムシ」, barra「熱狂的なフアンたち」, basural「ゴミ捨て場」, batacazo「まぐれ当たり」, batea「洗い桶」, baúl「（自動車の）トランク」, bebe, ba「赤ん坊」, bencina「ガソリン」, bencinera「ガソリンスタンド」, bibliorato「ファイルボックス」, bife「ビフテキ」, biógrafo「映画館」, birome「ボールペン」, blúmer「ブルーマー」, bluyín「ジーンズ」, boche「大騒ぎ」, bodega「雑貨店」, bolada「チャンス」, boleadoras「投げ玉」, bolear「（靴を）磨く」, bolero「靴磨き」, boleta「勘定書」, boletería「切符売り場」, boletero, ra「（人）切符売り」, boleto「切符」, boliche「飲食場」, bolillo「パン」, bolita「ビー玉遊び」, bolo, la「酔っている」, boludo, da「うすのろの」, bomba「ガソリンスタンド」, bombacha[A]「ニッカーズ」, bombacha[B]「パンティー」, bombilla「（マテ茶の）吸飲管」, bombillo「電球」, bongo「（小船の）ボンゴ」, borona「パンくず」, botana「つまみ」, botar「投げすてる」, botillería「飲み物の店」, box「ボクシング」, bravo, va「怒った」, bretel「つり紐」, bronca「立腹」, bulín「簡易アパート」, buseta「マイクロバス」, buzo「トレーニングウエア」, cabro「男の子」, cacahuate「ピーナッツ」, cachaco「警官」, cachar「つかまえる」, cachimbo「パイプ」, cacho「つの」, cafiche「ポン引き」, cajetilla「きざな男」, cajón「棺」, cajuela「（自動車の）トランク」, calato, ta「裸の」, calce「末部の余白」, calefón「湯沸し器」, calesita「回転木馬」, callampa[A]「キノコ」, callampa[B]「掘立て小屋」, calote「詐欺」, calza「充填材」, calzón「パンティー」, cambalache「中古品売店」, cambur「バナナ」, camión「バス」, camote「サツマイモ」, campaña「平野」, campera「ジャンパー」, campero「ジープ」, canaleta「雨樋」, cancha[A]「広場」, cancha[B]「煎りトウモロコシ」, candil「シャンデリア」, candombe「（黒人の踊りの）カンドンベ」, canilla「蛇口」, canillita「新聞売り」, cansador, dora「退屈な」, cantaleta「囃しことば」, cantero「植え込み」, caña「サトウキビ焼酎」, capaz「おそらく」, carabinero「警官」, cargosear「いやがらせる」, carnear「畜殺する」, carozo「芯」, carpa「テント」, carretera de cuota「有料道路」, carro「自動車」, cartera「ハンドバッグ」, casal「つがい」, casilla「郵便私書箱」,

— 195 —

catire, ra「金髪の」, cayuco「小舟」, cazabe「キャッサバ・パン」, cebar「(マテ茶を) たてる」, cebiche「(生の魚介類のマリネの) セビチェ」, cédula de identidad「身分証明書」, cenote「貯水井戸」, cerquillo「前髪」, chabacano「アンズ」, chacarero, ra「農民」, chaco「低湿地」, chacra「農場」, chalán「調教師」, chalupa「トウモロコシ・パン」, chamaco, ca「子供」, chamba「(臨時の)仕事」, chanchada「卑劣な行為」, chancho, cha「ブタ」, changa「臨時の雑役」, changador「荷物運びの若者」, chapulín「バッタ」, charol「盆」, charola「盆」, charqui「干し肉」, charro「(伝統的な晴れ姿の騎手の) チャロ」, chasca「もつれた頭髪」, chasqui「使者」, chasquilla「前髪」, chaucha[A]「若いジャガイモ」, chaucha[B]「若いインゲンマメ」, chaucha[C]「小銭」, chaveta「ナイフ」, chele, la「金髪の」, chequera「小切手帳」, chévere「すばらしい」, chicha「トウモロコシ酒」, chiche[A]「装身具」, chiche[B]「乳房」, chicote「鞭」, chifa「中華料理店」, chigüín「少年」, chilca「(樹脂を出す低木の)チルカ」, chilpayate, ta「幼児」, chinchulines「内臓」, chingana「安酒場」, chinita「テントウムシ」, chino, na[A]「先住民」, chino, na[B]「召使い」, chiripá「(ガウチョのズボンの)チリパー」, choclo「若いトウモロコシ」, chofer「運転手」, cholo, la「欧風化した」, chomba「ジャンパー」, chompa「ジャンパー」, chongo「丸まげ」, chonta「チョンタ・ヤシ」, chop「生ビール」, chopería「生ビール店」, chúcaro, ra「人に慣れない」, chueco, ca[A]「曲がった」, chueco, ca[B]「X脚の」, chullo「(ケチュアの毛糸の帽子の)チュリョ」, chuño「(ジャガイモの)澱粉」, chupe「(ジャガイモの煮込み料理の)チュペ」, chupón「(哺乳瓶の)乳首」, chuspa「背負い袋」, cierre relámpago「ジッパー」, cimarrón, rona「逃亡した(奴隷)」, cipote, ta「子供」, clóset「(作り付けの)たんす」, cobija「ベッドシーツ」, cochayuyo「昆布」, cocoliche「(イタリア語訛りのスペイン語の)ココリチェ」, cocuyo「ホタル」, coger「性交する」, coima「賄賂」, coipo「ヌートリア」, cojudo, da「馬鹿な」, colectivo「バス」, collera[A]「カフスボタン」, collera[B]「2頭組みの動物」, colonia「地区」, comal「(素焼きの料理皿の)コマル」, comedido, da「親切な」, comida「夕食」, compadre「友だち」, compadrear「うぬぼれる」, competencia「競技」, concha「(女性の)性器」, conchabar「(家事労働に)雇う」, concreto「コンクリート」, confitería「喫茶店」, conmutador「電話交換台」, conscripto「新兵」, contralor「検査官」, contraloría「検査院」, conventillo「大型のアパート」,

付録　ラテンアメリカ語基礎語彙(LBA)

conversada「おしゃべり」, copetín「食前酒」, corchete「(ホッチキスの)針」, corchetera「ホッチキス」, cordón「縁石」, corotos「がらくた」, corpiño「ブラジャー」, coso「あのこと」, costanera「海岸通」, cotelé「コーデュロイ」, coto「甲状腺腫」, coyote「密入者案内人」, cuaco「馬」, cuadra「1ブロック分の街路」, cuadrar「駐車する」, cuate, ta[A]「双生児」, cuate, ta[B]「親友」, cuchara「こて」, cueca「(ペアが離れて踊る舞踊の)クエカ」, cuerear「皮をはぐ」, cueriza「鞭打ち」, cuero[A]「娼婦」, cuero[B]「醜女」, cuico, ca「警官」, cuña「縁故」, curco, ca「猫背の」, curcuncho, cha「猫背の」, curita「バンドエイド」, cuy(cuye)「モルモット」, damasco[A]「アンズの実」, damasco[B]「アンズの木」, danta「バク」, decolaje「離陸」, decolar「離陸する」, delegación[A]「警察署」, delegación[B]「市庁」, dentistería[A]「歯科医院」, dentistería[B]「歯科学」, departamento[A]「マンション」, departamento[B]「県」, desacomodar「乱雑にする」, desarmador「ねじ回し」, desbarrancar「突き落とす」, desborde「氾濫」, descartable「使い捨ての」, descuerar「こきおろす」, desempacar「(荷物を)ほどく」, desespero「絶望」, desgano「無気力」, despacio「小声で」, despelote「乱雑」, despiole「お祭り騒ぎ」, destapador「栓抜き」, desubicarse「迷う」, devolverse「戻る」, dije「魅力的な」, direccional「方向指示器」, discar「ダイヤルを回す」, diuca「ディウカ」, dizque「一見したところ」, dormilona「ネグリジェ」, droguería「薬局」, duraznero「モモの木」, durmiente「枕木」, egresado, da「卒業生」, egresar「卒業する」, egreso「卒業」, ejidatario, ria「共有地利用権者」, ejote「サヤインゲン」, elegantoso, sa「おしゃれな」, elevador「エレベーター」, elevadorista「エレベーター操縦者」, elote「トウモロコシの穂」, embarrar「巻きこむ」, embolador「靴磨き」, embolar「(靴を)磨く」, embriague「クラッチ」, embromado, da「貧窮した」, embromar「うんざりさせる」, empatar「接合する」, empate「接合」, emplomadura「(歯の)充塡(材)」, emplomar「(歯を)充塡する」, encamotarse「惚れる」, enchastrar「よごす」, enchilada「(具入りのトルティヤの)エンチラダ」, enchilarse「不快に思う」, enchinar「カールする」, enchinchar「不快にさせる」, enchuecar「曲げる」, encomienda「郵便小包」, endenantes「以前に」, endrogarse「借金する」, engorda「肥育」, engrampadora「ホッチキス」, engrampar「ホッチキスでとめる」, engreír「甘やかす」, ensopar「ぬらす」, entretecho「屋根裏部屋」, entretención「娯楽」, entreverarse「ごちゃ混ぜに

— 197 —

概説　アメリカ・スペイン語

なる」, entrevero「混乱」, epa (épale)「やあ！」, equipal「(皮をつかった椅子の) エキパル」, escaparate「たんす」, escribano, na「公証人」, escuincle, cla「子供」, esculcar「捜索する」, esferógrafo「ボールペン」, esperma「ローソク」, esqueleto「書き込み用紙」, estampilla「切手」, estancia「牧場」, estanciero「牧場主」, estaquear「(罰として) 地面に張りつける」, estelaridad「人気」, estero[A]「湿地」, estero[B]「小川」, estrellón「衝突」, expendio「酒屋」, facón「(ガウチョの短刀の) ファコン」, faena「一組の労働者」, falla「間違い」, falluto, ta「偽善の」, fayuca「密輸」, fierro「鉄」, fifí「きざな男」, filoso, sa「刃のとがった」, filudo, da「刃のとがった」, financista「融資者」, foco[A]「電球」, foco[B]「街灯」, foco[C]「ヘッドライト」, foja「ページ」, fólder「書類挟み」, fonda「飯屋」, fondo「(衣類) スリップ」, fono「受話器」, fotuto「(ほら貝のような音を出す楽器の) フォトゥト」, foul「反則」, freezer「フリーザー」, fregado, da「厄介な」, fregar「困らせる」, friolento, ta「寒がりの」, fritar「炒める」, frutilla「イチゴ」, fuente de soda「喫茶店」, fuete「鞭」, fumada「(タバコの) 一吸い」, fungir「役目を果たす」, fustán「(衣類) スリップ」, futbolito「サッカー盤ゲーム」, gachupín, pina「スペイン人」, galera「山高帽」, gallego, ga「スペイン人」, gallineta「ホロホロチョウ」, galpón「物置」, gamín「浮浪児」, gamonal「部族長」, gancho「ヘアクリップ」, garrafa「ボンベ」, garúa「小雨」, gásfiter「配管工」, gasfitería「配管工場」, gauchada「勇敢さ」, gis「チョーク」, golpiza「殴りつけ」, gomero[A]「ゴムノキ」, gomero[B]「ゴム採集作業員」, góndola「乗合バス」, grabador「録音機」, grama「芝生」, grampa「(ホッチキスの) 針」, grapa「(ブドウの絞り粕で作る焼酎の) グラパ」, grifero, ra「ガソリンスタンドの従業員」, grifo「ガソリンスタンド」, gringo, ga「北米人」, gripa「流感」, grisalla「くず鉄」, guaca「聖地」, guacal[A]「ヒョウタン」, guacal[B]「背負い籠」, guacamole「(アボカドのサラダの) グアカモレ」, guachada「粗野な振る舞い」, guachafita「大騒ぎ」, guachimán「監視人」, guacho, cha「孤児」, guagua[A]「赤ん坊」, guagua[B]「乗合バス」, guajolote「シチメンチョウ」, guampa「角(つの)」, guarangada「粗野な行為」, guarango, ga「粗野な」, guarapo「(サトウキビ酒の) グァラポ」, guardarraya「境界線」, guasca「(幅広の革鞭の) グァスカ」, guaso, sa「農民」, guata「腹部」, guayuco「(先住民のふんどしの) グァユコ」, güero, ra「金髪の」, guinche「ウィンチ」, gurí, gurisa「子供」, hacendado「牧場主」, ha-

— 198 —

## 付録　ラテンアメリカ語基礎語彙(LBA)

cienda「牧場」, halar「引く」, hambreador, dora「搾取する」, hambruna「ひどい空腹」, hato「牧場」, heladera「冷蔵庫」, hielera「冷蔵庫」, hijuela「田舎の農場」, hostigar「(料理が)げんなりさせる」, huaca「(先住民の聖地の)ウアカ」, huacal「背負い籠」, huachafería「気取り」, huachafo, fa「きざな」, huacho, cha「孤児」, huaco「(副葬品の陶器などの)ウアコ」, huaico「土砂崩れ」, huaino「(アンデス地方の踊りの)ウワイニョ」, huarache「(革サンダルの)ワラチェ」, huaso, sa「農民」, huayno「(アンデス地方の踊りの)ウワイニョ」, huevada「愚行」, huevear「馬鹿げたことをする・言う」, huevón, vona「馬鹿な」, huipil「(先住民女性の袖なし上着の)ウィピル」, huiro「(何種類かの海草の)ウィロ」, huisache「(アカシアの一種の)ウィサチェ」, humita「(つぶしたトウモロコシの蒸しパンの)ウミタ」, ingeniero (重役に対する敬語), íngrimo, ma「孤独な」, intendente, ta「知事」, interinato「代行期間」, interior「(下着の)パンツ」, ipecacuana「(つる性植物の)トコン」, jacal「丸太小屋」, jaiba「カニ」, jarana「(踊りの)ハラナ」, jebe「ゴム」, jíbaro, ra「白人系農民」, jícara「(ヒョウタンの実で作った容器の)ヒカラ」, jipa「(パナマ帽の)ヒピハパ」, jitomate「トマト」, jorongo「マント」, jote「ヒメコンドル」, joto「同性愛の男」, kerosén(kerosene)「灯油」, laburar「働く」, laburo「仕事」, ladino, na「(スペイン語の上手な先住民の)ラディノ」, lamber[A]「なめる」, lamber[B]「へつらう」, lambiscón, cona「ごますりの」, lampazo「ぞうきん」, lana「お金」, lanceta「(昆虫の)針」, lanza「こそ泥」, lapicera「ボールペン」, largavista「双眼鏡」, laucha「ネズミ」, lavandina「漂白剤」, lavaseco「クリーニング屋」, lavatorio「化粧室」, lechosa「パパイヤ」, lépero, ra「下品な」, lesera「馬鹿なこと」, librero「本棚」, licenciado「弁護士」, licuado「フルーツジュース」, ligero「すばやく」, linyera「放浪者」, liso, sa「卑俗な」, lisura[A]「野卑な言動」, lisura[B]「厚顔無恥」, living「居間」, llamado[A]「呼びかけ」, llamado[B]「電話」, llanta「タイヤ」, lonchera「弁当箱」, lonchería「喫茶店」, lora「オウム」, lote「(１区画の)土地」, lúcuma「ルクマ」, lúcumo「ルクモ」, luego「早く」, luego luego「すぐに」, lustrabotas「靴磨き」, lustrador「靴磨き」, lustrar「(靴を)磨く」, lustrín[A]「(靴磨きの)道具箱」, lustrín[B]「靴磨き」, macana[A]「でたらめ」, macana[B]「棍棒」, macanear「でたらめを言う(する)」, machona「男勝りの」, maguey「リュウゼツラン」, maletera「(車の)トランク」, malhaya「ちくしょう！」, malla「水着」,

## 概説　アメリカ・スペイン語

malteada「ミルクセーキ」, mamadera「哺乳瓶」, mameluco^A「コンビネーション」, mameluco^B「つなぎ」, mancorna(s)「カフスボタン」, mancuerna「カフスボタン」, manejar「運転する」, manejo「運転」, manigua「藪」, manito「友だち」, mano「友だち」, manubrio「(自動車の)ハンドル」, manzana「のど仏」, marchante, ta「常連」, maroma「宙返り」, masa「(小型の)ケーキ」, matambre「(冷肉の)軽食」, mate「(マテ茶を飲むためのヒョウタンの器の)マテ」, matear「マテ茶を飲む」, materialista「資材運搬業者」, matrero「逃亡者」, mayoreo「卸売り」, mazamorra「トウモロコシ菓子」, mecapal「皮ひも」, mecapalero「荷運び人夫」, mecate「(リュウゼツランのロープの)メカテ」, mecedor「揺り椅子」, mediagua「掘立て小屋」, media(s)「ソックス」, medidor「メーター」, mero, ra「自身の」, mesero, ra「食堂の店員」, mesón「(居酒屋などの)カウンター」, metate「(トウモロコシなどをすりつぶす石板の)メタテ」, meterete「おせっかい」, metete「おせっかい」, metiche「おせっかい」, mezanín(mezanine)「中間階」, mezcal「(リュウゼツランの焼酎の)メスカル」, miéchica「ちくしょう！」, milanesa「カツレツ」, milico「警官」, milonga「(アルゼンチンの伝統的な踊りの)ミロンガ」, milonguear「ミロンガを踊る」, milpa「トウモロコシ畑」, miltomate「トマト」, mimeógrafo「謄写版印刷機」, misiá(misia)「奥様」, mitín「集会」, mitote「大騒ぎ」, molcajete「(石のすり鉢の)モルカヘテ」, mono, na「金髪の」, montonera「非正規軍」, mordida「賄賂」, morocho, cha^A「黒髪の」, morocho, cha^B「肌の黒い」, morochos「双子」, mote「(茹でトウモロコシの)モテ」, motoneta「スクーター」, motorista「運転手」, motoso, sa^A「(髪が)縮れた」, motoso, sa^B「毛玉の出ている」, mozo「ウエイター」, mucamo, ma「下男, 下女」, muñeca「縁故」, nafta「ガソリン」, naranjillo「(小型オレンジの)ナランヒジョ」, negro, ra「ねえ, あなた」, nica「ニカラグアの」, nixtamal「(茹でトウモロコシの)ニスタマル」, nochero^A「夜警」, nochero^B「ナイトテーブル」, noticiero「ニュース番組」, noticioso「ニュース番組」, noviar「恋人になる」, ñandubay「(ミモザ科の木の)ニャンドゥバイ」, ñandutí「(繊細な刺繍の)ニャンドゥティー」, ñapa「おまけ」, ñato, ta「鼻の低い」, ño, ña「旦那様, 奥様」, ocote「(松の一種の)オコテ」, oficialismo「(集団としての)閣僚」, ojota「(サンダルの)オホタ」, olote「(トウモロコシの)軸」, once「おやつ」, opa「愚かな」, orillero, ra「郊外の(人)」, overol「つなぎ」, pachamanca「(石焼肉の)パチャ

— 200 —

付録　ラテンアメリカ語基礎語彙(LBA)

マンカ」，pacho, cha「のろまな」，paco「警官」，padrote「ぽん引き」，paila「フライパン」，paisanada「一群の田舎者」，palenque「(動物をつないでおく)杭」，paleta「アイスキャンディー」，palo「木」，palta「(実)アボカド」，palto「(木)アボカド」，pampero「冷たい南風」，pancho「ホットドッグ」，panqué「(菓子の)クレープ」，panqueque「(菓子の)クレープ」，pantaletas「パンティー」，pantimedias「レオタード」，papa「ジャガイモ」，papachar「甘やかす」，papacho「甘やかし」，papagayo「凧」，papalote「凧」，paradero「停留所」，parado, da「立っている」，paragolpes「バンパー」，parar「立つ」，parcasé「すごろく遊び」，parlante「拡声器」，parqueadero「駐車場」，parquear「駐車する」，parrilla「荷台」，pasabocas「つまみ」，pascana「1旅程」，pasto「芝生」，patente「ナンバープレート」，pava「(マテ茶用の)湯沸し」，pavada「馬鹿なこと」，paya「即興の歌」，payada「即興の歌」，payador「(即興詩人の)パヤドール」，pedregullo「砂利」，pelotudo, da「間抜けな」，pena「恥かしさ」，pendejada「馬鹿なこと」，pendejo, ja「馬鹿な」，pepenar「拾いあげる」，perico「デミタスコーヒー」，pesero「乗合タクシー」，petaca「スーツケース」，petiso, sa[A]「背の低い」，petiso, sa[B]「小さな」，petizo, za「背の低い」，pibe, ba「子供」，picantería「安食堂」，pichincha「掘り出し物」，pichula「男根」，pilcha「ぼろ服」，pilche「(木のお椀の)ピルチェ」，pileta「洗面台」，piloncillo「固形黒砂糖」，pinche「くだらない」，pinol(pinole)「(焼きトウモロコシの粉の)ピノル」，pinta「落書き」，piola[A]「抜け目のない」，piola[B]「素晴らしい」，piolín「細ひも」，pipón, pona「子供」，pirca「(石積みの壁の)ピルカ」，pisco「(ブドウの焼酎の)ピスコ」，pitada「(タバコの)一吹かし」，pitar「タバコを吸う」，pitillo「ストロー」，pituco, ca「気取った」，pizarrón「黒板」，placard「(作り付けの)ロッカー」，placera「(女性)物売り」，plagiar「誘拐する」，platal「大金」，platillo「ご馳走」，platudo, da「金持ちの」，playa「広場」，plomería「水道屋」，plomero「配管工」，pluma fuente「万年筆」，pocho, cha[A]「米国人気取りの」，pocho, cha[B]「英語交じりのスペイン語を話す」，pocillo「小型コップ」，pollera「スカート」，pololear「恋人になる」，pololo, la「恋人」，ponchada「大量」，ponchar「パンクさせる」，popote「ストロー」，porongo「(マテ茶を飲むヒョウタンの器の)ポロンゴ」，poroto「インゲンマメ」，prenda「宝飾品」，profesionista「専門家」，prolijo, ja「丹精こめた」，propiciar「後援する」，provocar「ほしがらせる」，pucha「ばかな！」，

— 201 —

概説　アメリカ・スペイン語

pucho「吸殻」, puestero, ra「(市場の)スタンドの主人」, pullman「寝台車」, pulpería「食料雑貨店」, pulquería「プルケ屋」, puna「高山病」, puntear「先頭に立つ」, puro, ra「同様な」, puteada「下品なことば」, querosén(querosene)「灯油」, quillango「(毛皮のマントの) キジャンゴ」, quilombo「売春宿」, quirquincho「アルマジロ」, radial「ラジオ放送の」, rajón, jona「約束を果たさない」, ramada「(見本市などの)小屋」, rampla「トレーラー」, rancho「掘立て小屋」, rasca「酔い」, raspa「下品な人間」, raya「給料」, rebenque「(乗馬用の鞭の)レベンケ」, recado「馬具一式」, recámara「寝室」, recamarera「ウエイトレス」, recaudería「果物店」, recibirse「学位を取得する」, reclamo「苦情」, recomendado, da「書留の」, recorrida「踏査」, refacción「修繕」, refaccionar^A「修繕する」, refaccionar^B「再建する」, referee「レフェリー」, refucilo「遠雷」, regadera「(装置)シャワー」, regador「スプリンクラー」, regalón, lona「甘やかされた」, regalonear「甘やかす」, regente「市長」, regresar「返却する」, rejego, ga「御しがたい」, relajo「大騒ぎ」, rematar「入札にかける」, remate「入札」, remera「Tシャツ」, remezón「軽震」, renguear「片足を引いて歩く」, rentar「賃貸しする」, repasador「布巾」, reportar「知らせる」, reposera「デッキチェア」, repostero「食品置き場」, resbalada「すべること」, residencial「(安価な)宿屋」, resondrar「叱る」, retar「言い争う」, reversa「後退」, revisación「診察」, riesgoso, sa「危険な」, rin「リム」, rocote(rocoto)「(辛味の少ないニンニクの)ロコテ」, rodeo「ロデオ」, ronda「円陣遊び」, rondín「夜警」, rosca「(政治家の) ブレーン」, rosquete「同性愛の男」, rosquetón, tona「女性っぽい」, rosticería「惣菜店」, rostizado, da「(チキン) ローストされた」, rotisería「惣菜店」, roto, ta「下層民」, rotoso, sa「みすぼらしい」, ruana「(マントの一種の)ルアナ」, ruca「掘立て小屋」, rulero「カーラー」, ruletear「タクシーを運転する」, ruletero「タクシー運転手」, ruma「大量」, runa「インディオ」, saber「よく〜する」, saco「ジャケット」, sacón「ハーフコート」, salado, da「運の悪い」, salame「サラミ」, salar^A「不幸にする」, salar^B「悪運をもたらす」, salivadera「たん壺」, salpicadera「フェンダー」, sancocho「(肉や魚の鍋料理の) サンコチョ」, sánduche「サンドイッチ」, sándwich「サンドイッチ」, sarape「(マントの一種の)サラペ」, sardinel「路肩」, seguro「安全ピン」, sencillo「小銭」, serruchar「のこぎりで切る」, siempre「それにもかかわらず」, sinfonola

## 付録　ラテンアメリカ語基礎語彙（LBA）

「ジュークボックス」, siútico, ca「きざな」, soconusco「（高品質のココアの）ソコヌスコ」, sonso, sa「馬鹿な」, sopapa「ラバーカップ」, soroche「高山病」, sorpresivo, va「唐突な」, soutien「ブラジャー」, subte「地下鉄」, subterráneo「地下鉄」, suspensores「サスペンダー」, tacho「ゴミばけつ」, taco「かかと」, taita「お父ちゃん」, tamal「（トウモロコシの葉などで巻いた蒸し料理の）タマル」, tambero「宿屋の主人」, tambo[A]「牛乳屋」, tambo[B]「宿屋」, tapa「栓」, tapabarro「フェンダー」, tapado「（婦女子のオーバーの）タパド」, tarro「ブリキ缶」, tecolote「フクロウ」, telera「（ふすま入りの大型丸パンの）テレラ」, temporario, ria「一時的な」, tenida「スーツ」, tianguis「（露天などの）市場」, tico, ca「コスタリカ人」, tierral「土煙」, tigre「ジャガー」, tigrillo「オセロット」, tiliche「がらくた」, timón「（自動車の）ハンドル」, tirador「（衣類の一部の）吊りひも」, tlapalería「工具金物店」, tlascal「トウモロコシパン」, tocuyo「（荒綿布の）トクヨ」, tomado, da「ほろ酔いの」, tomar「酒を飲む」, torreja「（揚げパンの）トリハ」, torrentoso, sa「激流の」, tortilla「（トウモロコシ粉の煎餅の）トルティヤ」, totora「（カヤツリ科の多年草の）トトラ」, totuma「トトゥマ」, totumo「（木）トトゥマ」, transar「譲歩する」, trapear「（床を）拭く」, traste「尻」, tratativas「取引」, triates「三つ子」, tricota「ジャージー」, trompear「顔をなぐる」, trompetilla「放屁の音」, tropear「（家畜を）誘導する」, tropero「（家畜を誘導する）牧童」, trusa「ガードル」, turco, ca「アラブ人」, ubicarse「位置する」, ultimador, dora「殺人者」, ultimar「（人を）殺す」, urubú「ヒメコンドル」, usina「発電所」, vacilar「ドンチャン騒ぎする」, vacilón[A]「お祭り騒ぎ」, vacilón, lona[B]「お祭り好き」, vale「友だち」, vararse「（自動車が）故障する」, velador「ナイトテーブル」, veladora「ロウソク」, vereda「歩道」, viaraza「突発事件」, victimario「殺人者」, vidriera「ショーウインドウ」, vidrio「（自動車の）窓ガラス」, viejo, ja「父親, 母親」, vincha[A]「ヘアリボン」, vincha[B]「カチューシャ」, visa「査証」, vitrina「ショーウインドウ」, voceador「新聞売り」, vocero「代弁者」, volantín「凧」, voltear[A]「戻る」, voltear[B]「振り向く」, voltear[C]「曲がる」, vuelto「お釣り」, yapa「おまけ」, yarará「（毒蛇の）ヤララー」, yaraví「（インカの伝統的な歌の）ヤラビー」, yerbal「マテ茶林」, yerbatero「薬草を使う医者」, yerbera「マテ茶入れ」, yuntas「カフスボタン」, yuyo[A]「雑草」, yuyo[B]「薬草」, zacate[A]「まぐさ」, zacate[B]「たわし」, zambo, ba「（黒人と先

住民の混血の)サンボ」, zamuro「ハゲタカ」, zancudo「蚊」, zapallo「(食用のヒョウタンの)サパジョ」, zíper「ジッパー」, zócalo「中央広場」, zoncera「馬鹿なこと」, zorrillo「スカンク」.

# 参 考 文 献

安部三男(1996)「中南米スペイン語における語末の／-s／の変化とその言語的条件づけについて」，東京スペイン語学研究会『スペイン語学研究』，11号，1-22．
上田博人(2003)『スペイン語と日本語の音声』(著者のホームページ)．
浦和幹男(2004)『アメリカ・スペイン語の一断面』拓殖大学言語文化研究所(前半はコロンビアのスペイン語，とくに呼称などの問題に関する氏の興味深い論文がまとめて紹介されている)．
瓜谷良平(1965)「米州スペイン語における"voseo"について」，『拓殖大学論集』第46・47合併号，419-442．
亀井孝ほか編著(1988-1992)『言語学大辞典』三省堂(南北アメリカ大陸の先住民語について参照した．関連項目の著者は主として細川弘明)．
岸大介(1999)「ラテンアメリカのスペイン語」，寺﨑英樹他編『スペイン語の世界』世界思想社，137-155．
世界の動き社(2004)『世界の国一覧表　2004年版』(外務省編集協力)．
染田秀藤編(1989)『ラテンアメリカ史』世界思想社．
染田秀藤・篠原愛人(監修)(2005)『ラテンアメリカの歴史―史料から読み解く植民地時代』世界思想社．
高橋節子(2004)「愛情を表わす呼称代名詞の転換」，寺﨑英樹教授退官記念論文集刊行委員会編『スペイン語学論集』，83-91．
立石博高ほか(1998)『スペインの歴史』昭和堂．
寺﨑英樹(1976)「メキシコ・スペイン語の文法的特徴」，日本イスパニヤ学会『イスパニカ』20巻，36-51．
西村君代(2001)「スペイン語縮小辞の通所的分析」，日本イスパニヤ学会『イスパニカ』45巻，1-13．
原誠(1995)『中南米のスペイン語』近代文芸社．
福嶌教隆(1997, 1997, 1999, 2000, 2001)「アメリカ大陸のスペイン語における叙法について」(1)―(5)，神戸外国語大学研究会『神戸外大論叢』(巻数と号数で) 48-3 (65-76)，48-7 (55-70)，50-3 (97-112)，51-4 (1-17)，52-5 (143-153)．
福嶌教隆(2002)『くらべて学ぶスペイン語』朝日出版社．
堀田英夫(1976)「VOSEOとTUTEO」，日本イスパニヤ学会『イスパニカ』20巻，52-68．
堀田英夫(1999)「アルゼンチン北西部のvoseoの動詞『混交形』」，日本イスパニヤ学会『イスパニカ』43巻，9-17．
三木一郎(2003)「新大陸の現代スペイン語の特徴と用法について」，京都外国語大学イスパニア語学科『スペイン語世界のことばと文化』，126-141．
三好準之助(1977, 1978)「ボゴタのスペイン語」，日本イスパニヤ学会『イスパニカ』21巻，51-64(前半)，22巻，81-102(後半)．

概説　アメリカ・スペイン語

三好準之助(1995)「アメリカのスペイン語」，山田善郎監修『中級スペイン文法』白水社(590-604)．
三好準之助(1996)「海外のスペイン語」，山田善郎監修『スペインの言語』同朋舎出版(251-284)．
三好準之助(2000)『簡約スペイン語辞典』大学書林．
村上陽子(2002)「ボゴタの教養語にみられる英語借用語の性について」，日本イスパニヤ学会『イスパニカ』45巻，15-29．
ラペサ，ラファエル(2004)『スペイン語の歴史』山田善郎監修，中岡省治・三好準之助訳，昭和堂．
リプスキ，ジョン(2003)『ラテンアメリカのスペイン語—言語・社会・歴史—』浅若みどり他訳，南雲堂フェニックス．
ロダレス，ホアンラモン(2006)『セルバンテスの仲間たち』三好準之助訳，柳原出版．

Academia Chilena de la Lengua (Comisión de Lexicografía) y Dirección de Bibliotecas, Archivos y Museos (Departamento de Extensión Cultural) (2001), *Diccionario de uso del español de Chile (DUECh). Una muestra lexicográfica*, Santiago de Chile.
Academia Mayor de la Lengua Quechua (1995), *Diccionario quechua-español-quechua*, Municipalidad del Qosqo, Cusco.
Alba, Orlando (1992), "Zonificación dialectal del español en América", en Hernández Alonso, págs. 63-84.
Alcalá Venceslada, Antonio, con estudio preliminar y edición de Ignacio Ahumada (1998), *Vocabulario andaluz*, Universidad de Jaén.
Aleza Izquierdo, Milagros (1993), "El léxico del español de América a través de los textos literarios", en Jiménez Martínez, Jesús y Ricard Morant Marco (eds.), *Actas del simposio sobre el español de España y el español de América: University of Virginia, 1991,* Universitat de València y University of Virginia, págs. 35-46.
Aleza Izquierdo, Milagros y J. M. Enguita Utrilla, (2002), *El español de América: aproximación sincrónica*, Tirant lo blanch, Valencia.
Alfaro, Ricardo J. (1970), *Diccionario de anglicismos, segunda edición aumentada*, Gredos, Madrid.
Alvar, Manuel (1992), "Cronistas de Indias", en Hernández Alonso, págs. 25-60.
Alvar, Manuel (dir.) (1996a), *Manual de dialectología hispánica. El Español de América*, Ariel, Barcelona.
Alvar, Manuel (1996b), "Los Estados Unidos", en Alvar, Manuel (1996a), páginas 90-100.
Alvar Ezquerra, Manuel (dir.) (1995), *Diccionario manual ilustrado de la lengua*

## 参考文献

*española*, Biblograf, Barcelona.
Alvar Ezquerra, Manuel (coord.) (1997), *Vocabulario de indigenismos en las crónicas de Indias*, CSIC, Madrid.
Álvarez Martínez, María Ángeles (1994), *La Gramática Española en América*, Universidad de La Laguna, Tenerife.
Álvarez Vita, Juan (1990), *Diccionario de peruanismos*, Librería Stupium Ediciones, Callao-Lima.
Aoto, Seiichi (2003), "La variación regional de las perífrasis con ir y su gramaticalización", en *Lingüística Hispánica*, Vol. 26, págs. 1-17.
Arjona Iglesias, Marina (1991), "Usos anómalos de la preposición DE", en su *Estudios sintácticos sobre el habla popular mexicana*, UNAM, México, páginas 9-24.
Asociación de Academias de la Lengua Española (2004), *La nueva política lingüística panhispánica*, Real Academia Española, Madrid.
Battaner Arias, Paz et al. (dir.) (2002), *Diccionario de uso del español de América y España*, Spes Editorial, S. L., Barcelona.
Benavides, Carlos (2003), "La distribución del voseo en Hispanoamérica", en *Hispania*, Vol. 86, No. 3, págs. 612-623.
Bentivoglio, Paola y Mercedes Sedano (1992), "El español hablado en Venezuela", en Hernández Alonso, págs. 775-801.
Bosque Muñoz, Ignacio y Violeta Demonte Barreto (Dir.) (1999), *Gramática Descriptiva de la Lengua Española*, RAE y Espasa Calpe, Madrid.
Brucart, José M. (1999), "La estructura del sintagma nominal: las oraciones de relativo", en Bosque y Demonte, págs. 395-522.
Buesa Oliver, Tomás y José María Enguita Utrilla (1992), *Léxico del español de América: Su elemento patrimonial e indígena*, Mapfre, Madrid.
Bueso, Isabel, et al. (1999), *Diferencias de usos gramaticales entre español peninsular y español de América*, Editorial Edinumen, Madrid.
Butt, John y Carmen Benjamin (1989), *A New Reference Grammar of Modern Spanish*, Edward Arnold, London, New York, etc. (第4版が2004年にMcGraw-Hill, New York, etc. から出版されている。)
Camacho, José (1992), "La coordinación", en Bosque y Demonte, págs. 2635-2694.
Canfield, D. (1962), *La pronunciación del español en América*, Instituto Caro y Cuervo, Bogotá.
Caravedo, Rocío (1992), "Espacio geográfico y modalidades lingüísticas en el español del Perú", en Hernández Alonso, págs. 719-741.
Chuchuy, Claudio (2000), *Diccionario del español de Argentina,* Gredos, Madrid.
Corominas, Juan (1944), "Indianoromanica: Occidentalismos americanos", en

概説 アメリカ・スペイン語

*Revista de Filología Hispánica*, año VI, núm. 1, págs. 139-254.
Corominas, Joan (1967), *Breve diccionario etimológico de la lengua castellana*, Madrid, Gredos.
Corominas, Joan, y José A. Pascual (1980-91), *Diccionario crítico etimológico castellano e hispánico*, 6 volúmenes, Gredos, Madrid.
Corrales Zumbado, Cristóbal, Dolores Corbella Díaz, y Ma. Ángeles Álvarez Martínez (1992), *Tesoro lexicográfico del español de Canarias*, Real Academia Española, Madrid.
Cuervo, Rufino José (1987a), *Obras: segunda edición, tomo II. Apuntaciones críticas sobre el lenguaje bogotano con frecuente referencia al de los países de Hispanoamérica*, Instituto Caro y Cuervo, Bogotá.
Cuervo, Rufino José (1987b), *Obras: segunda edición, tomo III. Disquisiciones sobre filología castellana; filología clásica y crítica literaria*, Instituto Caro y Cuervo, Bogotá.
De Kock, Josse y George Demello (1997), *Gramática española: Enseñanza e investigación. I. Apuntes metodológicos. 5. Lengua escrita y habla culta en América y España. Diez casos*, Ediciones Universidad de Salamanca.
Demello, George (1991), "Pluralización del verbo "haber" impersonal en el español hablado culto de once ciudades", en *Thesavrvs* (Boletín del Instituto Caro y Cuervo), tomo XLVI, No. 3, págs. 445-471.
Demello, George (1997a), "Formas verbales en -*ra* / -*se* con valor de condicional", en De Kock y Demello, págs. 39-51.
Demello, George (1997b), "*Le* por *les*", en De Kock y Demello, págs. 53-66.
Demello, George (1997c), "*Se lo(a)s* por *se lo(a)*", en De Kock y Demello, páginas 67-78.
DRAE=Real Academia Española (2001), *Diccionario de la lengua española*.
Espasa Calpe (1995), *Diccionario enciclopédico ESPASA*, Madrid.
Estrada, Andrea (2001), "Reemplazo de *vos/usted* por vocativo/*vos* en Buenos Aires: una hipótesis", en Alexandre Veiga et al. (eds.), *De lenguas y lenguajes*, Editorial Toxosoutos, A Coruña, págs. 105-113.
Fontanella de Weinberg, María Beatriz (1992), *El español de América*, Mapfre, Madrid.
Fontanella de Weinberg, María Beatriz (1999), "Sistemas pronominales de tratamiento usados en el mundo hispánico", en Bosque y Demonte, páginas 1399-1425.
Frago Gracia, Juan Antonio y Mariano Franco Figueroa (2003), *El español de América*, 2.ª edición corregida y aumentada, Universiad de Cádiz.
Girona Fibla, Nuria (1995), "El gaucho: historia de palabras, historia de textos", en las *Actas del I Congreso de Historia de la lengua española en América y*

*España*, Universitat de València, Valencia, págs. 87-92.

Gómez de Silva, Guido (2001), *Diccionario breve de mexicanismos*, Academia Mexicana y Fondo de Cultura Económica, Ciudad de México.

Gómez Torrego, Leonardo (1999), "La variación en las subordinadas sustantivas: dequeísmo y queísmo", en Bosque y Demonte, págs. 2105-2148.

Granda, Germán de (1978), *Estudios lingüísticos hispánicos, afrohispánicos y criollos*, Gredos, Madrid.

Granda, Germán de (1992), "El español del Paraguay. Distribución, uso y estructuras", en Hernández Alonso, págs. 675-695.

Grosschmid, Pablo y Cristina Echeguyen (1998), *Diccionario de regionalismos de la lengua española*, Editorial Juventud, Barcelona.

Guitarte, Guillermo L. (1991), "Del español de España al español de veinte naciones: La integración de América al concepto de lengua española", en César Hernández et al. (ed.), *El español de América: Actas del III Congreso Internacional de El Español de América*, Junta de Castilla y León, Valladolid, págs. 65-86.

Gútemberg Bohórquez, Jesús (1984), *Concepto de 'americanismo' en la historia del español*, Instituto Caro y Cuervo, Bogotá.

Gutiérrez Cuadrado, J. (dir.) (1996), *Diccionario SALAMANCA de la lengua española*, Santillana con Universidad de Salamanca, Madrid.

Haensch, Günther y Reinhold Werner (1993a), *Nuevo diccionario de americanismos. Tomo I, nuevo diccionario de colombianismos*, Instituto Caro y Cuervo, Santafé de Bogotá.

Haensch, Günther y Reinhold Werner (1993b), *Nuevo diccionario de americanismos. Tomo II, nuevo diccionario de argentinismos*, Instituto Caro y Cuervo, Santafé de Bogotá.

Haensch, Günther y Reinhold Werner (1993c), *Nuevo diccionario de americanismos. Tomo III, nuevo diccionario de uruguayismos*, Instituto Caro y Cuervo, Santafé de Bogotá.

Haensch, Günther y Reinhold Werner (2000a), *Diccionario del español de Argentina*, Gredos, Madrid.

Haensch, Günther y Reinhold Werner (2000b), *Diccionario del español de Cuba*, Gredos, Madrid.

Henríquez Ureña, Pedro (1976), *Observaciones sobre el español en América y otros estudios filológicos*, Academia Argentina de Letras, Buenos Aires.

Hernández, Esther (1996), "Las entradas de origen nahua del Diccionario de la Academia", en *Español Actual*, 66, págs. 25-37.

Hernández Alonso, César (coord.) (1992), *Historia y presente del español de América*, Junta de Castilla y León, Valladolid.

Kany, Charles E. (1960a), *American-Spanish Semantics*, Univ. of California Press, Berkeley y Los Angeles.
Kany, Charles E. (1960b), *American-Spanish Euphemisms*, Univ. of California Press, Berkeley y Los Angeles.
Kany, Charles E. (1962), *Semántica hispanoamericana*, traducida por Luis Escolar Bareño, Aguilar, Madrid.
Kany, Charles E. (1969), *Sintaxis hispanoamericana*, Editorial Gredos, Madrid (versión española de *American-Spanish Syntax*, Chicago,1963).
Kovacci, Ofelia (1999), "El adverbio", en Bosque y Demonte, págs. 705-786.
Lapesa, Rafael (1972), "La lengua desde hace cuarenta años", en *La actualidad española: Lecturas contemporáneas*, Playor, Madrid.
Lapesa, Rafael (1978), "El esbozo de una gramática de la Real Academia Española", en *Lingüística y Educación. Actas del IV Congreso Internacional de la ALFAL. Lima (6-10, Enero, 1975)"*, Universidad Nacional Mayor de San Marcos, Lima, págs. 76-85.
Lapesa, Rafael (1981, 1999), *Historia de la lengua española*, novena edición, Editorial Gredos, Madrid.
Lapesa, Rafael (1991), "El estudio del español americano en los últimos decenios: aportaciones y cuestiones pendientes", en *El Español de América. Actas del III Congreso Internacional de El Español de América (Valladolid, 3 a 9 de julio de 1989) I*, Junta de Castilla y León, Salamanca, págs. 7-28.
Lapesa, Rafael (1992a), "El español llevado a América", en Hernández Alonso, págs. 11-24.
Lapesa, Rafael (1992b), "Sobre el concepto exclusivista del americanismo lingüístico: sus consecuencias en la lexicografía actual", en M. Vaquero y A. Morales (ed.), *Homenaje a Humberto López Morales*, Arco Libros, Madrid, págs. 35-39.
Lara Ramos, Luis Fernando (dir.) (1996), *Diccionario del español usual en México*, Colegio de México.
Lerner, Isaías (1974), *Arcaísmos léxicos del español de América: Premio Augusto Malaret de la Real Academia Española*, Ínsula, Madrid.
Lipski, John M. (1994), *Latin American Spanish*, Longman, Singapore, London, New York.
Lipski, John M. (1996), *Español de América*, Cátedra, Madrid.
Lipski, John M. (2003), "La lengua española en los Estados Unidos: avanza a la vez que retrocede", en *Revista Española de Lingüística*, año 33, fasc. 2, páginas 231-260.
Lodares, Juan Ramón (2001), *Gente de Cervantes. Historia humana del idioma español*, Grupo Santillana de Ediciones, Madrid.

## 参考文献

Lope Blanch, Juan M. (1979), *Léxico indígena en el español de México*, 2.ª edición, Colegio de México (1.ª edición, 1969).
Lope Blanch, Juan M. (1989), *Estudios de lingüística hispanoamericana*, Universidad Nacional Autónoma de México (artículo leído en el I Congreso Internacional sobre el Español de América, celebrado en San Juan de Puerto Rico, 4-9 de octubre de 1982).
Lope Blanch, Juan M. (1990a), *El español hablado en el suroeste de los Estados Unidos*, UNAM, México.
Lope Blanch, Juan M. (1990b), "Algunos usos de indicativo por subjuntivo en oraciones subordinadas", en Ignacio Bosque (ed.), *Indicativo y subjuntivo*, Taurus, Madrid, págs. 180-182.
Lope Blanch, Juan M. (1990c), "Precisiones sobre el uso mexicano de la preposición *hasta*", en el *Anuario de Lingüística Hispánica*, Vol. 6, págs. 295-323.
Lope Blanch, Juan M. (1991), *Estudios sobre el español de México*, UNAM, México.
López Morales, Humberto (1998), *La Aventura del Español en América*, Espasa-Calpe, Madrid.
Lorenzo, Emilio (1999), *El español en la encrucijada*, Espasa-Calpe, Madrid.
Machado, José Pedro (1989), *Dicionário etimológico da Língua Portuguesa*, Livros Horizonte, Lda., Lisboa.
Malaret, Augusto (1946), *Diccionario de Americanismos*, tercera edición, Buenos Aires.
Maldonado González, C. (dir.) (1996), *CLAVE, Diccionario de uso del español actual*, Ediciones SM, Madrid.
Malmberg, Bertil (1971), *La América hispanohablante*, Ediciones ISTMO, Madrid.
Martinell Gifre, Emma (1993), "La incorporación de americanismos al español y su adaptación", en *The Bulletin of the International Institute for Linguistic Sciences (Kyoto Sangyo University)*, Kioto, Vol. XV, No. 1, págs. 97-111.
Mendoza Quiroga, José G. (1992), "Aspectos del castellano hablado en Bolivia", en Hernández Alonso, págs. 437-499.
Meo Zilio, Giovanni (1989), *Estudios hispanoamericanos: Temas lingüísticos*, Bulzoni Editore, Roma.
Ministerio de Educación (1976), *Diccionario quechua*, Lima (seis tomos correspondientes a la distribución geográfica siguiente: Ayacucho-Chanca, Cuzco-Collao, Ancash-Huailas, Cajamarca-Canaris, Junin-Huanca y San Martín).
Miyoshi, Jun-nosuke (2000), "Sobre la secuencia NO MÁS santiaguina", en

概説 アメリカ・スペイン語

*Acta Humanistica et Scientifica Universitatis Sangio Kyotiensis*, Foreign Languages and Literature Series, No. 27, Universidad Kyoto Sangyo, páginas 1-13.

Miyoshi, Jun-nosuke (2001), "Las secuencias de tipo *más nada* en el habla culta de Caracas", en *Actas del V° Congreso Internacional del "Español de América". (Burgos, noviembre de 1995)*, Universidad de Burgos, Burgos, págs. 992-1006.

Miyoshi, Jun-nosuke (2002a), "Corpus del 'Léxico básico de americanismos' — ensayo lexicográfico —", en *Acta Humanistica et Scientifica Universitatis Sangio Kyotiensis*, Foreign Languages and Literature Series, No. 29, Universidad Kyoto Sangyo, págs. 327-388.

Miyoshi, Jun-nosuke (2002b), "Sobre algunos rasgos de uso de los indigenismos del 'Léxico Básico de Americanismos'", en *Lingüística Hispánica*, Vol. 25, págs. 25-49.

Miyoshi, Jun-nosuke (2003a), "Un aspecto lexicográfico referente a los americanismos", en *Lexicografía y lexicología en Europa y América: Homenaje a Günther Haensch en su 80 aniversario*, Gredos, Madrid, págs. 493-508.

Miyoshi, Jun-nosuke (2003b), "Algunos rasgos lexicográficos de los indigenismos", en la revista de la Sociedad Japonesa de Hispanistas, *Hispánica*, número 47, págs. 90-104.

Miyoshi, Jun-nosuke (2003c), "Algunas observaciones sobre el americanismo *chiche*", comunicación leída en el VI Congreso Internacional de Historia de la Lengua Española, celebrado en Madrid, del 29 de septiembre al 13 de octubre de 2003.

Miyoshi, Jun-nosuke (2004a), *Los americanismos léxicos*, tesis doctoral presentada en la Universidad de Alcalá.

Miyoshi, Jun-nosuke (2004b), "Palabras preferidas en la América hispanohablante", en *Japón y el mundo hispánico: Enlaces culturales, literarios y lingüísticos* (Actas del Coloquio Internacional de la Asociación Europea de Profesores de Español, AEPE), Nagoya, Japón, págs. 132-137.

Miyoshi, Jun-nosuke (2004c), "Tres reflexiones sobre los indigenismos lexicográficos", en *Lingüística Hispánica*, Vol. 27, págs. 57-69.

Miyoshi, Jun-nosuke (2004d), "Sobre cinco americanismos como posibles anglicismos", comunicación leída en el I Congreso Internacional de Lexicografía Hispánica celebrado en la Universidad da Coruña, del 14 al 18 de septiembre de 2004.

Miyoshi, Jun-nosuke (2005a), "Sobre el americanismo léxico panamericano", en el *Acta del V Congreso Internacional de la Asociación Asiática de Hispanistas*, celebrado en la Universidad Tamkang, Taipei, del 8 al 9 de enero de

2005, págs. 186-197.

Miyoshi, Jun-nosuke (2005b), "Sobre el *no* de la cláusula de *hasta que*", comunicación leída en el congreso del SELE05, celebrado en Izu, en agosto de 2005.

Miyoshi, Jun-nosuke (2005c), "Sobre el uso peculiar americano de *hasta*", comunicación leída en el congreso de la Asociación Japonesa de Hispanistas, celebrado en la Universidad Kandagaigo en octubre de 2005.

Miyoshi, Jun-nosuke (2005d), "Aracaísmos léxicos como americanismos", comunicación leída en el XIV Congreso Internacional de la ALFAL celebrado en la Universidad Autónoma de Nuevo León, Monterrey, del 17 al 21 de octubre de 2005.

Molero, Antonio (2003), *El español de España y el español de América*, Ediciones SM, Madrid.

Moliner, María (1998), *Diccionario de uso del español*, 2.ª edición, Gredos, Madrid.

Montes Giraldo, José Joaquín (1982, 1987, 1995), *Dialectología general e hispanoamericana*, Instituto Caro y Cuervo, Bogotá. (この方言学研究書は参考文献を補充しつつ改版され，1995年に第3版が出ている。)

Montes Giraldo, José Joaquín (1985), *Estudios sobre el español de Colombia*, Instituto Caro y Cuervo, Bogotá.

Montes Giraldo, José Joaquín (1991), "El español de América en el siglo XXI", en *Encuentro Internacional sobre el Español de América. Presencia y destino: El español de América hacia el siglo XXI*, Instituto Caro y Cuervo, Santafé de Bogotá.

Montes Giraldo, José Joaquín (1992), "El español hablado en Colombia", en Hernández Alonso, págs. 519-542.

Montes Giraldo, José Joaquín (2000), *Otros estudios sobre el español de Colombia*, Instituto Caro y Cuervo, Bogotá.

Morales, Amparo (1999), "Variación dialectal e influencia lingüística: el español de Puerto Rico", en Hernández Alonso, págs. 333-354.

Morales Pettorino, Félix et al., *Diccionario ejemplificado de chilenismos y de otros usos diferenciales del español de Chile*, tomo I (A-Caz), 1984; tomo II (CC-Grup), 1985; tomo III (Gua-Peq), 1986; tomo IV (Per-Z, Suplemento y Bibliografía), 1987; Academia Superior de Ciencias Pedagógicas de Valparaíso, Valparaíso.

Moreno de Alba, José G. (l992), *Diferencias léxicas entre España y América*, Mapfre, Madrid.

Moreno de Alba, José G. (1993), *El español en América*, 2.ª edición, Fondo de Cultura Económica, México (初版は1988年).

Morínigo, Marcos A. (1964), "La penetración de los indigenismos americanos en el español", en *Presente y futuro de la lengua española: Actas de la asamblea de filología del I Congreso de Instituciones Hispánicas*, Vol. II, Ed. Cultura Hispánica, Madrid, págs. 217-226.

Morínigo, Marcos A. (1996), *Diccionario del Español de América*, Anaya-Mario Muchnik, Madrid.

Morínigo, Marcos A. (1998), *Nuevo diccionario de americanismos e indigenismos*, versión actualizada por Marcos Alberto Morínigo Vázquez-Prego, Editorial Claridad, Buenos Aires.

Navarro, Tomás (1974), *El español en Puerto Rico*, Editorial Universitaria, Universidad de Puerto Rico, Río Piedras.

Neves, Alfredo N. (1973), *Diccionario de Americanismos*, Editorial Sopena Argentina, Buenos Aires.

Obediente Sosa, Enrique (2000), *Biografía de una lengua. Nacimiento, desarrollo y expansión del español*, Libro Universitario Regional, Cartago, Costa Rica.

Pavón Lucero, M. Victoria (1999), "Clases de partículas. Preposición, conjunción y adverbio", en Bosque y Demonte, págs. 565-655.

Pedrero González, Amalia (2002), *Léxico español en el Sudoeste de Estados Unidos (basado en las encuestas del Atlas Lingüístico de Estados Unidos)*, CSIC, Madrid.

Pedretti de Bolón, Alma (1983), *El idioma de los uruguayos: unidad y diversidad*, Ediciones de la Banda Oriental, Montevideo.

Quesada Pacheco, Miguel Ángel (1996), "El español de América Central", en Alvar (1996a), págs. 101-115.

Quesada Pacheco, Miguel Ángel (2000), *El español de América*, Editorial Tecnológica de Costa Rica, Cartago.

Quilis, Antonio (1999), *Tratado de fonología y fonética españolas*, Gredos, Madrid.

Rabanales, Ambrosio (1992), "El español de Chile: situación actual", en Hernández Alonso, págs. 565-592.

Ramos Huerta, Oswaldo (1997), *Diccionario popular cubano*, Agualarga Editoriales, S. L., Madrid.

Real Academia Española (1726-39), *Diccionario de Autoridades*, edición facsímil (1969, Editorial Gredos, Madrid).

Real Academia Española (1973), *Esbozo de una nueva gramática de la lengua española*, Espasa-Calpe, Madrid.

Real Academia Española (2001), *Diccionario de la lengua española*, 22.ª edición, Editorial Espasa-Calpe, Madrid.

Revert Sanz, Vicente (2001), "Reformas ortográficas: ¿América frente a

España?", en Alexandre Veiga et al. (eds.), *De lenguas y lenguajes*, Editorial Toxosoutos, A Coruña, págs. 85-93.

Rivarola, José Luis (1990), *La formación lingüística de Hispanoamérica*, Pontificia Universidad Católica del Perú, Lima.

Rivarola, José Luis (2001), *El español de América en su historia*, Universidad de Valladolid, Valladolid.

Rojo, Guillermo y Alexandre Veiga (1999), "El tiempo verbal. Los tiempos simples", en Bosque y Demonte, págs. 2867-2934.

Rona, José Pedro (1969), "¿Qué es un americanismo?", en *PILEI, El Simposio de México: enero de 1968. Actas, Informes y Comunicaciones*, UNAM, páginas 135-148.

Rosario, Rubén del (1970), *El español de América*, Troutman Press, Sharon, Conn.

Rosenblat, Ángel (1958), "El castellano de Venezuela: la influencia indígena", sobretiro del *Boletín Indigenista Venezolano*, tomos III, IV y V, Nos. 1-4, Marzo 1958, Caracas.

Rosenblat, Ángel (1969), *Buenas y malas palabras en el castellano de Venezuela*, I-IV, Editorial Mediterráneo, Caracas-Madrid.

Rosenblat, Ángel (1970), *El castellano de España y el castellano de América: Unidad y diferenciación*, Taurus Ediciones, Madrid.

Ruiz Morales, Hildebrando (1987), "Desplazamiento semántico en las formas de tratamiento del español de Colombia", en Academia Puertorriqueña de la Lengua Española, *Actas del I Congreso Internacional sobre el Español de América. San Juan, Puerto Rico, del 4 al 9 de octubre de 1982*, San Juan, págs. 765-775.

Sala, Marius (coordinador) y Dan Munteanu, Valeria Neagu Tudora y Sandru-Olteanu (1982), *El español de América*, Tomo I, Léxico, parte primera y parte segunda, Instituto Caro y Cuervo, Bogotá.

Salvador Salvador, Francisco (1998), "Andalucismos en el léxico hispanoamericano", en las *Actas do IX Congresso Internacional da Associação de Lingüística e Filologia da América Latina. Campinas SP, Brasil (agosto de 1990)*, Vol. III, Campinas, págs. 281-292.

Sánchez-Boudy, José (1978), *Diccionario de cubanismos más usuales*, Ediciones Universal, Miami.

Sánchez Cerezo, S. (dir.) (2000), *Nuevo diccionario esencial de la lengua española*, Grupo Santillana de Ediciones, Madrid.

Sánchez López, Cristina (1999), "La negación", en Bosque y Demonte, págs. 2561-2634.

Santamaría, Francisco J. (1978), *Diccionario de mejicanismos*, 3.ª edición

(1.ª edición en 1959), Editorial Porrúa, Méjico.
Santiesteban, Argelio (1997), *El habla popular cubana de hoy*, Editorial de Ciencias Sociales, La Habana.
Saralegui, Carmen (1997), *El español americano: teoría y textos*, EUNSA (Ediciones Universidad de Navarra), Pamplona.
Seco, Manuel (1998), *Diccionario de dudas y dificultades de la lengua española*, 10.ª edición, Ed. Espasa-Calpe, Madrid.
Seco Reymundo, Manuel, Olimpia Andrés Puente y Gabino Ramos González (1999), *Diccionario del español actual*, Grupo Santillana de Ediciones, Madrid.
Serrano-Dolader, David (1999), "La derivación verbal y la parasíntesis", en Bosque y Demonte, págs. 4683-4755.
Silva-Corvalán, Carmen (1992), "El español actual en Estados Unidos", en Hernández Alonso, págs. 827-856.
Steel, Brian (1990), *Diccionario de americanismos. ABC of Latin American Spanish*, SGEL, Madrid.
Steel, Brian (1999), *Breve diccionario ejemplificado de americanismos*, Arco/Libros, Madrid.
Suñer, Margarita (1999), "La subordinación sustantiva: la interrogación indirecta", en Bosque y Demonte, págs. 2149-2195.
Takagaki, T. et al. (2004), *Encuesta sobre problemas sintácticos de la lengua española*, Tokio.
Tejera, María Josefina et. al. (dir.) (1993), *Diccionario de venezolanismos*, 3 tomos, Academia Venezolana de la Lengua e Instituto de Filología "Andrés Bello" de la Universidad Central de Venezuela, Caracas.
Ueda, Hiroto et al. (2002), *VARILEX (Variación léxica del español en el mundo)*, Equipo de investigación Varilex, Tokio.
(http://gamp.c.u-tokyo.ac.jp/~ueda/varilex/index.php)
Ugarte Chamorro, Miguel Angel (1997), *Vocabulario de peruanismos*, Universidad Nacional Mayor de San Marcos, Lima.
Valencia, Alba (1976), "Voces amerindias en el español oral culto de Santiago de Chile", en *Boletín de Filología*, t. XXVII, Universidad de Chile, págs. 281-329.
Vaquero de Ramírez, María (1996), *El español de América I: Pronunciación*, Arco/Libros, Madrid.
Vaquero de Ramírez, María (1996), *El español de América II: Morfosintaxis y Léxico*, Arco/Libros, Madrid.
Zamora Munné, Juan y Jorge Guitart (1982), *Dialectología hispanoamericana*, Almar, Salamanca.

[著者紹介]

三好準之助 ［みよし・じゅんのすけ］ 京都産業大学教授（スペイン語学）
博士（応用言語学，アルカラ大学）

目録進呈　落丁本・乱丁本はお取替えいたします。

平成18年4月10日　　ⓒ第1版発行

| 概説　アメリカ・スペイン語 | 著　者　三好準之助 |
| --- | --- |
| | 発行者　佐　藤　政　人 |
| | 発　行　所 |
| | 株式会社　大　学　書　林 |
| | 東京都文京区小石川4丁目7番4号 |
| | 振 替 口 座　00120-8-43740 |
| | 電　話　(03) 3812-6281〜3番 |
| | 郵便番号112-0002 |

ISBN4-475-01623-1　　　写研・横山印刷・牧製本

## 大学書林
### スペイン語参考書

| 著者 | 書名 | 判型 | 頁数 |
|---|---|---|---|
| 三好準之助編 | 簡約スペイン語辞典 | 新書判 | 890頁 |
| 宮本博司著 | 超入門スペイン語 | A5判 | 168頁 |
| 宮本博司著 | 初歩のスペイン語 | A5判 | 280頁 |
| 宮城 昇著 | スペイン文法入門 | B6判 | 216頁 |
| 岡田辰雄著 | やさしいスペイン語の作文 | B6判 | 260頁 |
| 国沢慶一編 | スペイン語基礎1500語 | 新書判 | 112頁 |
| 宮本博司編 | スペイン語常用6000語 | 新書判 | 384頁 |
| 宮本博司著 | スペイン語分類単語集 | 新書判 | 320頁 |
| 瓜谷 望編 アウロラ・ベルエタ | スペイン語会話練習帳 | 新書判 | 176頁 |
| 笠井鎮夫著 | 実用スペイン語会話 | 新書判 | 220頁 |
| 水谷 清著 | 英語対照スペイン語会話 | B6判 | 172頁 |
| 瓜谷良平著 | 海外旅行ポケットスペイン語会話 | A6変型 | 196頁 |
| 瓜谷良平著 | スペイン語動詞変化表 | 新書判 | 140頁 |
| 笠井鎮夫著 | スペイン語手紙の書き方 | B6判 | 210頁 |
| 中岡省治著 | 中世スペイン語入門 | A5判 | 232頁 |
| 出口厚実著 | スペイン語学入門 | A5判 | 200頁 |
| 寺﨑英樹著 | スペイン語文法の構造 | A5判 | 256頁 |
| 神保充美著 | 仕事に役立つスペイン語 | B6判 | 200頁 |
| 山崎信三著 フェリペ・カルバホ | スペイン語ことわざ用法辞典 | B6判 | 280頁 |

— 目録進呈 —